90 jours pour réussir sa prise de poste

Michael Watkins

90 jours pour réussir sa prise de poste

Traduit de l'anglais (États-Unis)
par Emily Borgeaud et Michel Le Séac'h

Pearson

L'édition originale de cet ouvrage a été publiée aux États-Unis par Harvard Business School Press, sous le titre *The First 90 Days.*

Mise en pages : APS-Chromostyle, Tours.

ISBN 2-7440-6583-5

À mes superbes enfants,
Aidan, Maeve et Niall

M. W.

Sommaire

Préface à l'édition du 10e anniversaire

Que de changements en dix ans ! Quand j'ai entrepris d'écrire *90 jours pour réussir sa prise de poste*, en 2001, il n'existait pas grand-chose sur la montée en puissance dans un nouveau poste ou l'accueil des managers nouvellement embauchés (qu'on appellera ci-dessous « transition des leaders »)[1]. À l'époque, j'enseignais la négociation et la diplomatie d'entreprise à la Harvard Business School (HBS). Bien que j'eusse co-écrit en 1999 un livre sur les transitions de managers qui avait rencontré un certain succès – *Right from the Start*, avec Dan Ciampa –, mes collègues de la HBS m'avaient fait savoir qu'approfondir ce sujet aurait été dangereux pour ma carrière[2].

Après avoir soupesé leur conseil, j'ai finalement décidé d'aller de l'avant et d'écrire ce livre. Les transitions du pouvoir étaient trop intéressantes et se prêtaient à l'étude : le domaine était quasiment en friche d'un point de vue intellectuel et pratique. De plus, à la fin de 1999, peu après la parution de *Right from the Start*, le service de formation des dirigeants de Johnson & Johnson (J&J) m'a proposé de mettre au point des séminaires et des processus d'accompagnement pour accélérer

1. Je connaissais deux exceptions à la règle : John J. Gabarro, *The Dynamics of Taking Charge* (Boston, Harvard Business School Press, 1987), et Linda A. Hill, *Becoming a Manager: How New Managers Master the Challenges of Leadership* (2e éd., Boston, Harvard Business School Press, 2003).
2. Dan Ciampa et Michael Watkins, *Right from the Start: Taking Charge in a New Leadership Role* (Boston, Harvard Business Press, 1999).

les transitions parmi les managers du groupe. Ce travail n'a pas tardé à se transformer en un intéressant partenariat sur le développement personnel, et J&J est devenu un banc d'essai pour le développement et la mise en œuvre de mes idées.

90 jours pour réussir sa prise de poste était la substantifique moelle de ce que j'avais appris en quelque deux ans et demi aux côtés de centaines de dirigeants (directeurs et vice-présidents) dans toutes les régions du monde. Le livre reposait sur quelques idées fondatrices développées dans *Right from the Start* : accélérer l'apprentissage, s'assurer rapidement de petites victoires, construire des coalitions... Mais ces idées avaient été élargies, testées, modifiées et transformées en schémas et outils pratiques pour aider les managers de tout niveau à accélérer leurs transitions.

Cette substantifique moelle – faite de concepts, d'outils, de cas et de conseils pratiques – a séduit les leaders en cours de transition. J'ai eu le bonheur de voir les ventes du livre décoller comme une fusée après sa parution en novembre 2003. Dès l'été 2003, il figurait sur la liste des meilleures ventes de *Business Week* ; il y est resté pendant quinze mois. Ce succès a fortuitement coïncidé avec mon départ de Harvard et a contribué à ma décision de ne pas solliciter d'autre poste d'enseignant. J'ai préféré cofonder un cabinet de développement du leadership – Genesis Advisers –, destiné à aider les entreprises à accélérer la prise de fonction des personnes arrivant dans un nouveau poste.

Les ouvrages sur l'entreprise, même les mieux accueillis, ont tendance à très bien se vendre pendant un an ou deux, puis à sombrer dans l'oubli. Cela n'a pas été le cas de *90 jours pour réussir sa prise de poste*. J'ai eu le plaisir de voir le livre s'écouler très bien pendant une décennie : il s'en est vendu à ce jour près de 800 000 exemplaires en anglais, dont 75 000 en 2011. Pendant les dix dernières années, le livre a régulièrement figuré parmi les meilleures ventes de Harvard Business Press. Il a été traduit en vingt-sept langues et a servi de base à *Leadership Transitions*, le célèbre outil d'apprentissage en ligne de Harvard Business Publishing[3].

Son succès durable a fait de *90 jours...* un classique des affaires. Le mot « classique » évoque une légère odeur de renfermé qui me chiffonne un peu. Néanmoins, j'ai eu le privilège de voir mon livre désigné, en 2009, l'un des cent meilleurs livres de gestion de tous les temps à la suite d'une critique détaillée publiée par Jack Covert et Todd Sattersten sur 800-CEO-READ. Cette distinction ne dénotait pas seulement l'importance et la permanence de ses idées, mais aussi le besoin constant, pour chaque nouvelle génération de managers, d'apprendre à réussir les transitions.

Le succès de *90 jours...* a aussi été alimenté par un mouvement d'intérêt des entreprises pour la gestion des talents, l'accueil des nouvelles recrues et la succession des PDG ; mouvement auquel le livre a lui-même contribué. Dès le départ, le travail de Genesis Advisers auprès de J&J a visé à accélérer aussi bien l'accueil des nouveaux arrivants que les promotions internes ; je persiste à croire que ce serait une erreur de se concentrer uniquement sur le premier cas de figure au lieu d'accélérer toutes les transitions. Toutefois, c'est l'intérêt pour l'intégration des nouvelles recrues qui a vraiment propulsé ce domaine sur le devant de la scène dans une période où la lutte pour les talents devenait toujours plus féroce et où le coût élevé des errements, des sous-performances et de la fidélisation des nouveaux devenait plus évident. De nombreuses entreprises ont donc commencé à adopter les idées de *90 jours...* pour accélérer l'intégration des néo-arrivants. Au-delà du travail accompli par Genesis Advisers avec ses clients, les concepts et les outils des 90 premiers jours ont été adaptés et mis en

---

3. Michael Watkins, *Leadership Transitions Version 3.0* (Boston, Harvard Business Publishing, 2008). Ce produit d'enseignement électronique a remporté le prix argent Brandon-Hill Excellence in E-Learning 2001 dans la catégorie « Conception centrée sur les performances ».

œuvre indépendamment par des spécialistes de la formation, du développement personnel et des ressources humaines dans des milliers d'entreprises. En 2006, *The Economist* a désigné *90 jours…* « la bible de l'intégration »[4]. Plus récemment, ces questions arrivant à maturité, d'importants colloques ont été consacrés au thème de l'accueil et de l'accélération des transitions.

Bien entendu, mes propres idées ont aussi évolué en dix ans ; c'est pourquoi de nombreuses améliorations ont été apportées dans la nouvelle édition de ce livre. Je reste très impliqué dans l'accompagnement des managers en transition, j'approfondis le sujet et je traduis mon expérience et mes constats pratiques en outils et en cadres améliorés. Parmi mes publications ultérieures figurent :

- *Shaping the Game*, un livre paru en 2006 chez Harvard Business Review Press, qui explique comment les nouveaux leaders devraient appliquer les idées du domaine de la négociation et de l'influence pour réaliser des transitions réussies[5].
- *The First 90 Days in Government*, une version des *90 jours pour réussir sa prise de poste* adaptée au secteur public, dont les co-auteurs sont Peter Daly, ancien haut responsable au Trésor, et Cate Reavis[6].
- « The Pillars of Executive Onboarding », article paru en 2008 dans *Talent Management* et qui couvre les thèmes

---

4. « Executive Onboarding: That Tricky First 100 Days », *The Economist*, 13 juillet 2006.

5. Michael Watkins, *Shaping the Game: The New Leader's Guide to Effective Negotiating* (Boston, Harvard Business School Press, 2006).

6. Peter H. Daly, Michael Watkins et Cate Reavis, *The First 90 Days in Government: Critical Success Strategies for New Public Managers at All Levels* (Boston, Harvard Business School Press, 2006).

majeurs de l'intégration : orientation de l'activité, attentes, alignement, adaptation culturelle et jeux de pouvoir[7].

- *Your Next Move*, livre paru en 2009 chez Harvard Business Press, qui souligne la nécessité pour les managers en transition d'établir une distinction entre leurs enjeux de changement organisationnel et les défis de l'adaptation personnelle auxquels ils sont confrontés. Il approfondit aussi des types de transition spécifiques, comme les promotions, l'encadrement d'anciens pairs, l'intégration et les mutations internationales[8].
- « Picking the Right Transition Strategy », article paru en janvier 2009 dans la *Harvard Business Review*, qui développe davantage le modèle STARS (start-up, redressement, croissance accélérée, redéfinition et pérennisation) présenté dans la première édition de *90 jours...* et destiné à adapter la stratégie de transition à divers types de situations dans les entreprises[9].
- « How Managers Become Leaders », article paru en juin 2012 dans la *Harvard Business Review* et qui résume mes études sur les « sept mouvements sismiques » vécus par les dirigeants lors de la transition très délicate d'un poste de direction fonctionnelle à la gestion d'une entreprise entière[10].

Mes réflexions ont aussi été alimentées puissamment par mes travaux des huit dernières années, au cours desquelles j'ai développé des générations successives d'offres « 90 jours » pour

---

7. Michael Watkins, « The Pillars of Executive Onboarding », *Talent Management*, octobre 2008.
8. Michael Watkins, *Your Next Move: The Leader's Guide to Navigating Major Career Transitions* (Boston, Harvard Business Press, 2009).
9. Michael Watkins, « Picking the Right Transition Strategy », *Harvard Business Review*, janvier 2009, p. 47.
10. Michael Watkins, « How Managers Become Leaders: The Seven Seismic Shifts of Perspective and Responsibility », *Harvard Business Review*, juin 2012, p. 65.

les clients de Genesis Advisers. Ils ont notamment porté ces temps-ci sur un nouveau processus d'accompagnement (ou *coaching*) d'accélération, un atelier en ligne comprenant de petits groupes virtuels et un programme spécialisé pour aider dans leur transition les médecins quittant des cliniques et des institutions de recherche pour exercer dans un environnement commercial.

90 jours pour réussir sa prise de poste et ces divers travaux ont suscité un grand intérêt pour l'étude et l'application pratique des idées sur l'accélération des transitions. De nombreux écrits et études originaux et d'une qualité remarquable ont été réalisés[11]. Et puisque l'imitation est la forme la plus sincère de la flatterie, j'ai été touché de voir beaucoup de mes concepts, outils et vocables adoptés par d'autres conseils et praticiens ; c'est le cas du modèle STARS, des pièges de la transition, de l'importance des petites victoires rapides[12], de l'idée du « front flou » (la période qui s'étend entre la nomination à un poste et la prise de fonction effective, idée qui a été mise au point avec Dan Ciampa[13]) et la distinction majeure entre les difficultés du changement organisationnel et le problème de

11. On en trouve d'excellents exemples dans Boris Groysberg et Robin Abrahams, « Five Ways to Bungle a Job Change », *Harvard Business Review*, janvier 2010, p. 137 ; Keith Rollag, Salvatore Parise et Rob Cross, « Getting New Hires Up to Speed Quickly », *Sloan Management Review*, 15 janvier 2005, ainsi que Jean-François Manzoni et Jean-Louis Barsoux, « New Leaders: Stop Downward Performance Spirals Before They Start », *HBR Blog Network*, 16 janvier 2009, http://blogs.hbr.org/hmu/2009/01/new-leaders-stop-downward-perf.html. Parmi les nombreuses enquêtes réalisées aussi par des cabinets de recrutement figurent quelques travaux très solides sur les aspects transitionnels des successions de PDG.

12. Tous ces concepts ont été présentés dans la première édition de *90 jours pour réussir sa prise de poste*.

13. Voir chapitre 1 : « The Challenge », *in* Dan Ciampa et Michael Watkins, *Right from the Start*, *op. cit.*

l'adaptation personnelle lors de l'évaluation du risque de transition pesant sur les nouveaux managers[14].

Ces dix dernières années ont été un parcours merveilleux, et je dois en remercier de nombreuses personnes. À commencer par les deux qui ont eu le plus d'influence sur les premiers développements de mes idées et sur leur application dans le monde réel, Dan Ciampa, co-auteur de *Right from the Start*, et mon associée Shawna Slack. Viennent ensuite les rédacteurs en chef et éditeurs de Harvard Business Review Press, en particulier Jeff Kehoe, qui ont toujours magnifiquement encouragé, orienté et affiné mes travaux. Je dois aussi beaucoup au soutien des dirigeants des entreprises clientes de Genesis Advisers, qui ont choisi de faire le saut et d'investir dans notre travail, en particulier Becky Atkeison et ses collègues de FedEx, ainsi qu'Inaki Bastarrika, Ron Bossert, Carolynn Cameron, Michael Ehret, Ted Nguyen et Doug Soo Hoo de Johnson & Johnson. Enfin, j'exprime ma sincère gratitude aux collaborateurs de Genesis Advisers pour leur travail acharné, en particulier à Kerry Brunelle pour son aide dans la correction du manuscrit.

14. Voir l'introduction de Michael Watkins, *Your Next Move*, *op. cit.*

Introduction

Les 90 premiers jours

Le président de la République a 100 jours pour faire ses preuves ; vous disposez de 90 jours pour convaincre. En d'autres termes, votre réussite dans vos nouvelles fonctions dépend pour une large part des décisions que vous prenez et des actions que vous engagez au cours de ces trois premiers mois.

Un échec dans un nouveau poste peut sonner le glas d'une carrière prometteuse. Pourtant, réussir une transition ne se résume pas à éviter l'échec. Quand des managers trébuchent, il est presque toujours possible d'en trouver l'origine dans un engrenage fatal qui s'est mis en place au cours des tout premiers mois de leur prise de fonction. Et pour tout manager qui échoue, beaucoup d'autres survivent sans exprimer leur plein potentiel. Ils manquent ainsi de faire progresser leur carrière et de contribuer au succès de leur entreprise.

Pourquoi les transitions sont-elles critiques ? J'ai posé la question à plus de 1 300 hauts responsables des ressources humaines. Près de 90 % d'entre eux ont convenu que « les transitions dans de nouvelles fonctions sont les moments les plus difficiles de la vie professionnelle des leaders »[1]. Et près

1. Mon enquête portant sur 1 350 responsables des RH inscrits auprès de l'école de gestion IMD, en 2008, précédemment décrite dans Michael Watkins, *Your Next Move*, *op. cit.*

des trois quarts que « le succès ou l'échec au cours des premiers mois est un présage fort de succès ou d'échec global dans le poste ». Aussi, même si une mauvaise transition ne vous condamne pas forcément à échouer, elle rend le succès beaucoup plus improbable.

Le bon côté des transitions est qu'elles vous donnent l'occasion de repartir de zéro et d'introduire des changements nécessaires dans l'organisation. Mais les transitions sont aussi des périodes de vulnérabilité aiguë, faute de relations de travail établies et d'une connaissance détaillée de votre nouveau poste. Vous exercez vos fonctions en étant observé à la loupe, sous étroite surveillance, car les gens autour de vous s'efforcent de découvrir qui vous êtes et ce que vous valez comme dirigeant. Des opinions sur votre efficacité commencent à se former avec une étonnante rapidité, et il est très difficile de les modifier ensuite. Si vous réussissez à instaurer votre légitimité et à obtenir de premières victoires, l'élan acquis devrait vous propulser tant que vous occuperez le poste. Mais si vous tombez dans une ornière dès le début, il vous faudra faire face à une situation défavorable.

Acquérir vos compétences en transition de carrière

Les longues carrières dans une seule entreprise (ou même deux ou trois) appartiennent de plus en plus au passé. Les leaders vivent de nombreuses transitions, de sorte que l'aptitude à effectuer une transition rapide et efficace en arrivant dans un nouveau poste est devenue une compétence capitale. Lors d'une étude portant sur 580 dirigeants, réalisée conjointement par Genesis Advisers, la *Harvard Business Review* et l'International Institute of Management Development (désignée ci-dessous comme l'étude Genesis/HBR/IMD), les personnes interrogées ont fait état en moyenne de 18,2 années d'expérience professionnelle[2]. Le dirigeant type a été promu 4,1 fois, est passé d'un domaine à un autre (des ventes au marketing, par exemple) 1,8 fois, a intégré une nouvelle entreprise 3,5 fois, a été muté d'une unité opérationnelle à une autre au sein du même groupe 1,9 fois et a déménagé 2,2 fois. Soit au total 13,5 transitions majeures par personne, une tous les 1,3 an. On le verra plus tard, certaines de ces transitions ont probablement eu lieu en parallèle. Mais les conséquences sont claires : toute carrière réussie est formée d'une série de missions réussies, et toute mission réussie commence par une transition réussie.

Au-delà de ces tournants aisément identifiables, les managers connaissent aussi de nombreuses transitions cachées. Elles se produisent lorsque des changements substantiels interviennent dans leur rôle et leurs responsabilités sans changement de titre correspondant. Cela arrive souvent, notamment à la suite de mutations de l'organisation dues à une croissance rapide, à une restructuration ou à une acquisition. Les transitions cachées sont particulièrement périlleuses, car il arrive que les managers ne s'en aperçoivent pas ou ne leur consacrent pas toute l'attention souhaitable. La transition la plus risquée pourrait bien être celle que vous ne voyez pas se produire.

Les managers sont aussi affectés par les transitions de nombreuses autres personnes autour d'eux. Chaque année, dans une entreprise représentative du palmarès Fortune 500, environ un quart des managers changent de poste[3]. Et chaque transition de manager affecte sensiblement les résultats d'environ une douzaine d'autres personnes – patrons, pairs, subor-

2. Genesis Advisers, *Harvard Business Review* et International Institute of Management Development, sondage électronique non publié, 2011.

3. Mon enquête réalisée en 2000 auprès de hauts responsables des RH dans les sociétés du palmarès Fortune 500, résultats précédemment publiés dans la première édition de *90 jours pour réussir sa prise de poste*.

donnés directs et autres parties prenantes[4]. Ainsi, même si vous n'êtes pas vous-même en transition, vous subissez probablement les transitions des autres. Pour vous en rendre compte, réfléchissez aux personnes dans votre entourage immédiat qui se trouvent elles aussi dans leurs 90 premiers jours. Leur nombre vous étonnera.

Le problème est que, même s'il a beaucoup été écrit et dit sur la manière d'être un manager plus efficace en général, rares sont les travaux et les textes traitant de la manière d'accélérer avec succès les transitions dans l'encadrement et les carrières. Les gens traversent ces périodes importantes de leur vie professionnelle sans guère de préparation et dépourvus de savoirs ou d'outils fiables, susceptibles de les aider. C'est ce que ce livre voudrait vous apporter.

Atteindre le seuil de rentabilité

Lors de toute transition, votre but est de parvenir le plus vite possible au *seuil de rentabilité* ou *point mort*. L'expression désigne le point auquel vous avez apporté autant de valeur à votre entreprise que vous en avez consommé. Comme le montre la figure I.1, les nouveaux managers sont d'abord des consommateurs nets de valeur ; à mesure qu'ils apprennent et commencent à agir, ils deviennent créateurs de valeur. À partir du seuil de rentabilité, ils sont (on l'espère) apporteurs nets de valeur pour leur entreprise.

4. Pour chaque personne en transition, de nombreuses autres – subordonnés directs, supérieurs et pairs – voient leurs résultats négativement affectés. Lors d'une enquête réalisée en 2009, j'ai demandé à des présidents et directeurs généraux d'entreprises quel était à leur avis le nombre de personnes dont les performances étaient sensiblement compromises par l'arrivée d'un nouveau cadre moyen. Réponse : 12,4 personnes en moyenne.

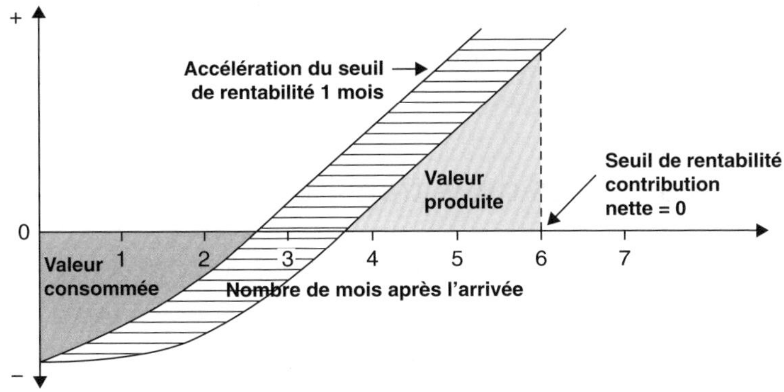

Figure I.1 Le seuil de rentabilité

Il a été demandé à plus de 200 PDG et directeurs d'entreprise d'estimer le temps nécessaire à un cadre moyen normal, promu ou recruté à l'extérieur, pour atteindre le seuil de rentabilité. La moyenne de leurs réponses est de 6,2 mois[5]. Bien entendu, le temps nécessaire pour atteindre ce point peut beaucoup varier selon les cas. Si vous héritez d'une situation catastrophique – la classique *plateforme en feu* –, peut-être créerez-vous de la valeur dès l'annonce de votre nomination. Si vous avez été recruté à l'extérieur par une entreprise très prospère, il peut vous falloir un an ou plus pour devenir créateur de valeur nette. Cependant, même si les délais varient (et j'explorerai en profondeur les défis des différents types de transition), l'objectif est le même : parvenir à ce point aussi vite et efficacement que possible.

Ce livre propose une méthode permettant de condenser de façon spectaculaire le temps nécessaire pour atteindre le seuil de rentabilité, quelle que soit votre position dans l'entreprise. En fait, des chercheurs indépendants ont montré qu'une appli-

5. Mon enquête réalisée en 2000 auprès de hauts responsables des RH dans les sociétés du palmarès Fortune 500, résultats précédemment publiés dans la première édition de *90 jours pour réussir sa prise de poste*.

cation rigoureuse des principes décrits dans ce livre vous permet un gain de temps pouvant atteindre 40 %[6].

Éviter les pièges de la transition

Comme la plupart des managers, vous avez probablement appris à gérer les transitions à la rude école de la vie – en faisant des essais, en commettant des erreurs et en reprenant le dessus. Ainsi, vous avez mis au point des approches qui ont fonctionné dans votre cas... du moins jusqu'à présent. Mais ce qui marche bien dans certaines situations ne fonctionne pas dans d'autres, et vous ne le découvrirez peut-être que trop tard. C'est pourquoi il est crucial de réaliser les transitions conformément à un schéma complet, qui distille l'expérience de nombreux managers confrontés à un éventail de situations variées.

Considérez par exemple la liste de pièges courants ci-dessous, établie à la suite d'entretiens avec des dirigeants expérimentés, complétés par les réponses aux questions de

6. Cette étude a été effectuée par deux clients des programmes et du coaching de Genesis Advisers – une entreprise du secteur de la santé classée au palmarès Fortune 100 et un établissement financier classé au palmarès Fortune 500. Tous deux ont utilisé des évaluations subjectives de l'amélioration des performances et des retours sur investissement estimés, à partir de critères de coûts de personnel prudents. L'étude du groupe de santé mondial, effectuée en 2006, était portait sur 125 participants à des programmes de transition ou de accompagnement. L'amélioration des performances était de 38 % selon les participants aux programmes et de 40 % selon les dirigeants coachés. Le retour sur investissement estimé était de 1 400 %. L'étude de l'établissement financier, effectuée en 2008, cherchait à évaluer le raccourcissement du temps nécessaire pour atteindre le seuil de rentabilité chez 50 participants à un premier programme *First 90 Days*. Selon les participants, le délai a été raccourci de 1,2 mois en moyenne. Compte tenu des seuls coûts salariaux, il a été calculé que le retour sur investissement du programme a été d'environ 300 %.

l'étude Genesis/HBR/IMD. En consultant cette liste, songez à votre propre expérience.

Vous en tenir à ce que vous savez. Vous croyez que vous réussirez dans vos nouvelles fonctions en faisant les mêmes choses, mais en plus grand, que dans votre ancien poste. Vous ne voyez pas que la réussite dans ces fonctions vous impose de renoncer à certaines habitudes et d'exercer de nouvelles compétences.

Céder à « l'impératif de l'action ». Mû par l'impression que vous êtes obligé d'agir, vous en faites trop, trop tôt, pour imposer votre marque sur l'entreprise. Trop occupé pour apprendre, vous prenez de mauvaises décisions et vous catalysez l'opposition à vos initiatives.

Établir des attentes irréalistes. Vous ne négociez pas votre mission, vous ne fixez pas d'objectifs clairs et réalisables. Vous aurez beau obtenir de bons résultats, ils ne suffiront pas à combler les attentes de votre patron et autres acteurs clés.

Tenter d'en faire trop. Vous vous précipitez dans toutes les directions et multipliez les initiatives dans l'espoir que certaines d'entre elles seront payantes. Les gens ne savent plus à quel saint se vouer et aucune masse critique n'est concentrée sur des initiatives stratégiques.

Arriver avec « la » solution. Vous arrivez avec des idées toutes faites ou vous parvenez trop vite à des conclusions concernant « les » problèmes et « les » solutions. Vous vous aliénez les gens qui pourraient vous aider à comprendre la situation et vous gâchez des occasions d'obtenir des soutiens pour de bonnes solutions.

S'engager dans le mauvais type d'apprentissage. Vous consacrez trop de temps à vous former aux aspects techniques de l'entreprise et pas assez à découvrir les dimensions culturelles et politiques de vos nouvelles fonctions. Vous ne vous dotez pas de la culture, des relations et des circuits d'information dont vous auriez besoin pour comprendre ce qui se passe réellement.

Négliger les relations horizontales. Vous consacrez trop de temps aux relations verticales – vers le haut avec votre patron et vers le bas avec vos subordonnés immédiats – et pas assez à vos pairs et aux autres parties prenantes. Vous ne comprenez pas totalement ce qu'il vous faudra pour réussir et vous passez à côté des premières occasions de bâtir des coalitions sur lesquelles vous appuyer.

Vous est-il arrivé de tomber dans l'un de ces pièges par le passé ? Avez-vous vu quelqu'un d'autre y tomber ? Réfléchissez à présent à votre nouveau rôle. Risquez-vous de commettre l'une de ces erreurs ? Pour mieux éviter les faux-pas et parvenir plus vite au seuil de rentabilité, gardez-les à l'esprit en prenant vos nouvelles fonctions.

Instaurer une dynamique

Tous ces pièges enferment leurs victimes dans un *cercle vicieux* (voir la figure I.2). Si vous ne parvenez pas à acquérir les bonnes connaissances de la bonne manière dès le début, vous risquez par exemple de prendre de mauvaises premières décisions, qui entameront votre crédibilité. Puis, comme les gens n'ont pas confiance en votre jugement, il peut devenir encore plus difficile d'apprendre ce que vous avez besoin de savoir. Vous consommez de l'énergie pour compenser vos précédentes erreurs d'appréciation, et une spirale négative s'enclenche.

Mais votre objectif n'est pas seulement d'éviter les cercles vicieux : vous devez créer des *cercles vertueux* qui vous aideront à instaurer une dynamique et à établir une spirale positive d'efficacité croissante (voir la figure I.3).

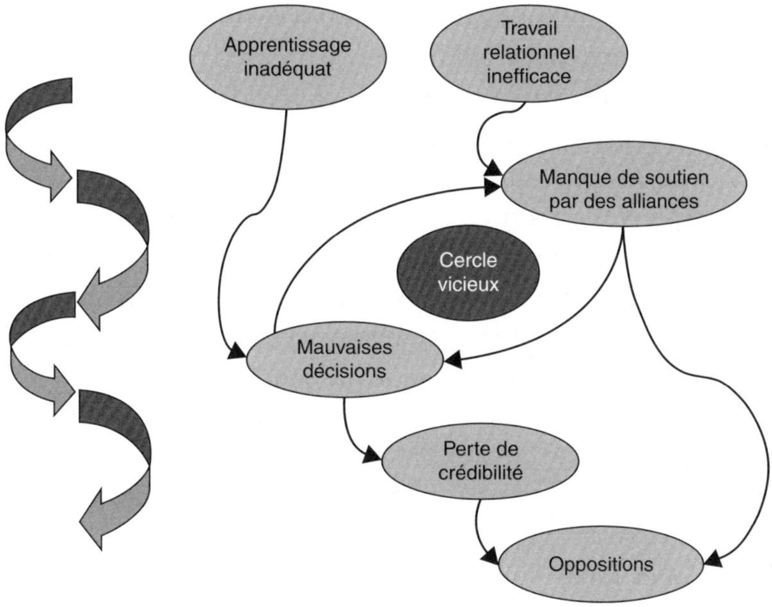

Figure I.2 Le cercle vicieux de la transition

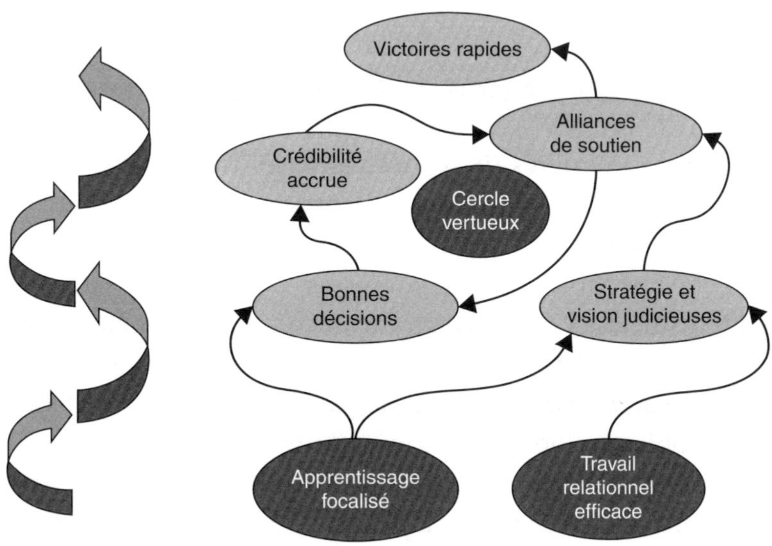

Figure I.3 Le cercle vertueux de la transition

De bonnes décisions initiales fondées sur le bon apprentissage renforcent votre crédibilité. Comme les gens se fient à votre jugement, votre aptitude à apprendre s'accroît et vous acquérez la capacité d'adopter des positions bien fondées sur des questions plus difficiles.

Lorsque vous montez en puissance et que vous entrez en fonction, votre objectif global est d'instaurer une dynamique en créant des cercles vertueux et d'éviter d'être pris dans des cercles vicieux qui nuiraient à votre crédibilité. Le leadership est, en fin de compte, affaire d'influence et d'effet de levier. Vous ne pouvez tout faire tout seul. Pour réussir, vous devez mobiliser l'énergie de nombreuses autres personnes dans votre entreprise. Si vous vous y prenez bien, votre vision, vos compétences et votre énergie peuvent vous propulser dans la bonne direction et fonctionner comme des « cristaux d'amorçage ». Dans le cas contraire, vous risquez de tomber dans des boucles de retour d'information négatives dont il peut être difficile, sinon impossible, de s'extraire.

Comprendre les principes fondamentaux

Les causes premières des échecs lors des transitions résident toujours dans une interaction pernicieuse entre les nouvelles fonctions, avec leurs opportunités et leurs écueils, et l'individu, avec ses forces et ses faiblesses. L'échec n'est jamais dû aux seuls défauts du nouveau dirigeant. Tous les managers en échec dont j'ai étudié le cas avaient d'ailleurs remporté d'importants succès par le passé. Il ne s'agit pas non plus seulement d'un problème dont même un surhomme n'aurait pu venir à bout. Les situations rencontrées dans les entreprises par les managers en échec ne sont pas plus difficiles que celles où d'autres réussissent brillamment. Certaines transitions échouent soit parce que les nouveaux managers ne comprennent pas les exigences essentielles de la situation, soit parce qu'il leur manque les compétences et la souplesse nécessaires pour s'y adapter.

Le bon côté des choses est qu'il existe des méthodes systématiques que vous pouvez employer à la fois pour réduire le risque d'échec et pour atteindre plus vite le seuil de rentabilité. Les situations spécifiques rencontrées par les managers en transition sont variables. Mais les types de transition, comme les start-ups (ou démarrages) et les redressements, ont en commun certaines caractéristiques et certains impératifs. De plus, il existe des principes fondamentaux – par exemple, obtenir vite de premières victoires – qui sous-tendent le succès dans toutes les transitions, à tous niveaux. L'essentiel est donc d'adapter votre stratégie à la situation.

Plus de dix ans de recherche et de pratique montrent que vous pouvez accélérer de façon spectaculaire votre transition dans vos nouvelles fonctions. Faites ce qu'il faut – les tâches de transition essentielles énumérées ci-dessous – et vous instaurerez rapidement une dynamique qui vous propulsera vers des succès encore plus grands.

- **Préparez-vous.** Cela signifie effectuer une rupture mentale par rapport à votre ancien poste et vous préparer à prendre en charge le nouveau. Le plus grand risque que vous couriez est peut-être de considérer que ce qui a fait votre succès jusqu'à présent continuera à le faire. Le piège est bien réel de vous cramponner à ce que vous savez, de travailler extrêmement dur pour le réaliser et d'échouer misérablement.
- **Accélérez votre apprentissage.** Vous devez progresser sur la courbe d'apprentissage le plus vite possible dans votre nouvelle entreprise. Cela signifie comprendre ses marchés, ses produits, ses technologies, ses systèmes et ses structures, ainsi que sa culture et ses jeux de pouvoir. Apprendre à connaître une nouvelle entreprise peut être comme s'abreuver à une lance à incendie. Vous devez décider de façon systématique et concentrée ce qu'il vous faut

apprendre et comment l'apprendre le plus efficacement possible.

- **Adaptez votre stratégie à la situation.** Divers types de situation vous obligent à apporter des ajustements significatifs à votre manière de préparer et d'exécuter votre transition. Les démarrages, par exemple – mais aussi un nouveau produit, un nouveau processus, une nouvelle usine ou une nouvelle activité –, présentent des défis tout à fait différents de ceux que vous rencontreriez en relançant un produit, un processus ou une usine en grande difficulté. Un diagnostic clair de la situation est un préalable essentiel pour développer votre plan d'action.
- **Remportez des victoires dès le début.** Les victoires précoces vous confèrent une légitimité et enclenchent une dynamique. Elles créent des cercles vertueux qui exploitent l'énergie que vous mettez dans l'entreprise pour diffuser le sentiment que de bonnes choses sont en train de se produire. Dans les premières semaines, vous devez détecter des occasions de bâtir une crédibilité personnelle. Dans les 90 premiers jours, vous devez identifier des moyens pour générer de la valeur et améliorer vos résultats opérationnels, ce qui vous aidera à parvenir plus vite au seuil de rentabilité.
- **Négociez le succès.** Vous devez découvrir comment établir une relation de travail productive avec votre nouveau patron (ou vos nouveaux supérieurs) et gérer ses attentes. Il n'est pas de relation plus importante. Cela signifie prévoir une série de conversations critiques sur la situation, les attentes, le style de travail, les moyens et votre développement personnel, et surtout instaurer et obtenir un consensus sur votre plan à 90 jours.
- **Réussissez l'alignement.** Plus vous montez dans l'entreprise, plus vous devez jouer un rôle d'architecte organisationnel. Cela implique de vérifier que l'orientation stratégique de l'entreprise est saine, aligner sa structure

avec sa stratégie et développer les processus et les bases de compétence nécessaires pour réaliser votre orientation stratégique.

- **Constituez votre équipe.** Si vous héritez d'une équipe, vous devez évaluer, aligner et mobiliser ses membres. Probablement vous faudra-t-il aussi la restructurer conformément aux besoins de la situation. Être prêt à imposer dès le début des exigences personnelles contraignantes et être capable de choisir les bonnes personnes pour les bons postes sont deux des facteurs de réussite les plus importants au cours de votre transition et au-delà. Vous devez aborder de manière à la fois systématique et stratégique le défi de la constitution d'une équipe.
- **Composez des coalitions.** Votre succès dépend de votre aptitude à influencer des gens extérieurs à votre ligne hiérarchique directe. Les alliances, internes et externes, sont nécessaires pour atteindre vos objectifs. Vous devrez donc commencer immédiatement à repérer ceux dont le soutien est indispensable à votre réussite et vous demander comment les ranger de votre côté.
- **Gardez votre équilibre.** Dans le tumulte personnel et professionnel d'une transition, vous devez travailler dur pour maintenir votre équilibre et préserver votre aptitude à bien raisonner. Perdre de vue ses objectifs, s'isoler et faire les mauvais choix sont des risques toujours présents. Vous pouvez faire beaucoup pour accélérer votre transition personnelle et mieux maîtriser votre environnement de travail. Un bon réseau d'avis et de conseils est une ressource indispensable.
- **Accélérer la transition de chacun.** Enfin, vous devez aider chacun dans votre organisation – collaborateurs directs, supérieurs et pairs – à accélérer sa propre transition. Le fait que vous êtes en transition signifie qu'ils le sont aussi. Plus vite vous amènerez vos nouveaux subordonnés au rythme voulu, meilleure sera votre propre performance.

Plus largement, l'accélération systématique de la transition de chacun apporte d'amples avantages à l'entreprise.

Les chapitres qui suivent présentent des récits instructifs et des conseils et outils pratiques pour réussir dans ces dix tâches. Vous apprendrez à évaluer votre situation et à créer des plans d'action adaptés à vos besoins, quel que soit votre niveau dans l'organisation ou la situation économique à laquelle vous serez confronté. Ce faisant, vous bâtirez un plan à 90 jours qui accélérera votre prise de fonction.

Évaluer le risque de transition

Le premier pas consiste à diagnostiquer les types de transition où vous vous trouvez. Que vous vous prépariez à un entretien en vue d'un nouveau poste ou que vous ayez pris de nouvelles fonctions, c'est le point de départ pour l'application des principes fondamentaux. Les bouleversements les plus fréquents sont la promotion et l'entrée dans une nouvelle entreprise.

Cependant, la plupart des managers accédant à de nouvelles fonctions vivent de multiples transitions en parallèle, par exemple l'entrée dans une nouvelle entreprise et un déménagement, ou une promotion et le passage d'un poste fonctionnel à un poste généraliste. En fait, les participants aux programmes pour dirigeants que nous avons interrogés disent avoir vécu en moyenne 2,2 changements majeurs (tels qu'obtenir une promotion, entrer dans une nouvelle entreprise, changer d'unité opérationnelle, être muté géographiquement) lors de leur dernière prise de fonction[7].

La complexité ajoute aux difficultés de la transition – et au risque de faux-pas –, ce qui signifie qu'il est capital pour vous

---

7. Enquête de Michael Watkins auprès de deux cohortes de participants au General Management Program (GMP) de la Harvard Business School, 2010 et 2011, non publiée.

de comprendre les types de transition que vous vivez et de repérer les changements que vous trouvez les plus difficiles. Un moyen simple pour y parvenir est de procéder à l'évaluation du risque de transition, grâce au tableau I.1.

Baliser vos 90 premiers jours

Votre transition commence à l'instant où vous apprenez qu'on pense à vous pour un nouveau poste (voir les principaux jalons d'une transition, figure I.4). Son terme dépend beaucoup de la situation que vous rencontrez. Quel que soit le type de transition que vous effectuez, les personnes qui comptent dans votre entreprise – vos supérieurs, vos pairs et vos subordonnés directs – estiment habituellement que vous commencerez à vous affirmer au bout de trois mois environ.

C'est pourquoi l'horizon de vos plans devrait être cette période de 90 jours. Cela vous obligera à voir que le temps est compté. Avec de la chance, vous disposerez d'un délai de préparation d'un mois ou plus entre le moment où vous êtes pressenti et celui où vous prendrez officiellement vos nouvelles fonctions. Mettez ces journées à profit pour commencer à vous familiariser avec votre nouvelle organisation.

Quel que soit le temps de préparation dont vous disposez, commencez à planifier ce que vous espérez accomplir en vous fixant plusieurs jalons. C'est peut-être beaucoup vous demander eu égard à tout ce que vous avez déjà à faire, mais quelques heures seulement de réflexion vous aideront à y voir plus clair. Réfléchissez d'abord à la première journée de votre prise de fonction. Que souhaitez-vous avoir accompli à la fin de cette journée ? Passez ensuite à la première semaine. Puis à la fin du premier mois, du deuxième mois et enfin du troisième mois. Ces plans seront sans doute sommaires, mais le simple fait de vous projeter dans l'avenir et d'essayer de programmer vos actions vous aidera à ne pas naviguer à vue.

Tableau I.1 Évaluation du risque de transition

En vue d'une transition efficace, commencez par déterminer les risques qui vous attendent dans votre nouveau poste à l'aide de cette « Évaluation du risque de transition ». D'abord, indiquez les types de transition qui vous concernent en traçant une croix dans la colonne du milieu. Puis, pour chaque ligne ainsi cochée, évaluez à quel point vous trouvez ce changement difficile sur une échelle de 1 à 10, 1 signifiant « très facile » et 10 « très difficile ». Faites le total de la colonne de droite pour établir votre Indice de risque de transition (jusqu'à 100). L'indice vous donne une idée de l'ampleur du défi à relever et des dimensions spécifiques de votre transition globale auxquelles vous devez être le plus attentif.

Type de transition	*Cas applicable*	*Évaluez la difficulté relative (1-10)*
Changer de secteur ou de profession		
Entrer dans une nouvelle entreprise		
Entrer dans une nouvelle unité ou un nouveau service au sein de la même société	X	3
Être promu à un niveau supérieur	X	5
Diriger d'anciens pairs (dans le cas d'une promotion)	X	7
Passer d'une fonction à une autre (par exemple des ventes au marketing)	X	4
Prendre pour la première fois une responsabilité interfonctionnelle		
Être muté géographiquement		
Être placé dans une nouvelle culture nationale ou ethnique		
Assumer deux postes à la fois (en finir avec ses anciennes fonctions tout en exerçant les nouvelles)	X	7
Prendre un poste nouvellement créé (par opposition à un poste existant)	X	5
Arriver dans une entreprise où un changement majeur est déjà en cours		
Totaliser les nombres de la colonne de droite pour calculer votre Indice de risque de transition		31

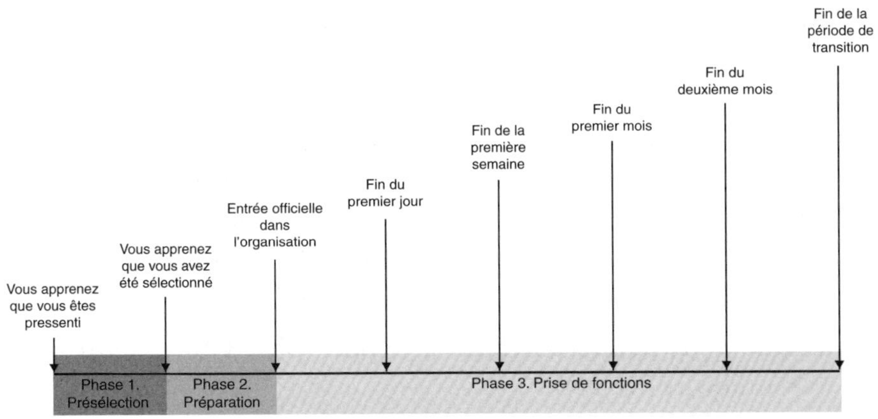

Figure I.4 Jalons clés de la transition

Être tout de suite opérationnel

Ce livre est destiné aux nouveaux managers, quelle que soit leur position dans l'entreprise, depuis le cadre débutant au PDG. Les principes fondamentaux d'une accélération efficace de la transition sont valables à tous les niveaux. Tout nouveau manager doit se familiariser vite avec la nouvelle organisation, obtenir des succès rapides et bâtir des coalitions de soutien. C'est pourquoi ce livre donne des indications permettant de traduire des principes en plans adaptés à votre propre situation. Poursuivez sa lecture de manière active, en prenant des notes sur les points spécifiquement applicables à votre cas et en vous demandant comment adapter les conseils qui vous concernent.

Checklist d'accélération et appli des 90 premiers jours

À la fin de chaque chapitre, des listes comme celle-ci vous aideront à cristalliser ses leçons essentielles et à les appliquer à votre situation – à la fois pour vous préparer aux entretiens quand il est question de vous confier de nouvelles fonctions et pour accélérer votre transition une fois qu'elles vous ont été confiées.

On trouvera des orientations et des suggestions plus détaillées dans l'appli des 90 premiers jours (First 90 Days App), disponible auprès des boutiques en ligne Apple et Android. Cette application contient des outils et des conseils au jour le jour, destinés à accélérer votre transition.

1. Que vous faudra-t-il pour atteindre plus vite le seuil de rentabilité ?
2. Quels pièges pourriez-vous rencontrer et comment les éviter ?
3. Comment créer des cercles vertueux et instaurer une dynamique dans vos nouvelles fonctions ?
4. Quels types de transition vivez-vous ? Lesquels vous paraissent les plus difficiles et pourquoi ?
5. Quels sont les éléments et jalons essentiels de votre plan à 90 jours ?

Chapitre 1

Préparez-vous

Après huit ans passés au service marketing d'une société de produits électroniques basée au Texas, Julia Gould fut promue pour la première fois à un poste de directeur de projet. Jusque-là, sa carrière avait été exemplaire. Son intelligence, son engagement et sa détermination lui avaient valu la reconnaissance de ses supérieurs et des promotions rapides à des postes à responsabilité. L'entreprise voyait en elle l'une de ses étoiles montantes et sa voie vers des fonctions de direction semblait toute tracée.

L'entreprise lui confia donc la responsabilité du lancement d'un de ses nouveaux produits les plus prometteurs. Julia était chargée de coordonner le travail d'une équipe pluridisciplinaire composée de représentants du marketing, des ventes, de la R&D et de la fabrication. Sa mission : conduire le produit de la phase de développement au stade de production, superviser une montée en puissance rapide et piloter l'introduction du produit sur le marché.

Hélas, Julia ne tarda pas à rencontrer des problèmes. Son brillant parcours au sein du service marketing devait tout à l'attention extraordinaire qu'elle portait aux détails. Habituée à diriger avec autorité et à prendre elle-même les décisions, elle avait tendance à vouloir tout contrôler. Elle fit de même dans ses nouvelles fonctions et, dans un premier temps, les membres de l'équipe projet la laissèrent faire sans rien dire. Mais la lune de miel fut de courte durée : bientôt, deux personnes clés de l'équipe remirent en question ses connaissances et son autorité. Piquée au vif, elle consacra toute son attention au domaine qu'elle connaissait le mieux : les aspects marketing du lancement du produit. Las ! sa volonté de s'immiscer dans le travail des représentants du marketing ne tarda pas à lui aliéner à leur tour ces collaborateurs. Un mois et demi plus tard, Julia était de retour dans son ancien service et la direction du projet avait été confiée à quelqu'un d'autre.

Julia Gould a échoué parce qu'elle n'a pas été capable de franchir le fossé qui sépare un bon collaborateur fonctionnel d'un responsable d'équipe transfonctionnel. Elle n'a pas compris que les atouts qui lui avaient permis de réussir au marketing pouvaient devenir des handicaps à un poste qui lui imposait de diriger une équipe sans autorité hiérarchique directe sur ses membres et sans non plus posséder d'expertise supérieure à la leur. Elle a continué à faire ce qu'elle savait faire, y puisant de la confiance en elle-même et le sentiment de contrôler les choses. Au final, bien sûr, c'est tout l'inverse qui s'est produit. En s'accrochant au passé et en ne percevant pas les enjeux réels de ses nouvelles fonctions, Julia a gâché une précieuse opportunité de progresser dans sa carrière.

Ce serait une erreur de croire que vous réussirez dans vos nouvelles fonctions en continuant à faire ce que vous faisiez à votre ancien poste, en plus grand. « On m'a confié ce poste à cause de mes compétences et de mon parcours », se dit souvent le manager. « C'est donc ce qu'on doit attendre de moi ici aussi. » Ce raisonnement est destructeur parce que faire ce que vous savez faire, en évitant le reste, peut vous donner l'illusion que tout va bien, au moins pendant un temps. En fait, le nouveau responsable est alors dans une forme de déni, convaincu que parce qu'il est productif et efficace, il est performant. Une illusion à laquelle on peut croire jusqu'à ce que les murs s'effondrent autour de soi.

Qu'est-ce que Julia aurait pu faire différemment ? Elle aurait pu veiller à mieux se préparer à ses nouvelles fonctions. Au niveau le plus large, vous préparer signifie tourner la page du passé et adopter les impératifs de la nouvelle situation pour partir du bon pied. Cela peut être difficile, mais c'est essentiel. Souvent, des managers prometteurs échouent à de nouveaux postes parce qu'ils n'ont pas réussi à se préparer eux-mêmes en intégrant à leurs conceptions les changements nécessaires.

Le point de départ de votre préparation est de comprendre les types de transition que vous vivez. Pour illustrer les problèmes associés à ces différents types (présentés dans l'introduction), je m'attacherai ici aux deux genres de transition les plus fréquents : les promotions et l'arrivée dans une nouvelle entreprise.

Être promu

Une promotion ponctue des années de travail acharné pour persuader les gens influents dans l'organisation que vous avez envie de passer au niveau supérieur et que vous en êtes capable. Mais elle marque aussi le début d'un nouveau parcours. Vous devez déterminer comment exceller dans le nouveau poste, comment dépasser les attentes de ceux qui vous ont promu et comment vous positionner pour aller plus loin encore. Précisément, toute promotion comporte pour les nouveaux managers un ensemble capital de difficultés à surmonter.

Équilibrez largeur et profondeur

Chaque fois que vous êtes promu, votre horizon s'élargit pour englober un ensemble plus vaste de problèmes et de décisions. Dans votre nouveau rôle, vous devez donc adopter et maintenir une perspective de haut niveau. Pour réussir, Julia aurait dû déplacer ses priorités de la fonction marketing à tout l'éventail des questions relatives au lancement de produits.

Vous devez aussi apprendre à trouver le bon équilibre entre garder une vision large et creuser les détails. Ce grand écart peut être délicat, car à une vision à cinquante mille pieds dans votre rôle précédent peut correspondre un monde à cinq mille pieds, voire à cinq cents pieds, dans votre nouveau poste.

Repensez ce que vous déléguez

La complexité et l'ambiguïté des problèmes que vous traitez augmentent chaque fois que vous êtes promu. Vous devrez donc repenser ce que vous déléguez. Quelle que soit votre nouvelle affectation, les clés d'une délégation efficace demeurent identiques : bâtissez une équipe de gens compétents en qui vous avez confiance, établissez des objectifs et des indicateurs pour observer l'avancement de leur tâche, traduisez les objectifs globaux en responsabilités spécifiques pour vos collaborateurs directs et renforcez-les à l'aide d'un processus.

Mais quand vous êtes promu, ce que vous déléguez doit le plus souvent changer. Si vous dirigez une organisation de cinq personnes, il peut être judicieux de déléguer des tâches précises comme la préparation d'un projet de document de marketing ou la vente à un client désigné. Dans une organisation de cinquante personnes, votre centre d'intérêt passera peut-être des tâches aux projets et processus. À cinq cents personnes, vous devrez souvent déléguer la responsabilité de produits ou de plateformes spécifiques. Et à cinq mille personnes, vos collaborateurs directs pourraient être responsables d'activités entières.

Influencez différemment

À en croire la sagesse conventionnelle, plus vous montez en responsabilité, plus il est facile d'obtenir que les choses se fassent. Or ce n'est pas toujours le cas. Paradoxalement, quand vous êtes promu, l'autorité que vous confère la situation devient souvent moins importante pour l'avancement de vos projets. Comme Julia, vous pouvez bien sûr acquérir un champ d'action plus vaste pour influencer les décisions qui affectent l'entreprise, mais la manière dont vous devez vous engager peut changer du tout au tout. Les décisions deviennent davantage politiques – elles sont moins affaire d'autorité que d'influence. Ce n'est ni bon ni mauvais, mais simplement inévitable.

Il y a deux grandes raisons à cela. D'abord, quand vous montez d'un niveau, les problèmes que vous traitez deviennent bien plus complexes et ambigus – et votre aptitude à détecter les « bonnes » réponses uniquement à l'aide de données et d'analyses décline en proportion. Les décisions sont davantage forgées par les avis experts d'autres personnes et par les relations de confiance, ainsi que par des réseaux de soutien mutuel.

Ensuite, à un niveau plus élevé de l'organisation, les autres acteurs sont plus expérimentés et leur orgueil est plus grand. N'oubliez pas que vous avez été promu parce que vous êtes capable et motivé ; c'est vrai aussi de tous ceux qui vous entourent. Il n'y a donc rien d'étonnant à ce que, plus vous vous élevez, plus le jeu décisionnel devient rugueux et chargé politiquement. Il est donc essentiel que vous appreniez à construire et faire vivre plus efficacement des alliances.

Communiquez plus formellement

L'avancement a un avantage : vous acquérez une vision plus large de l'entreprise et disposez de plus de latitude pour la moduler. Le revers de la médaille est que vous vous éloignez du terrain, au risque de recevoir davantage d'informations filtrées. Pour vous prémunir, il vous faut établir de nouveaux canaux de communication afin de rester connecté à ce qui se passe là où l'action se situe. Vous pourriez maintenir des contacts directs et réguliers avec des groupes de salariés de terrain, le tout sans nuire à l'intégrité de la chaîne hiérarchique.

Il vous faut aussi instaurer de nouveaux canaux pour communiquer vos orientations et votre vision stratégiques dans toute l'entreprise – au moyen de réunions générales plutôt que de contacts individuels ou en petits groupes, ou à l'aide de communications électroniques pour diffuser vos messages vers le plus large public possible. Vos subordonnés directs devraient jouer un rôle plus important dans la communication de votre vision et la diffusion des informations critiques – considération à retenir quand vous évaluez les talents de leadership des membres de l'équipe dont vous avez hérité.

Afficher la juste présence

« Le monde entier est un théâtre », assurait William Shakespeare dans *Comme il vous plaira*, « et tous les hommes et les femmes ne sont que des acteurs ». Une fois promu, vous vous trouvez bien plus exposé et bien plus observé qu'auparavant. C'est une réalité incontournable. Vous devenez l'acteur principal d'un spectacle public déterminant. Les moments privés se raréfient et une pression croissante vous impose d'afficher en permanence une présence dirigeante du genre qui convient.

C'est pourquoi il est important de déterminer vite ce que signifie « présence dirigeante » dans vos nouvelles fonctions : à quoi ressemble un leader au niveau que vous occupez désormais dans la hiérarchie ? Comment se comporte-t-il ? Quel genre de marque voulez-vous imprimer dans vos nouvelles fonctions ? Comment vous les approprierez-vous ? Ce sont là des considérations essentielles qui méritent que vous leur consacriez du temps.

Les principaux problèmes d'une promotion sont résumés dans la figure 1.1.

Qu'est-ce qui a réellement changé ?	Que faire ?
Un horizon d'impact élargi. Il faut s'attacher à un éventail plus large de sujets, de personnes et d'idées	Équilibrer largeur et profondeur.
Plus de complexité et d'ambiguïté. Les variables sont plus nombreuses et les résultats plus incertains.	Déléguer plus en profondeur.
Une politique organisationnelle plus rude. Il faut affronter des parties prenantes plus puissantes.	Influencer différemment.
Éloignement du terrain. La distance se creuse entre vous et les exécutants de terrain, ce qui risque d'affaiblir la communication et d'augmenter les filtrages.	Communiquer plus formellement.
Plus de surveillance. Davantage de gens font davantage attention à vos actes, et plus souvent.	S'adapter à une plus grande visibilité.

Figure 1.1 Problèmes principaux d'une promotion

S'intégrer dans une nouvelle entreprise

Dans les situations de promotion, d'ordinaire, les managers en savent beaucoup sur leur entreprise, mais doivent adopter les comportements et acquérir les compétences nécessaires pour être efficaces à un niveau différent. Si vous êtes embauché par une nouvelle entreprise, vous serez confronté à des problèmes de transition très différents. Les managers qui entrent dans une nouvelle entreprise effectuent souvent un mouvement latéral : on les recrute pour qu'ils accomplissent ce qu'ils ont déjà fait ailleurs avec succès. Leurs difficultés résident dans l'ajustement à un nouveau contexte organisationnel, avec une culture et une structure politique différentes.

À titre d'exemple, voici l'expérience de David Jones chez Energix, une petite entreprise d'énergie éolienne en croissance rapide. David travaillait auparavant dans une société industrielle d'envergure internationale et très respectée. Ingénieur de formation, il a rapidement gravi les échelons au sein de la R&D, devenant directeur du développement de nouveaux produits dans la division Distribution électrique de la société. C'est là qu'il a appris à diriger, dans une entreprise réputée pour son excellent vivier de managers, et dont la culture tend vers un type de leadership « commandement et contrôle », bien que les collaborateurs soient tout de même censés donner leur avis – ce qu'ils faisaient du reste. La société est depuis longtemps à la pointe dans l'adoption et le perfectionnement des méthodes de gestion de processus, en particulier la qualité totale, la fabrication *lean* et *six sigma*.

En tant que nouveau patron de la R&D d'Energix, David est entré dans une société qui a vécu les transitions typiques des jeunes pousses, passant de deux à deux cents personnes, puis à deux mille, et qui s'apprête maintenant à devenir une grande entreprise. C'est pourquoi son PDG répétait à David, lors du processus de recrutement, que les choses devaient changer. « Nous devons acquérir plus de discipline, a-t-il insisté. Nous avons réussi en restant concentrés et en travaillant en équipe. Nous nous connaissons tous, nous nous faisons confiance mutuellement et nous avons beaucoup accompli ensemble. Mais nous devons devenir plus systématiques dans notre manière d'agir, sinon nous ne parviendrons pas à profiter de la taille que nous avons acquise et à la préserver. » David savait donc que sa première tâche importante serait de repérer, de systématiser et d'améliorer les processus essentiels du service R&D – première mesure essentielle pour jeter les bases d'une croissance soutenue.

David s'est investi dans son nouveau poste avec son énergie coutumière. Il a trouvé une entreprise dont la gestion résultait largement d'une improvisation collective. Beaucoup de processus opérationnels et financiers importants n'étaient pas bien établis. D'autres n'étaient pas suffisamment contrôlés. Dans le seul développement de nouveaux produits, des dizaines de projets souffraient de spécifications inadéquates ou de calendriers et d'objectifs insuffisamment précis. Un projet fondamental pour Energix – une grande turbine de nouvelle génération – avait presque un an de retard et largement dépassé son budget. Au bout de deux semaines de présence, David se demandait ce qui permettait à Energix de se tenir d'aplomb – et il était plus convaincu que jamais qu'il pouvait lui faire franchir un cap.

C'est alors qu'il commença à rencontrer des obstacles. Les comités de direction tournaient mal et allaient en s'aggravant. Habitué à des réunions très disciplinées avec un ordre du jour clair et des décisions pratiques, David trouvait exaspérants le processus de recherche de consensus et les discussions elliptiques entre membres du comité. Il était particulièrement dérangé par l'absence de débats ouverts sur les problèmes urgents et par le fait que les décisions semblaient prises en coulisses. Quand il soulevait une question sensible ou provocante, ou qu'il pressait les autres membres du comité de s'engager à agir, les gens restaient silencieux ou récitaient une liste de raisons pour lesquelles les choses ne pouvaient être faites d'une certaine manière.

Au bout de deux mois, à bout de patience, David décida de se concentrer uniquement sur ce pour quoi il avait été embauché : réorganiser le processus de développement de produits afin de soutenir la croissance de l'entreprise. Il organisa donc une réunion avec les patrons de la R&D, des opérations et de la finance pour discuter de la manière de procéder. Lors de cette réunion, il présenta un plan de création d'équipes qui seraient chargées de décrire les processus existants et de procéder à leur complète reconception. Il esquissa aussi des exigences en termes de ressources – par exemple, affecter de gros moyens aux équipes venant des opérations et de la finance et faire appel à des conseils extérieurs pour étayer les analyses.

Compte tenu des conversations qu'il avait eues avec le PDG lors de son recrutement et de la mission claire dont il avait l'impression d'avoir été investi, David fut choqué de se heurter à un mur. Les participants l'écoutèrent mais refusèrent de s'engager, eux et leurs collaborateurs, sur son plan. Ils lui enjoignirent d'exposer ce plan devant tout le comité de direction, car il affectait de nombreux domaines de l'entreprise et pouvait perturber celle-ci s'il n'était pas soigneusement orchestré. (Il apprendrait plus tard que deux des participants s'étaient précipités chez le PDG en sortant de la réunion pour lui exprimer leurs préoccupations ; David, avait dit l'un d'eux, était « un taureau dans un magasin de porcelaine ». « Nous devons veiller à ce que l'arrivée de la turbine de nouvelle génération ne perturbe pas certains équilibres délicats », avait ajouté l'autre. Et tous deux avaient soutenu fermement que « laisser Jones diriger les choses n'[était] sans doute pas la bonne manière de faire ».) Fait plus troublant encore, David avait constaté un refroidissement notable et inquiétant de ses relations avec le PDG.

Entrer dans une nouvelle entreprise tient de la transplantation d'organe – et le nouvel organe, c'est vous. Si vous ne veillez pas suffisamment à vous adapter à la nouvelle situation, vous risquez d'être attaqué par le système immunitaire de l'entreprise et d'être rejeté. Les difficultés de David chez Energix en témoignent.

Lorsqu'on les interroge à ce sujet, les professionnels des ressources humaines déclarent très majoritairement qu'il est « bien plus dur » d'arriver de l'extérieur que d'être promu en interne[1]. Le taux d'échec élevé des recrutements externes s'explique, selon eux, par différents obstacles dans la conduite d'une transition réussie :

- Les responsables recrutés à l'extérieur sont moins familiers de la structure de l'organisation et de ses réseaux informels d'information et de communication.
- Ils ne connaissent pas la culture de l'entreprise et ont par conséquent plus de difficultés à trouver leurs marques.

1. Enquête portant sur 1 350 responsables des RH inscrits auprès de l'école de gestion IMD, précédemment publiée dans Michael Watkins, *Your Next Move*, *op. cit.* Voir aussi Boris Groysberg, Andrew N. McLean et Nitin Nohria, « Are Leaders Portable? » *Harvard Business Review*, mai 2006, pp. 92-100.

- Les nouveaux collaborateurs ne sont pas connus de l'organisation et ne bénéficient donc pas de la même crédibilité qu'un collaborateur sorti des rangs de l'entreprise.
- Du fait d'une longue tradition de promotion interne, certaines organisations ont du mal à accepter les personnes venues d'ailleurs.

Pour surmonter ces difficultés et réussir en arrivant dans une nouvelle entreprise, vous devrez considérer les quatre piliers d'une intégration réussie : l'orientation opérationnelle, les relations avec les parties prenantes, l'alignement des attentes et l'adaptation culturelle.

Orientation opérationnelle

L'orientation opérationnelle est la partie la plus simple de l'intégration. Plus vite vous comprenez l'environnement opérationnel dans lequel vous évoluez, plus vite vous pouvez faire des apports constructifs. Acquérir cette orientation signifie apprendre à connaître l'entreprise dans son ensemble et non seulement la partie qui vous concerne. Pour comprendre l'entreprise, il est bon de ne pas s'arrêter à ses finances, ses produits et sa stratégie. Quel que soit votre poste, il est bénéfique, par exemple, de vous renseigner sur les marques et les produits que vous soutiendrez, même si vous n'êtes pas directement impliqué dans les ventes et le marketing. Attachez-vous aussi à comprendre le modèle opérationnel, les systèmes de planification et d'évaluation des résultats et les systèmes de gestion des hommes, car souvent ils déterminent puissamment la manière dont vous pourrez exercer une influence efficace.

Relations avec les parties prenantes

Il est essentiel aussi de tisser un bon relationnel le plus vite possible. Cela signifie repérer les personnes clés et bâtir avec elles des relations de travail productives. À l'instar de David, les nouveaux managers ont une tendance naturelle mais dangereuse à construire, dès le début de leur transition, des relations verticales – vers le haut avec leurs supérieurs et vers le bas avec leurs équipes. Souvent, ils ne consacrent pas assez de temps aux relations latérales avec leurs pairs et des groupes influents extérieurs à leur organisation immédiate. À retenir : vous ne voudriez pas rencontrer vos voisins pour la première fois au milieu de la nuit alors que votre maison est en flammes.

Alignement des attentes

Même si vous avez l'impression de bien comprendre ce qu'on attend de vous, veillez à vérifier et revérifier ces attentes dès que vous êtes officiellement entré dans l'entreprise. Pourquoi ? Parce que les accords implicites conclus avant votre arrivée – sur vos attributions, vos soutiens et vos moyens – pourraient révéler quelques insuffisances une fois que vous aurez pris vos fonctions. Ce n'est pas qu'on ait cherché à vous tromper, mais plutôt que le recrutement est comme l'amour et l'emploi comme le mariage. David l'a découvert : les managers nouvellement embauchés peuvent facilement croire qu'ils disposent de plus de latitude qu'ils n'en ont en réalité pour introduire des changements. S'ils agissent avec ce genre de postulats incorrects, ils peuvent aisément susciter des oppositions évitables, voire se mettre eux-mêmes en situation d'échec.

Il est important aussi de comprendre les attentes des principales parties prenantes autres que votre nouveau patron – par exemple, les principaux responsables des finances du groupe, si vous travaillez dans une unité opérationnelle –, et d'en tenir compte, surtout si elles sont susceptibles d'influencer la manière dont vous serez évalué et récompensé.

Adaptation culturelle

Le défi le plus redoutable, pour les managers arrivant dans une nouvelle entreprise, est de s'adapter à une culture qui ne leur est pas familière. Pour David, cela signifiait passer d'une culture de type hiérarchique, centrée sur les processus, à une culture de type consensuel et relationnel.

Pour vous adapter avec succès, vous devez comprendre la culture de votre entreprise dans son ensemble et comment elle se manifeste dans le service ou l'unité où vous arrivez (car des unités différentes peuvent avoir des sous-cultures différentes). Il est bon alors de vous considérer comme un anthropologue chargé d'étudier une civilisation nouvellement découverte.

Qu'est-ce que la *culture* ? Un ensemble de modalités cohérentes respectées par les individus quand ils communiquent, réfléchissent et agissent, et enracinées dans leurs convictions et leurs valeurs partagées. Dans toute entreprise, la culture comporte en général plusieurs couches, comme l'illustre la figure 1.2. Au sommet de la pyramide culturelle, on trouve les éléments de surface – symboles, vocabulaires communs et autres aspects visibles pour les observateurs extérieurs. Parmi les symboles évidents figurent le logo de l'entreprise, les codes vestimentaires, ainsi que l'organisation et la répartition des espaces de travail.

De même, toute entreprise a classiquement un vocabulaire commun – une longue liste de sigles, par exemple, qui décrivent des unités opérationnelles, des produits, des processus, des projets et autres éléments de l'entreprise.

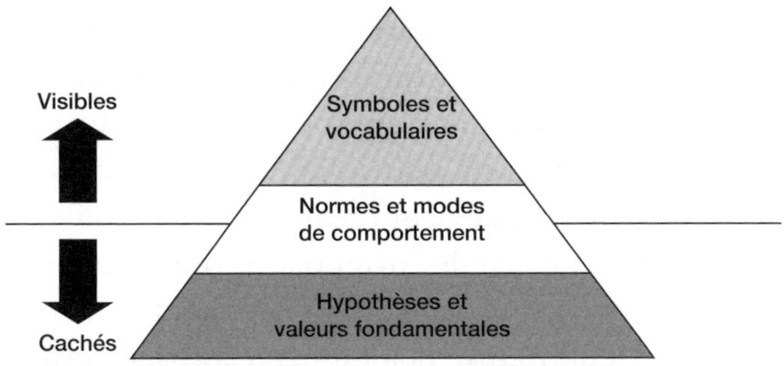

Figure 1.2 La pyramide culturelle

Il est donc essentiel de s'astreindre dès le début à parler comme les indigènes. À ce niveau, il est relativement facile pour les nouveaux venus de comprendre comment se fondre dans le moule. Si les gens qui vous entourent ne portent pas de tissu à carreaux, n'en portez pas non plus, sauf si vous voulez afficher votre intention de modifier la culture.

Sous la couche superficielle des symboles et du vocabulaire réside une série plus profonde, et donc moins visible, de normes organisationnelles et de comportements acceptés. Elle inclut des éléments tels que la manière d'obtenir des soutiens pour les initiatives importantes, de mettre en valeur les réussites ou d'aborder les réunions – sont-elles considérées comme des forums ou des chambres d'enregistrement ? (Voir l'encadré « Repérer les normes culturelles ».) Ces normes et comportements sont souvent difficiles à discerner et ne deviennent évidents qu'après avoir passé quelque temps dans son nouvel environnement.

Enfin, sous-jacentes à toutes les cultures, viennent les hypothèses fondamentales sur la manière dont le monde fonctionne – les valeurs partagées qui imprègnent et renforcent tous les autres éléments de la pyramide. Les croyances générales des collaborateurs de l'entreprise sur la bonne manière de répartir le pouvoir selon les postes occupés en sont un bon exemple. Les cadres dirigeants disposent-ils d'un pouvoir de décision important dès le premier jour ? L'autorité dépend-elle de l'ancienneté ? L'entreprise fonctionne-t-elle de manière consensuelle, les qualités de persuasion étant alors essentielles ? Là encore, ces éléments de culture sont souvent invisibles et il peut falloir du temps avant qu'ils n'apparaissent clairement.

Armé d'une connaissance approfondie de la situation de l'entreprise, de ses réseaux politiques, de ses attentes et de sa culture, vous saurez mieux comment établir le bon équilibre entre s'adapter à sa nouvelle entreprise et travailler à la modifier. On trouvera dans le tableau 1.1 les thèmes et actions se rapportant aux quatre piliers à observer lorsque vous arrivez dans une nouvelle entreprise.

Repérer les normes culturelles

Dans les domaines suivants, les normes culturelles peuvent fortement varier d'une entreprise à l'autre. Les managers en transition s'aideront de cette checklist pour déterminer comment fonctionne vraiment l'entreprise où ils pénètrent.

- **Influence.** Comment les gens obtiennent-ils des soutiens pour leurs initiatives capitales ? Est-il plus important d'avoir le soutien d'un parrain au sein des dirigeants ou l'affirmation, de la part de vos pairs et de vos collaborateurs, que votre idée est bonne ?
- **Réunions.** Les réunions sont-elles l'occasion de discuter des sujets sensibles ou de simples forums où l'on ratifie publiquement des accords conclus en privé ?
- **Exécution.** Qu'est-ce qui compte le plus quand vient le moment d'agir – connaître à fond les processus ou connaître les bonnes personnes ?
- **Conflit.** Les gens peuvent-ils parler librement des questions difficiles sans craindre d'être sanctionnés ? Ou bien évitent-ils les conflits – ou, pire encore, les relèguent-ils aux niveaux inférieurs, au risque d'y provoquer le chaos ?
- **Reconnaissance.** L'entreprise fait-elle monter ses « vedettes » en récompensant ceux qui animent du geste et de la voix ses initiatives ? Ou bien encourage-t-elle le travail en équipe en récompensant ceux qui dirigent avec autorité, mais de manière tranquille et collaborative ?
- **La fin et les moyens.** Existe-t-il des restrictions quant aux moyens utilisés pour obtenir des résultats ? L'entreprise dispose-t-elle d'un ensemble de valeurs bien défini et bien communiqué, renforcé par des stimulants positifs et négatifs ?

Entrer dans une nouvelle culture est difficile, non seulement pour les managers en transition entre deux entreprises, mais aussi pour ceux qui sont mutés d'une unité à l'autre – le défi de l'intégration – ou d'un pays à l'autre. Pourquoi ? Parce que ces deux types de changement confrontent en général les nouveaux managers à de nouvelles cultures de travail. La même approche de base de l'évaluation et de l'adaptation culturelle est applicable (sous réserve des modifications appropriées) dans ces deux situations[2].

2. Michael Watkins, *Your Next Move*, *op. cit.*

Vos préparatifs

Une fois que vous comprenez plus profondément les types de problèmes de transition que vous rencontrez, vous pouvez vous préparer à accomplir le saut. Comment être sûr de relever les défis de votre nouveau poste ? En vous concentrant sur des principes de base afin de vous y préparer, comme on va le voir.

Tableau 1.1 Checklists de l'intégration

Orientation opérationnelle • Dès que possible, consultez les informations disponibles publiquement sur les finances, les produits, la stratégie et les marques. • Détectez les sources d'information supplémentaires comme les sites web et rapports d'analystes. • Si votre niveau le permet, demandez à l'entreprise d'établir un livret de présentation. • Si possible, programmez des visites de familiarisation des principaux établissements avant la date officielle de votre prise de fonction.
Relations avec les parties prenantes • Demandez à votre patron de désigner et de vous présenter les personnages essentiels avec lesquels vous devriez prendre contact dès le début de votre activité. • Si possible, rencontrez certaines parties prenantes avant vos débuts officiels. • Prenez les commandes de votre agenda et programmez des réunions précoces avec les principaux acteurs. • Veillez à vous intéresser aux relations latérales (pairs, autres) et pas seulement aux relations verticales (patron, subordonnés directs).
Alignement des attentes • Comprenez la planification des activités et la gestion des performances et participez-y. • Quel que soit le degré de compréhension que vous avez de ce que vous devez faire, programmez une conversation avec votre patron sur ce qu'on attend de vous au cours des premières semaines. • Ayez dès que possible des conversations explicites sur les modes de travail avec vos supérieurs et vos subordonnés directs.
Adaptation culturelle • Au cours de votre recrutement, posez des questions sur la culture de l'entreprise. • Programmez des conversations avec votre nouveau patron et avec la DRH pour discuter de la culture du travail et reparlez-en régulièrement avec eux. • Identifiez les personnes qui, au sein de l'entreprise, pourraient vous servir d'interprète culturel. • Au bout de trente jours, faites un point informel à 360 degrés avec votre patron et vos pairs pour évaluer comment l'adaptation se déroule.

Définissez un point de rupture

Le passage d'un poste à un autre se fait souvent dans le brouillard. Il est rare qu'on vous prévienne longtemps à l'avance avant de vous propulser dans de nouvelles fonctions. Deux semaines, c'est le maximum qu'un nouveau manager chanceux obtient généralement ; pour tous les autres, c'est en jours que se mesure la mutation. Pressé de finir ce que vous avez à faire dans votre ancien poste, impatient de découvrir vos nouvelles fonctions, vous vous retrouvez pris entre deux feux. Pire encore, on vous demande de mener les deux chantiers de front jusqu'à ce que votre remplaçant ait été choisi, ce qui brouille encore un peu plus la ligne de démarcation.

Il est d'autant plus important de franchir le pas mentalement que le passage de témoin risque, dans les faits, de ne pas être clairement marqué. Choisissez un moment précis, un week-end par exemple, et consacrez-le à imaginer votre prise de fonction. Mettez-vous mentalement en situation d'abandonner votre ancien poste et de prendre le nouveau. En quoi vos nouvelles fonctions diffèrent-elles des précédentes ? Quels nouveaux comportements devez-vous adopter ? En quoi votre façon d'envisager les choses doit-elle changer ? Prenez le temps de fêter votre mutation, avec votre famille et vos amis. Demandez conseil à vos éminences grises. L'essentiel est de faire ce qu'il faut pour vous mettre dans la disposition d'esprit de la transition.

Faites le point sur vos vulnérabilités

On vous a proposé ce nouveau poste parce que ceux qui vous ont recruté pensent que vous avez les compétences nécessaires pour réussir. Mais comme nous l'avons vu à travers les exemples de Julia Gould et de David Jones, trop vous reposer sur ce qui a fait votre succès dans vos précédentes missions peut vous être fatal.

Un bon moyen de découvrir vos points faibles consiste à identifier vos *problèmes favoris* – le genre de problèmes que vous allez naturellement vouloir traiter. Nous aimons tous faire certaines choses plus que d'autres. Pour Julia Gould, c'était le marketing ; pour d'autres, ce peut être la finance ou les opérations. Il est probable que ces préférences ont guidé vos choix de carrière. En pratiquant ce que vous aimez, vous perfectionnez vos compétences dans certains domaines, que vous vous sentez alors de plus en plus apte à traiter, ce qui renforce le cercle. Un peu comme si vous muscliez exclusivement votre bras droit sans jamais vous occuper du gauche : le bras fort devient plus fort et le bras faible s'atrophie. Le risque, naturellement, est de créer un déséquilibre qui vous rend vulnérable dans les situations où il faut être ambidextre.

Le tableau 1.2 vous propose un outil simple pour vous aider à identifier vos domaines de prédilection. Indiquez dans chaque case l'intérêt que vous portez à la résolution de certains

Tableau 1.2 Évaluez vos problèmes favoris

Dans chacun des domaines suivants, évaluez vos préférences intrinsèques de résolution des problèmes sur une échelle de 1 à 10, 1 signifiant très peu d'intérêt et 10 un grand intérêt.

Élaboration de systèmes d'évaluation et de récompense des collaborateurs ________	Moral des collaborateurs ________	Équité/justice ________
Gestion des risques financiers ________	Budgets ________	Attention aux coûts ________
Positionnement des produits ________	Relations avec les clients ________	Orientation client de l'entreprise ________
Qualité du produit ou du service ________	Relations avec les distributeurs ou les fournisseurs ________	Amélioration continue ________
Systèmes de gestion de projets ________	Relations entre la R&D, le marketing et les opérations ________	Coopération transversale ________

problèmes. Pour la première case, par exemple, aimez-vous travailler sur la conception de systèmes d'évaluation et de récompense ? Traitez chaque question séparément : il ne s'agit pas de savoir si vous préférez telle activité à telle autre. Attribuez une note de 1 (ne m'intéresse pas du tout) à 10 (m'intéresse beaucoup) à chaque domaine. N'oubliez pas que ce sont vos intérêts intrinsèques qu'il s'agit d'évaluer ici, pas vos compétences ni votre expérience. Ne tournez pas la page avant d'avoir rempli le tableau.

À présent, reportez les chiffres dans les cases correspondantes du tableau 1.3 et faites le total des trois colonnes et des cinq lignes.

Tableau 1.3 Problèmes et fonctions, vos préférences

	Technique	*Politique*	*Culturel*	*Total*
Ressources humaines				
Finance				
Marketing				
Opérations				
Recherche et développement				
Total				

Les totaux des colonnes indiquent vos préférences entre trois types de problématiques : technique, politique et culturelle. Les problématiques *techniques* recouvrent les stratégies, les marchés, les technologies et les processus. Les problématiques *politiques* renvoient au pouvoir et aux réseaux d'influence dans l'organisation. Enfin, les problématiques *culturelles* traitent des valeurs, des normes et des hypothèses qui guident l'organisation.

Si le total d'une colonne est très inférieur à celui des autres, le domaine en question représente pour vous un angle mort potentiel. Si vous obtenez des notes élevées en technique et faibles en culture ou en politique, par exemple, cela peut indiquer que vous risquez de négliger la composante humaine dans l'équation de l'organisation.

Les totaux des lignes indiquent vos préférences à l'égard des différentes fonctions de l'entreprise. Un score faible dans une ligne suggère que vous préférez ne pas vous colleter avec les problèmes de ce domaine fonctionnel, qui constitue donc un point faible potentiel.

Vos résultats à cet exercice vous aideront à répondre aux questions suivantes : dans quelles sphères préférez-vous résoudre des problèmes ? Dans quels domaines êtes-vous *le moins* tenté de le faire ? Quelles sont les implications de ces préférences en termes de vulnérabilité potentielle dans vos nouvelles fonctions ?

Comment combler d'éventuelles lacunes et progresser sur vos points faibles ? Les méthodes et outils ne manquent pas, mais nous en retiendrons plus particulièrement trois : le travail personnel, la construction d'équipe et l'écoute. Vous devrez prendre l'habitude de consacrer du temps à des activités importantes que vous n'aimez pas et qui ne vous sont peut-être pas naturelles. Simultanément, recherchez au sein de votre organisation des personnes possédant des compétences pointues dans ces domaines, qui pourront vous aider et auprès de qui vous pourrez apprendre. Un réseau de conseillers peut également vous aider à sortir de votre zone de confort.

Méfiez-vous de vos points forts

Tout comme vos faiblesses, vos points forts peuvent vous rendre vulnérable. « Pour qui possède un marteau, tout a l'air d'un clou », disait Abraham Maslow[3]. Les qualités qui vous ont permis de réussir jusqu'à présent (vous avez intérêt à bien savoir à quoi correspond votre marteau) constituent peut-être des points faibles dans votre nouveau poste. Julia

---

3. La citation originale est : « Je suppose qu'il est tentant, quand vous n'avez pas d'autre outil qu'un marteau, de tout traiter comme un clou. » Abraham Maslow, *The Psychology of Science: A Reconnaissance* (New York, Harper Collins, 1966), p. 15.

Gould, par exemple, était une maniaque du détail. Un point fort, certes, qui avait pourtant ses inconvénients, en raison surtout d'un besoin de contrôle élevé. C'est pourquoi elle avait tendance à se mêler à tout bout de champ du travail des autres dans les domaines qu'elle maîtrisait le mieux. Ce comportement démoralisait ses collaborateurs qui auraient voulu faire leur travail sans être placés sous haute surveillance.

Réapprenez à apprendre

Il y a peut-être longtemps que vous ne vous êtes retrouvé au pied d'une courbe d'apprentissage aussi raide. « J'ai brutalement pris conscience de tout ce que je ne savais pas » est une phrase qui revient souvent dans la bouche des managers en transition. Vous avez excellé dans une fonction ou un domaine, à l'instar de Julia Gould, et vous vous retrouvez maintenant à un poste de chef de projet. Ou bien, comme David Jones, vous rejoignez une nouvelle entreprise dont les réseaux d'influence et la culture vous sont étrangers. Dans tous les cas, vous avez soudain besoin d'apprendre beaucoup et vite.

Ce retour à l'apprentissage risque de réveiller des sentiments désagréables, oubliés depuis longtemps, d'incompétence et de vulnérabilité, notamment si le début de votre prise de fonction est marqué par des revers. Vous avez l'impression de retourner à un stade de votre carrière où vous aviez moins confiance en vous. Vous ferez peut-être quelques faux-pas au départ et connaîtrez à nouveau l'échec pour la première fois depuis des années. Plus ou moins consciemment, vous vous repliez sur les domaines dans lesquels vous vous sentez compétent et sur les gens qui renforcent le sentiment de votre propre valeur.

De nouveaux défis et la peur de ne pas être à la hauteur peuvent déclencher un cercle vicieux de déni et de repli défensif. Pour dire les choses sans détours, ou vous décidez d'apprendre, ou vous vous murez dans votre tour d'ivoire et vous courez à la catastrophe. Lente agonie ou mort soudaine, comme dans le cas de Julia, votre échec est inévitable. Comme nous le verrons dans le prochain chapitre sur l'accélération de l'apprentissage, le déni et le repli sur soi sont les plus sûrs ingrédients du désastre.

Réapprendre à apprendre est parfois pénible. Si vous avez des sueurs froides, ne vous inquiétez pas. La plupart des nouveaux leaders passent par là. Et si vous acceptez d'apprendre, vous les surmonterez.

Reconfigurez votre réseau

Au fil de votre carrière, les avis et les conseils dont vous avez besoin évoluent. Vous glisser dans vos nouveaux habits signifie aussi faire ce qu'il faut pour restructurer votre réseau de conseillers. En début de carrière, il est important de s'entourer de bons conseillers techniques – des spécialistes de certains aspects du marketing ou de la finance par exemple, qui peuvent vous aider à faire votre travail. À mesure que vous gravissez les échelons, cependant, il devient de plus en plus important de bénéficier de bons conseils politiques et personnels. Les conseillers politiques vous aident à comprendre les réseaux d'influence de l'organisation, connaissance essentielle pour quiconque souhaite conduire le changement. Quant aux conseillers personnels, ils vous aident à garder du recul et à préserver votre équilibre dans les périodes de stress. Transformer votre réseau de conseillers n'est jamais facile. Vos conseillers actuels sont peut-être des amis proches et il y a des chances que vous soyez à l'aise avec les conseillers techniques dont vous connaissez bien le domaine. Mais il est essentiel de prendre du recul et de déterminer quelles parties de votre réseau doivent être renforcées pour compenser les manques et les angles morts, au niveau de vos compétences ou de votre expérience.

Méfiez-vous des gens qui voudraient vous freiner

Il est possible que certains individus, consciemment ou non, ne souhaitent pas que vous progressiez. Votre ancien supérieur, par exemple, voit votre départ d'un très mauvais œil. Dès que vous connaîtrez la date de votre prise de fonction, vous devrez tirer au clair ce que l'on attend de vous avant que vous ne quittiez votre ancien poste, c'est-à-dire définir précisément les missions et projets sur lesquels vous aurez à travailler et, surtout, définir précisément ce que vous *ne ferez pas*. Afin d'éviter toute ambiguïté ou tout malentendu, inscrivez votre projet noir sur blanc et communiquez-le à votre supérieur. Après quoi, respectez vos engagements, et veillez à ce que votre supérieur fasse de même. Soyez réaliste quant à ce que vous pouvez accomplir. Comme il y aura toujours plus à faire, soyez conscient que le temps dont vous disposez pour apprendre et prévoir avant votre prise de fonction est précieux.

Vos collègues devenus vos subordonnés ne souhaitent peut-être pas que leurs relations avec vous changent ; ce problème est particulièrement aigu si votre promotion vous amène à diriger d'anciens pairs. Ils devront bien s'y faire, pourtant ; et plus tôt vous accepterez cette idée vous aussi (et aiderez les autres à l'accepter), mieux cela vaudra pour tous. Les autres membres de votre organisation ne manqueront pas d'être à l'affût de signes de favoritisme et vous jugeront en conséquence.

Si votre promotion vous amène à superviser des collaborateurs qui ont été vos pairs, certains d'entre eux seront sans doute des concurrents déçus. Certains œuvreront peut-être même à votre perte. Ces sentiments pourraient s'atténuer avec le temps. Mais attendez-vous à ce que votre autorité soit mise à rude épreuve dès les premiers jours et prévoyez de faire face avec fermeté et justice. Si vous ne fixez pas de limites dès le début, vous aurez à le regretter. Franchir le cap de votre nouveau poste, c'est aussi faire accepter votre promotion aux autres. Ce travail en amont est essentiel. Si vous découvrez que certaines personnes ne sont pas prêtes à se plier à cette nouvelle donne, vous devrez trouver un moyen de leur faire quitter votre organisation le plus rapidement possible.

Faites-vous aider

Beaucoup d'organisations ont créé des programmes et processus pour aider leurs managers à réussir leur transition. On y trouve aussi bien des programmes de formation de hauts potentiels (qui préparent les éléments prometteurs à de hautes responsabilités), que des processus d'intégration organisés (séminaires ou accompagnement) centrés sur les impératifs clés. Ne manquez pas d'en tirer parti.

Cependant, même si votre nouvelle organisation n'a pas prévu d'aides formelles à la transition, vous pourriez prendre contact avec la DRH et avec votre nouveau patron pour créer un plan de transition à 90 jours. Si vous avez été promu, voyez s'il existe des modèles de compétences décrivant les exigences de vos nouvelles fonctions (mais n'espérez pas qu'ils soient complets). Si vous avez été recruté à l'extérieur, faites-vous aider, afin de repérer et contacter les acteurs essentiels ou trouver un interprète culturel. Ces personnes sont souvent des « historiens naturels », capables de vous expliquer quelles évolutions et quels changements l'entreprise a connus.

Boucler la boucle

Se préparer à un nouveau rôle est un travail difficile, et certaines barrières pourraient résider en vous-même. Prenez quelques minutes pour réfléchir à vos points faibles dans vos nouvelles fonctions, tels que vous les avez identifiés grâce au tableau de vos problèmes favoris. Qu'allez-vous faire pour progresser ? Analysez ensuite les forces extérieures – vos engagements vis-à-vis de votre ancien supérieur, par exemple – qui pourraient vous empêcher d'avancer. Comment éviter cela ?

Pour reprendre un vieux leitmotiv, se préparer est un voyage et non une destination. Vous devrez veiller sans cesse à relever les défis réels du poste que vous allez occuper et à ne pas vous replier dans votre zone de confort. Les vieilles habitudes vous guettent, confortables et dangereuses. Prévoyez de relire régulièrement ce chapitre et les questions qu'il soulève en vous demandant : « Ai-je fait tout mon possible pour me préparer ? »

Préparez-vous – Checklist

1. Si vous avez été promu, quelles en sont les implications pour vous en termes d'équilibre à trouver entre largeur et profondeur, de délégation, d'influence, de communication et d'affichage de votre autorité ?
2. Si vous arrivez d'une autre organisation, comment allez-vous vous adapter à l'activité, repérer et contacter les principales parties prenantes, clarifier les attentes et vous adapter à une nouvelle culture ? Quel est le bon équilibre entre s'adapter à une nouvelle situation et tenter de la modifier ?
3. À quelles qualités devez-vous d'avoir réussi jusqu'à présent ? Pouvez-vous réussir dans vos nouvelles fonctions en faisant exclusivement appel à ces points forts ? Si non, quelles sont les compétences clés que vous devez développer ?
4. Y a-t-il des aspects de votre nouveau poste qui sont essentiels pour votre réussite mais dans lesquels vous n'avez pas envie de vous investir ? Pourquoi ? Qu'allez-vous faire pour compenser d'éventuels angles morts ?
5. Comment être sûr de franchir mentalement le cap de vos nouvelles fonctions ? Auprès de qui pouvez-vous chercher conseils et avis ? Quelles autres activités pourraient vous y aider ?

Chapitre 2

Hâtez-vous d'apprendre

Chris Hadley était responsable qualité chez Dura Corporation, une SSII de taille moyenne. Lorsque son supérieur démissionna pour devenir directeur des opérations de l'éditeur de logiciels Phoenix Systems, une entreprise en difficulté, il proposa à Chris de le suivre comme responsable qualité des produits et du service test. Chris sauta sur l'occasion de diriger un redressement.

Dura excellait dans le développement de logiciels. Chris y avait été embauché dès la fin de ses études d'ingénieur et avait progressé rapidement au sein de la branche qualité. Très compétent, il s'était toutefois habitué à travailler avec des technologies de pointe et un personnel motivé. Avant d'accepter le poste, il avait visité le service test des produits de Phoenix et savait que celui-ci n'était pas du tout au niveau. Il était déterminé à changer cela – et vite.

Peu de temps après son arrivée, Chris déclara que les processus existants étaient dépassés et qu'il fallait les reconstruire à partir de zéro, « façon Dura ». Il contacta immédiatement des conseils en opérations, dont les conclusions furent sans appel : la technologie et les systèmes de test de Phoenix étaient « vétustes » et les compétences du personnel « insuffisantes ». Ils préconisaient une réorganisation totale du processus de test, ainsi que d'importants investissements en technologie et en formation. Chris communiqua les conclusions de ce rapport à ses subordonnés directs, les informant qu'il souhaitait engager sans tarder les actions nécessaires, en commençant par la réorganisation des équipes de test « sur le modèle de ce qui se faisait chez Dura ».

Un mois seulement après la mise en place de la nouvelle structure, la productivité du service chuta, menaçant de retarder le lancement d'un nouveau produit essentiel. Chris réunit ses collaborateurs directs et leur enjoignit de « résoudre les problèmes, et vite ». Mais les problèmes subsistèrent et l'ambiance se dégrada.

Deux mois seulement après son arrivée, le supérieur de Chris lui dit : « Tu t'es mis presque tout le monde à dos. Je t'ai demandé de venir pour améliorer la qualité, pas pour la démolir. » Puis il le bombarda de questions : « Combien de temps as-tu passé à étudier ce service ? Savais-tu qu'il réclame davantage d'investissements depuis des années ? As-tu seulement vu ce que ses membres étaient capables d'accomplir avant ton arrivée, avec les ressources dont ils disposaient ? Il est grand temps que tu cesses d'agir et que tu commences à écouter. »

Ébranlé, Chris organisa plusieurs réunions avec son personnel d'encadrement et des groupes d'employés. Ces discussions furent notamment l'occasion pour lui de découvrir la créativité dont ils avaient fait preuve pour pallier l'absence d'investissements dans leur établissement. Il obtint aussi un retour d'information direct sur les dysfonctionnements de sa nouvelle structure. Il organisa ensuite une réunion générale et annonça que, compte tenu de ce qu'il venait d'apprendre, la structure allait être largement réaménagée. Il s'engagea aussi à améliorer les techniques de test et la formation avant d'introduire tout autre changement.

En quoi Chris s'est-il fourvoyé ? Comme trop de managers fraîchement nommés, il a négligé d'en apprendre suffisamment sur sa nouvelle organisation et a pris quelques décisions malheureuses qui ont sapé sa crédibilité.

La première tâche pour réussir une transition est d'accélérer votre apprentissage. Un apprentissage efficace vous apporte les connaissances fondamentales nécessaires pour dresser votre plan des 90 prochains jours. Il est donc essentiel de déterminer ce que vous avez besoin d'apprendre sur l'organisation que vous rejoignez, puis que vous conduisiez cet apprentissage le plus vite possible. Plus votre apprentissage sera efficace et productif, plus votre fenêtre de vulnérabilité se réduira rapidement. Vous serez capable d'identifier des problèmes potentiels, susceptibles de vous déstabiliser s'ils voyaient le jour. Plus vous progresserez rapidement sur la courbe d'apprentissage, plus vite vous pourrez commencer à prendre les bonnes décisions.

Surmonter ses obstacles à l'apprentissage

Presque toujours, l'échec d'un nouveau manager est en partie dû à un apprentissage inefficace. Au début de votre transition, vous avez inévitablement l'impression de vous abreuver à une lance à incendie. Il y a tant à absorber qu'il est difficile de savoir quoi privilégier. Le torrent d'informations est tel qu'il est facile de passer à côté de signaux importants, et le risque est grand, aussi, de trop se focaliser sur la dimension technique de l'activité – produits, clients, technologies et stratégies – au détriment de la culture et des jeux de pouvoir de l'entreprise.

Pour compliquer encore les choses, les managers ne reçoivent généralement pas la moindre formation à la conduite systématique d'un diagnostic d'organisation. Ceux qui peuvent prétendre en avoir bénéficié sont invariablement soit des professionnels des ressources humaines, soit d'anciens consultants en management.

On observe également que peu de nouveaux managers prennent le temps de *planifier leur apprentissage*, c'est-à-dire identifier les questions importantes et la meilleure façon de leur apporter des réponses. Moins nombreux encore sont ceux qui élaborent un réel projet d'apprentissage lorsqu'ils prennent de nouvelles fonctions.

Certains managers présentent même des « obstacles à l'apprentissage », ils sont bloqués de l'intérieur. Chris en est un exemple : il ne s'est pas soucié de comprendre l'histoire de son entreprise. Tout nouveau manager devrait se poser cette question fondamentale : « Comment l'entreprise en est-elle arrivée là ? » Faute de quoi, il risque de détruire des structures ou processus existants sans savoir pourquoi ils ont été créés. Si vous connaissez l'histoire de l'entreprise, vous vous direz peut-être que les choses doivent bel et bien changer. Ou, au contraire, qu'il y a d'excellentes raisons de les laisser en place.

Un autre obstacle à l'apprentissage est, on l'a dit dans l'introduction, l'impératif de l'action. Le symptôme principal consiste en un besoin quasi compulsif d'agir. Les managers efficaces trouvent un bon équilibre entre agir (faire que les choses se produisent) et être (observer et réfléchir). Mais il est difficile, Chris Hadley l'a constaté, de s'autoriser à « être » pendant une transition. Et l'incitation à « faire » vient presque toujours de l'intérieur du manager lui-même plutôt que de forces extérieures ; elle reflète un manque de confiance qui lui impose de faire ses preuves. N'oubliez pas que le simple fait de montrer un désir sincère d'apprendre et de comprendre se traduit par un gain de crédibilité et d'influence.

Si vous vous sentez habituellement trop inquiet ou trop occupé pour réserver du temps à l'apprentissage, peut-être êtes-vous en proie à l'impératif de l'action. C'est une affliction grave, car être trop occupé pour apprendre aboutit souvent à un cercle vicieux. Si, comme Chris, vous oubliez d'apprendre, vous risquez fort de prendre dès le départ de mauvaises décisions qui saperont votre crédibilité, écarteront vos alliés potentiels et dissuaderont les autres de vous confier des informations importantes. Ce qui vous conduit à prendre encore plus de mauvaises décisions, générant ainsi un cercle vicieux qui détruira définitivement votre crédibilité. Soyez donc vigilant ! Prendre des décisions radicales dès le début de votre entrée en fonction vous semblera peut-être indiqué – et c'est parfois le cas, comme nous le verrons dans le chapitre suivant –, mais faute de préparation, vous risquez de passer à côté des vrais problèmes.

Le comportement le plus destructeur est peut-être celui qui consiste à arriver avec « la » solution, comme Chris chez Phoenix. Le leader a déjà son idée sur la nature des problèmes de sa nouvelle organisation et la manière de les résoudre. Pour avoir acquis son expérience dans des entreprises où l'on agissait « comme il faut », il ne s'aperçoit pas que ce qui fonctionne bien ici peut échouer lamentablement ailleurs. Comme Chris l'a découvert à ses dépens, débarquer avec une réponse toute faite vous expose à commettre de graves erreurs et risque de vous attirer l'hostilité de tous. Chris a cru pouvoir se contenter de reproduire ce qu'il avait appris chez Dura pour régler les problèmes de Phoenix.

Les managers qui arrivent dans une nouvelle entreprise doivent donc veiller à en découvrir la culture et à s'y adapter. Sinon, ils risquent de souffrir de l'équivalent organisationnel d'un rejet de greffe d'organe (or l'organe, ici, c'est eux). Leurs actes déclenchent le système immunitaire de l'organisation et ils se trouvent attaqués comme un corps étranger. Même dans les situations (un redressement, par exemple) où l'on vous a recruté explicitement pour introduire de nouvelles façons de faire, vous devez vous familiariser avec la culture de l'entreprise et ses réseaux d'influence pour nouer des relations et adapter votre démarche.

Gérer l'apprentissage comme un processus d'investissement

Si vous considérez vos efforts pour accélérer votre prise de fonction comme un investissement – et votre temps et votre énergie comme des ressources rares à gérer avec soin –, vos gains prendront la forme de *connaissances activables*, c'est-à-dire un savoir qui vous permettra de prendre de meilleures décisions plus tôt et vous aidera à atteindre plus rapidement le seuil de rentabilité en termes de création de valeur personnelle. Chris Hadley aurait agi différemment s'il avait su, 1° que la direction de Phoenix avait volontairement réduit ses investissements par le passé malgré les efforts d'amélioration des managers locaux, 2° que l'établissement obtenait des résultats remarquables en termes de qualité et de productivité au regard de ses équipements, 3° que les superviseurs et les ouvriers étaient, à raison, fiers de ce qu'ils avaient accompli.

Pour rentabiliser au mieux votre investissement dans l'apprentissage, vous devez extraire, de manière efficace et efficiente, des connaissances utilisables de la masse d'informations dont vous disposez. Par « efficace », nous entendons un apprentissage qui permette d'identifier ce que vous avez besoin d'apprendre pour porter vos efforts au bon endroit. Définissez votre projet d'apprentissage le plus tôt possible et revoyez-le régulièrement pour l'affiner et le compléter. Être « efficient » suppose de repérer les meilleures sources de connaissances disponibles et de déterminer comment en extraire le maximum de savoir en consommant le moins possible de votre précieux temps. L'approche de Chris Hadley n'était ni efficace ni efficiente.

Définissez votre projet d'apprentissage

Si Chris Hadley avait pu tout recommencer, qu'aurait-il fait ? Il aurait prévu de s'engager dans un processus d'apprentissage systématique : créer un cercle vertueux de collecte et d'analyse d'informations, sur la base desquelles il aurait pu établir des hypothèses à tester en grandeur réelle.

La première étape consiste à définir votre projet d'apprentissage, dans l'idéal avant votre prise de fonction. Un projet d'apprentissage matérialise vos priorités : qu'avez-vous le plus besoin d'apprendre ? Il contient un ensemble précis de questions qui vous guideront dans vos recherches, ou d'hypothèses que vous souhaitez explorer et éprouver, voire les deux. Le processus, naturellement, est itératif. Le contenu de votre projet évoluera au fil de votre transition et de ce que vous apprendrez. Progressivement, les questions seront remplacées par des hypothèses sur ce qu'il se passe autour de vous et pourquoi – hypothèses qu'il vous faudra à leur tour étoffer et tester.

Comment élaborer votre première liste de questions ? Commencez par formuler des interrogations relatives au passé, puis concernant le présent et, enfin, l'avenir (voir les encadrés correspondants). Pourquoi les choses se font-elles ainsi dans votre nouvelle organisation ? Les raisons (par exemple, répondre à la menace d'un concurrent) sont-elles toujours valables aujourd'hui ? Les conditions sont-elles en train de changer au point qu'il faudrait agir différemment à l'avenir ? Vous trouverez dans les encadrés suivants des exemples de questions relevant de ces trois catégories.

Questions relatives au passé

Résultats

- Quels ont été les résultats de cette organisation dans le passé ? Que pensent les collaborateurs de ces performances ?
- Comment les objectifs étaient-ils définis ? Étaient-ils trop ou pas assez ambitieux ?
- Des points de référence internes ou externes étaient-ils utilisés ?
- Quels étaient les indicateurs utilisés ? Quels comportements encourageaient-ils ou décourageaient-ils ?
- Que se passait-il lorsque les objectifs n'étaient pas atteints ?

Causes fondamentales

- Si les performances étaient bonnes, pourquoi ?

- Qu'ont apporté respectivement la stratégie, la structure, les capacités techniques, la culture et les jeux de pouvoir de l'organisation ?
- Si les résultats n'étaient pas bons, pourquoi ? Est-ce la stratégie de l'entreprise qui est en cause ? Sa structure ? Ses capacités techniques ? Sa culture ? Ses jeux de pouvoir ?

Histoire du changement

- Quelles initiatives ont été prises pour changer l'organisation ? Que s'est-il produit ?
- Quels ont été les acteurs clés qui ont façonné l'entreprise ?

Questions relatives au présent

Vision et stratégie

- Quelles sont la vision et la stratégie définies par l'organisation ?
- Cette stratégie est-elle réellement suivie ? Si non, pourquoi ? Si oui, la stratégie conduit-elle l'entreprise dans la bonne direction ?

Collaborateurs

- Qui est compétent et qui ne l'est pas ?
- À qui peut-on faire confiance ? À qui ne peut-on pas faire confiance ?
- Qui a de l'influence et pourquoi ?

Processus

- Quels sont les processus clés ?
- Donnent-ils des résultats acceptables en termes de qualité, de fiabilité et de délais ? Si non, pourquoi ?

Dangers

- Quelles bombes à retardement risquent d'exploser et de vous faire sortir de piste ?
- Quels faux-pas culturels ou politiques devez-vous éviter ?

Victoires précoces

- Dans quels domaines (collaborateurs, relations, processus ou produits) pouvez-vous espérer obtenir des victoires précoces ?

Questions relatives à l'avenir

Défis et opportunités

- Au cours de l'année à venir, dans quels domaines l'entreprise risque-t-elle d'être confrontée à des défis importants ? Que peut-on faire maintenant pour s'y préparer ?
- Quelles sont les opportunités non exploitées les plus prometteuses ? Que faudrait-il pour qu'elles se concrétisent ?

Obstacles et ressources

- Quels sont les obstacles les plus importants aux changements à conduire ? Sont-ils d'ordre technique ? Culturel ? Politique ?
- Existe-t-il des pôles d'excellence ou d'autres ressources de qualité que vous pourriez exploiter ?
- Quelles nouvelles compétences doivent être développées ou acquises ?

Culture

- Quels éléments culturels doivent être préservés ?
- Quels éléments faut-il faire évoluer ?

En répondant à ces questions, songez aussi au bon équilibre de votre apprentissage entre technique, relationnel, culturel et politique[1]. Dans le domaine technique, vous pourriez être confronté à des marchés, technologies, processus et systèmes qui ne vous sont pas familiers. Dans le domaine relationnel, vous devez faire la connaissance de votre patron, de vos pairs et de vos subordonnés directs. Dans le domaine culturel, vous aurez à découvrir des normes, valeurs et attentes comportementales certainement différentes de celles de l'organisation dont vous venez, y compris si vous changez d'unité au sein de la même entreprise. Dans le domaine politique, vous devez comprendre l'*organisation parallèle* – l'ensemble des processus

1. Noel M. Tichy et Mary Anne Devanna, *The Transformational Leader* (New York, John Wiley & Sons, 1986).

et alliances tacites qui existent dans l'ombre de la structure officielle et qui influencent fortement la manière dont le travail est fait. Le domaine politique est à la fois important et difficile à comprendre, car il n'apparaît pas distinctement à ceux qui viennent d'arriver et les bombes à retardement politiques peuvent aisément anéantir vos efforts visant à vous assurer des soutiens solides au cours de la transition.

Identifiez les meilleures sources de connaissances

Vous acquerrez une bonne connaissance « théorique » de l'organisation en puisant aux sources d'informations factuelles traditionnelles que sont les rapports financiers et d'exploitation, les plans stratégiques et fonctionnels, les enquêtes auprès des collaborateurs, les articles de presse et les analyses sectorielles. Mais pour prendre des décisions efficaces, vous aurez aussi besoin d'informations « grises » sur la stratégie de l'entreprise, ses capacités techniques, sa culture et ses réseaux d'influence. Le seul moyen d'obtenir ce genre d'informations est de discuter avec des personnes qui détiennent les connaissances clés pour comprendre la situation dans laquelle vous vous trouvez.

Il va donc falloir identifier les meilleures sources d'informations, démarche qui rendra votre processus d'apprentissage à la fois plus complet et plus efficace. N'oubliez pas que vous devez écouter les acteurs clés au sein de l'organisation, mais aussi à l'extérieur de celle-ci (voir la figure 2.1). Discuter avec des personnes possédant différents points de vue vous donnera une vision plus exhaustive et plus fine des choses – réalités extérieures et perceptions internes, entre cadres dirigeants et collaborateurs d'autres niveaux.

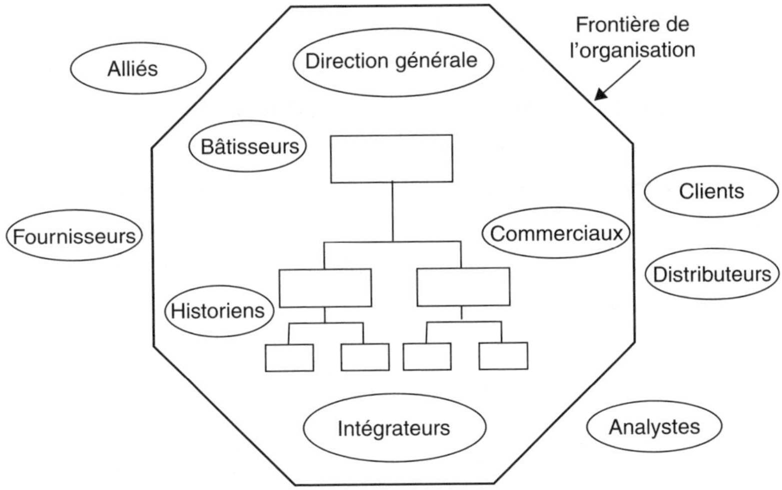

Figure 2.1 Sources de connaissances

Les sources externes les plus enrichissantes seront vraisemblablement :

- Les clients. Comment les clients – externes ou internes – perçoivent-ils votre entreprise ? Comment vos meilleurs clients évaluent-ils vos produits ou services ? Et votre service clients ? Si les clients sont externes, comment classent-ils votre entreprise par rapport à ses concurrents ?
- Les fournisseurs. Ils vous donneront leur point de vue sur votre organisation en tant que cliente. Ils pourront également vous éclairer sur les points forts et les faiblesses de la gestion et des systèmes des opérations internes.
- Les distributeurs. Ils vous informeront sur la logistique de distribution des produits, le service clients, ainsi que sur les pratiques et les offres des concurrents. Vous vous ferez également une idée plus précise de leurs compétences et de leurs moyens.
- Les analystes extérieurs. Ils vous apporteront une vision objective de la stratégie et des capacités de votre entreprise, ainsi que de celles de vos concurrents. Les analystes ont également une bonne vision d'ensemble des demandes du marché et de la santé du secteur.

Les sources internes indispensables sont :

- Les collaborateurs R&D et opérationnels. Ce sont eux qui développent et fabriquent vos produits ou fournissent vos services. En discutant avec eux, vous vous familiariserez avec les processus de base de l'organisation et ses relations avec les acteurs extérieurs clés. Ils sont également susceptibles de vous apporter un éclairage intéressant sur l'efficacité des interfaces avec les autres services et le soutien – ou les freins – qu'ils trouvent auprès du reste de l'organisation.
- Les services des ventes et des approvisionnements. Avec les collaborateurs des services clients et achats, ils sont directement au contact des clients, des distributeurs et des fournisseurs. Ils disposent souvent d'informations récentes sur les tendances et les évolutions du marché.
- Les fonctionnels. Discutez avec les responsables ou les membres clés des services financier, juridique et ressources humaines. Ces collaborateurs ont un point de vue spécialisé mais utile sur les rouages internes de l'entreprise.
- Les intégrateurs. Par ce terme, nous désignons tous ceux qui coordonnent ou facilitent des interactions transfonctionnelles : chefs de projets, directeurs de site et chefs de produits notamment. Vous apprendrez d'eux comment les différentes fonctions travaillent ensemble et les relations qui prévalent au sein de l'entreprise. Ces collaborateurs peuvent vous aider à mettre au jour les véritables hiérarchies politiques et à identifier les éventuels conflits internes.
- Les « historiens naturels ». Gardez un œil sur les « vieux de la vieille » ou les « historiens naturels » – les collaborateurs qui sont dans l'entreprise depuis longtemps et ceux qui assimilent naturellement son histoire. Ils vous aideront à comprendre la mythologie de l'entreprise (les principales anecdotes sur sa constitution et les épreuves qu'elle a traversées), ainsi que les origines de sa culture et de ses réseaux d'influence.

Souvent, si vous êtes nouveau dans l'entreprise, vous pouvez faire beaucoup pour accélérer votre processus d'intégration avant même votre arrivée. Le point de départ, au-delà des démarches de recrutement, est d'exploiter l'énorme masse de moyens disponibles en ligne : informations générales, analyse de l'entreprise, biographie de ses principaux responsables, contenu de son propre site web. Et puis, si c'est possible, vous auriez tout intérêt à faire connaissance avec certains de ses salariés actuels ou anciens pour obtenir quelque éclairage sur son histoire et sa culture.

Adoptez des méthodes d'apprentissage structurées

Maintenant que vous avez une idée plus précise de ce que vous devez apprendre et où chercher l'information – dans des documents, à l'occasion de conversations avec des personnes bien renseignées ou à l'aide de moyens électroniques –, il va vous falloir réfléchir aux meilleures méthodes d'apprentissage.

Beaucoup de dirigeants ont tendance à se lancer tête baissée dans de grandes discussions avec des membres de l'organisation. En procédant de la sorte, vous collecterez à n'en pas douter beaucoup d'informations « grises », mais cette méthode n'est pas efficace. En effet, elle peut être très chronophage et son caractère non structuré ne permet pas facilement de savoir quel valeur accorder aux observations des uns et des autres. Vous risquez ainsi de vous laisser influencer excessivement par les premières (ou les dernières) personnes avec qui vous discuterez. Or on peut s'empresser de venir à vous précisément dans le but de vous influencer.

Vous feriez mieux de songer à suivre un processus d'apprentissage structuré. Pour illustrer les avantages d'une telle méthode, imaginons que vous projetiez de rencontrer vos subordonnés directs pour recueillir leur avis. Comment allez-vous procéder ? Tous les réunir dès les premiers jours n'est pas nécessairement une bonne option, car certains hésiteront à révéler leur opinion en public.

Vous pourriez donc commencer par les rencontrer individuellement. Bien sûr, cette méthode a aussi ses inconvénients, puisqu'elle vous oblige à rencontrer vos collaborateurs dans un certain ordre. Il est plus que probable que ceux qui se trouvent plus bas sur votre liste interrogeront ceux qui ont déjà eu leur baptême du feu pour savoir ce que vous attendez. Le risque est alors de recueillir, au lieu de la diversité des points de vue que vous espériez, des réponses plus ou moins stéréotypées, et de ne plus être maître de vos messages.

Imaginons donc que vous choisissiez de rencontrer individuellement vos subordonnés directs. Dans quel ordre allez-vous les recevoir ? Comment éviter de vous laisser influencer excessivement par les premières personnes que vous rencontrerez ? Une parade possible est d'adopter le même « script » pour tous vos entretiens. Il pourra, par exemple, consister en une brève introduction sur vous-même et votre approche, suivie d'une série de questions concernant votre interlocuteur (parcours, famille et centres d'intérêt), avant de conclure par un questionnaire de base sur l'entreprise. Le grand mérite de cette approche standardisée est qu'elle vous permet de comparer les réponses de vos différents interlocuteurs et d'analyser ce qui est cohérent et ce qui ne l'est pas. Cette comparaison peut vous aider à évaluer la liberté de ton de vos différents interlocuteurs.

Lorsque vous établissez le diagnostic de votre nouvelle organisation, commencez par rencontrer individuellement vos interlocuteurs directs. (Ce qui revient à prélever une tranche horizontale dans l'organisation en interrogeant des gens du même niveau mais de fonctions différentes.) Posez-leur les cinq mêmes questions :

1. Quels sont les plus grands défis auxquels l'entreprise est confrontée (ou sera confrontée dans un avenir proche) ?
2. Pourquoi l'entreprise est-elle (ou sera-t-elle) confrontée à ces défis ?

3. Quelles sont les opportunités de croissance non exploitées les plus prometteuses ?
4. Que faudrait-il pour que l'entreprise exploite ce potentiel ?
5. Si vous étiez à ma place, sur quoi concentreriez-vous votre attention ?

Ces cinq questions, associées à une écoute attentive et à un processus de suivi, vous apprendront énormément ; songez à ce qu'elles auraient pu apporter à Chris. Poser à chacun la même série de questions vous permettra d'identifier les points de vue partagés et les points de vue divergents – ce qui vous évitera d'être influencé par la première personne avec qui vous vous entretiendrez, ou la plus convaincante. La façon dont on vous répondra pourra également vous en apprendre beaucoup sur votre nouvelle équipe, ses modes de fonctionnement et les rapports entre ses membres. Qui répond franchement ? Qui fait une réponse évasive ou part dans une digression ? Qui assume ses responsabilités et qui accable ses collaborateurs ? Qui possède une vue d'ensemble de l'entreprise et qui ne voit pas au-delà de sa fonction ?

Après avoir analysé et synthétisé ces premières discussions en un ensemble d'observations, de questions et de conclusions, réunissez tous vos subordonnés directs, faites-leur part de vos impressions et de vos questions et engagez le débat. Vous obtiendrez ainsi des renseignements de fond et sur la dynamique de votre équipe, tout en démontrant à celle-ci la rapidité avec laquelle vous avez cerné les principaux enjeux.

Nul besoin de suivre ce processus à la lettre. Vous pouvez, par exemple, faire appel à un consultant extérieur pour conduire le diagnostic de l'organisation et transmettre ses conclusions à votre équipe (voir l'encadré « Assimilation des nouveaux leaders ») ou demander à un facilitateur interne de piloter le processus. L'idée qu'il faut retenir est qu'avec un tout petit peu de méthode vous obtiendrez plus rapidement de vos collaborateurs des connaissances et des informations sur lesquelles vous appuyer pour agir. Les questions que vous poserez, cela va sans dire, seront adaptées aux différents groupes que vous rencontrerez. Si vous avez un entretien avec un vendeur, par exemple, demandez-lui : « Que veulent nos clients, qu'ils trouvent auprès de nos concurrents et pas chez nous ? »

Assimilation des nouveaux leaders

Un exemple de méthode d'apprentissage structurée nous est offert avec le processus d'intégration des nouveaux leaders développé à l'origine par General Electric. Dans ce processus, chaque fois qu'un manager prend de nouvelles fonctions à un certain niveau, on lui assigne un facilitateur de transition. Dans un premier temps, le facilitateur rencontre le nouveau leader pour définir avec lui le processus. Cette étape initiale est suivie d'une réunion avec les nouveaux subordonnés directs du leader, au cours de laquelle le facilitateur pose des questions du style : « Que voudriez-vous savoir au sujet du nouveau leader ? » ; « Que voudriez-vous qu'il sache de vous ou de l'entreprise ? » Ces remarques sont transmises, de manière anonyme, au nouveau leader. Le processus s'achève par une réunion du nouveau responsable et de ses subordonnés directs, en présence du facilitateur.

Une autre méthode d'apprentissage structurée consiste à établir votre diagnostic à l'aide d'un cadre tel que l'analyse SWOT ou, en français, AFOM (pour atouts, faiblesses, opportunités, menaces). Ce type de schéma peut aussi être un puissant outil de communication en direction des principales parties prenantes – supérieurs, pairs et subordonnés directs –, et contribuer à instaurer des avis partagés sur la situation. D'autres méthodes d'apprentissage structurées sont intéressantes dans des situations particulières. Certaines des méthodes présentées dans le tableau 2.1 peuvent renforcer l'efficacité de votre processus d'apprentissage en fonction de votre position dans l'organisation et de la situation de l'entreprise. Les nouveaux managers efficaces panachent les méthodes, adaptant leur stratégie d'apprentissage aux exigences de la situation.

Tableau 2.1 Méthodes d'apprentissage structurées

Méthodes	*Objectifs*	*Public*
Enquêtes sur le climat organisationnel et la satisfaction des collaborateurs	Connaître la culture et le moral de l'entreprise. De nombreuses entreprises conduisent régulièrement ce type genre de sondages, et une base de données est peut-être déjà disponible. Si ce n'est pas le cas, envisagez de mettre en place une enquête périodique afin de connaître les perceptions des collaborateurs.	Utile aux managers de tous niveaux si l'analyse est disponible spécifiquement pour votre unité ou votre groupe. La portée de la méthode dépend étroitement du niveau de granularité de la collecte et de l'analyse des données. Elle suppose également que l'instrument d'enquête soit bon et que les données aient été collectées avec soin et analysées de façon rigoureuse.
Série d'entretiens structurés avec des « tranches » de l'organisation ou de l'unité	Identifier les perceptions communes et divergentes des opportunités et des problèmes. Vous pouvez interviewer des collaborateurs de même niveau appartenant à différents services (tranche horizontale) ou décliner l'approche sur plusieurs niveaux (tranche verticale). Dans un cas comme dans l'autre, posez les mêmes questions à tous et repérez les similitudes et les différences dans les réponses.	Surtout utile aux managers qui dirigent des groupes composés de collaborateurs venus de différentes fonctions. Peut également être utile à des échelons inférieurs si l'unité connaît des problèmes graves.
Groupes de focus	Explorer des questions qui préoccupent des groupes clés de collaborateurs, comme le moral du personnel commercial ou de production. Réunir des groupes de collaborateurs qui travaillent ensemble vous permet également d'observer comment ils interagissent et de détecter ceux qui font acte de leadership. En favorisant le débat, vous aurez accès à des informations plus profondes.	Particulièrement utile aux managers de groupes importants de collaborateurs qui ont la même fonction, directeurs commerciaux ou directeurs de site par exemple. Peut également servir aux dirigeants pour se faire rapidement une idée des perceptions des groupes de collaborateurs clés.
Analyse des décisions passées importantes	Éclairer les processus de prise de décision et les sources de pouvoir et d'influence. Choisissez une décision récente importante et essayez d'en dérouler l'historique. Qui a eu de l'influence à chaque étape ? Discutez avec les personnes impliquées, explorez leurs perceptions et soyez à l'écoute de ce qui est dit et de ce qui n'est pas dit.	Particulièrement utile aux managers de haut niveau au sein de *business units* ou de groupes de projets.

Analyse des processus	Examiner les interactions entre les services ou fonctions et évaluer l'efficacité d'un processus. Sélectionnez un processus important, comme la livraison des produits aux clients ou aux distributeurs, et demandez à un groupe transfonctionnel de retracer le processus et d'identifier les éventuels goulets d'étranglement et problèmes.	Surtout utile aux managers d'unités ou de groupes dans lesquels le travail de différents spécialistes fonctionnels doit être intégré. Peut également servir aux managers de niveau inférieur pour comprendre comment leurs groupes s'inscrivent dans les processus plus larges de l'organisation.
Visites d'usines et de clients	Acquérir des connaissances de première main auprès des gens proches du produit. Les visites d'usine vous permettent de rencontrer de manière informelle le personnel de production et d'écouter ses préoccupations. Rencontrer les collaborateurs des ventes et de la production vous aidera à évaluer les capacités techniques de l'organisation. En rendant visite aux clients, leurs commentaires pourront révéler des problèmes et des opportunités.	Surtout utile aux managers de *business units*.
Projets pilotes	Acquérir une connaissance approfondie des capacités techniques, de la culture et des jeux d'influence de l'organisation. Bien que ces connaissances ne soient pas le but premier des projets pilotes, vous pourrez apprendre beaucoup de la façon dont l'entreprise ou le groupe répond à vos initiatives pilotes.	Utile aux managers de tous niveaux. La taille des projets pilotes et leur impact augmenteront naturellement avec la position hiérarchique du manager.

Créez un plan d'apprentissage

Votre *projet d'apprentissage* précise ce que vous devez apprendre. Votre *plan d'apprentissage* définit comment vous allez conduire cet apprentissage. Il traduit – *via* l'identification de sources d'informations prometteuses et l'utilisation de méthodes systématiques – des objectifs d'apprentissage en ensembles d'actions spécifiques qui accélèrent votre apprentissage. Votre plan est donc un élément fondamental de votre programme des 90 premiers jours. Comme nous le verrons plus loin, l'apprentissage doit même figurer au rang des priorités de votre programme pour les 30 premiers jours de votre prise de fonction (sauf catastrophe, bien entendu).

Au cœur de votre plan se trouve un processus cyclique d'apprentissage au cours duquel vous collectez, analysez et synthétisez des informations, développez et testez des hypothèses, approfondissant ainsi progressivement votre compréhension et votre connaissance de votre nouvelle organisation. Bien sûr, les connaissances spécifiques que vous déciderez de rechercher varieront selon les situations. Examinez le modèle de plan d'apprentissage que nous vous proposons en encadré et repérez quels éléments sont pertinents dans votre situation, lesquels ne le sont pas, et ceux qui pourraient vous être utiles mais n'ont pas été mentionnés. Dans le chapitre suivant, nous explorerons les différents types de transition et reviendrons sur ce que vous devez apprendre et à quel moment.

Modèle de plan d'apprentissage

Avant la prise de fonction

- Lisez tout ce que vous pouvez concernant la stratégie de l'entreprise, sa structure, ses performances et ses collaborateurs.
- Recherchez des évaluations extérieures des résultats de l'entreprise : comment des personnes informées et objectives voient-elles l'entreprise ? Si vous êtes manager, discutez avec des personnes qui travaillent avec votre nouveau groupe comme fournisseurs ou clients.
- Trouvez des observateurs extérieurs qui connaissent bien l'organisation : anciens collaborateurs, retraités de fraîche date, et autres personnes ayant eu des relations d'affaires avec l'entreprise. Posez-leur des questions ouvertes sur l'histoire, les réseaux d'influence et la culture de l'entreprise. Si cela est possible, échangez également avec votre prédécesseur.
- Discutez avec votre nouveau supérieur.
- À mesure que vous apprenez à connaître votre nouvelle organisation, notez par écrit vos premières impressions et, le cas échéant, certaines hypothèses ou conclusions.
- Constituez une liste de questions initiales pour guider votre exploration structurée une fois que vous serez dans la place.

Au cours des premières semaines

- Consultez les plans opérationnels, les documents financiers et les données relatives au personnel.
- Rencontrez individuellement vos subordonnés directs et posez-leur les questions que vous avez préparées. Ces discussions vous permettront de mieux les connaître personnellement et de mettre au jour d'éventuelles divergences ou convergences de vues.
- Évaluez comment se passent les choses aux interfaces internes clés. Comment les commerciaux, les acheteurs, les chargés de clientèle, etc., perçoivent-ils les relations de votre entreprise avec ses interlocuteurs extérieurs ? Ces personnes vous permettront également de déceler des problèmes que d'autres ne voient pas.
- Testez l'alignement stratégique dans le sens haut/bas. Demandez aux dirigeants quelles sont la vision et la stratégie de l'entreprise. Ensuite, mesurez jusqu'à quel niveau de l'organisation ces convictions pénètrent. Le précédent leader a-t-il su faire descendre le message ?
- Testez les perceptions des défis et des opportunités. Commencez par demander aux collaborateurs « de la base » comment ils perçoivent les défis et les opportunités de l'entreprise. Ensuite, procédez de même en remontant les échelons hiérarchiques. Cette démarche vous aidera à savoir si les dirigeants prennent correctement le pouls de l'organisation.
- Actualisez vos questions et vos hypothèses.
- Soumettez vos hypothèses et vos conclusions à votre supérieur et discutez-en avec lui.

À la fin du premier mois

- Réunissez votre équipe pour lui faire connaître vos premières conclusions. Vous obtiendrez ainsi un feed-back précieux sur vos hypothèses et vous en apprendrez davantage sur votre équipe et ses dynamiques internes.
- Analysez à présent les interfaces extérieures clés. Comment les acteurs extérieurs (fournisseurs, clients, distributeurs et autres) perçoivent-ils votre organisation, ses forces et ses faiblesses ?
- Analysez deux ou trois processus clés. Réunissez des représentants des groupes concernés pour mettre à plat et évaluer les processus que vous avez sélectionnés. Vous en retirerez de précieuses informations sur la productivité, la qualité et la fiabilité.
- Rencontrez les intégrateurs clés. Vous apprendrez ainsi comment les choses fonctionnent aux interfaces entre les différentes fonctions. Quels problèmes perçoivent-ils que les autres ne voient pas ? Repérez les « historiens naturels » et discutez avec eux. Ils

vous feront bénéficier de leurs connaissances de l'histoire, de la culture et du système politique de l'entreprise et se révèlent également des alliés et des relais d'influence potentiels.

- Actualisez vos questions et vos hypothèses.
- Retournez voir votre supérieur pour discuter avec lui de vos observations.

Obtenir de l'aide

Le premier responsable de l'accélération de votre apprentissage de leader, c'est vous-même. Mais le soutien de nombreux autres acteurs peut rendre le processus d'apprentissage beaucoup moins pénible. Supérieurs, pairs et même collaborateurs directs peuvent accélérer considérablement votre apprentissage. Pour vous ménager leur aide, vous devez savoir clairement quels sont vos objectifs et quel type de soutien ils peuvent vous apporter. Surtout, il est essentiel que vous soyez disposé à faire la démarche sans avoir l'impression que vous devriez tout savoir et tout maîtriser à partir du moment où vous franchissez leur porte.

Le soutien dans l'apprentissage est particulièrement important pour les leaders arrivant dans une nouvelle entreprise. C'est vrai que vous ayez été recruté à l'extérieur (intégration) ou muté entre unités de la même organisation (accueil interne, lequel, on l'a dit plus haut, est à peu près 70 % aussi difficile qu'un recrutement externe). Dans les deux cas, vous devrez probablement vous plonger dans une culture différente et vous serez privé du tissu relationnel dont vous disposiez dans vos fonctions précédentes. Si votre nouvelle organisation a un système d'intégration efficace, celui-ci devrait vous aider à comprendre sa culture et accélérer le processus de détection et de prise de contact avec les principales parties prenantes. Sinon, sollicitez une aide de ce type.

Boucler la boucle

Vos priorités et vos stratégies d'apprentissage évolueront inévitablement à mesure que vous acquerrez une connaissance plus profonde de l'organisation. Lorsque vous entrerez réellement dans le vif du sujet – c'est-à-dire lorsque vous commencerez à travailler avec votre nouveau supérieur ou que vous essayerez de repérer les gisements potentiels de victoires rapides, ou que vous entreprendrez la construction de coalitions de soutien –, il sera absolument essentiel que vous enrichissiez encore vos connaissances. Nous vous conseillons donc de revenir régulièrement à ce chapitre pour réévaluer votre projet d'apprentissage et créer de nouveaux plans d'apprentissage.

Accélérez votre apprentissage – Checklist

1. À quel point êtes-vous efficace dans votre apprentissage de nouvelles organisations ? Succombez-vous parfois à l'impératif de l'action ? Ou à la tentation d'arriver avec « la » solution ? Si oui, qu'allez-vous faire pour corriger ces travers ?
2. Quel est votre projet d'apprentissage ? Sur la base de vos connaissances actuelles, dressez une liste de questions pour vous aider dans vos premières explorations. Si vous avez déjà établi un certain nombre d'hypothèses sur la situation de votre future organisation, quelles sont-elles et comment envisagez-vous de les tester ?
3. Étant donné les questions auxquelles vous souhaitez répondre, quels interlocuteurs sont les plus susceptibles de vous apporter les connaissances les plus utiles ?
4. Comment pourriez-vous améliorer l'efficacité de votre processus d'apprentissage ? Quelles pistes structurelles explorer pour obtenir davantage de connaissances en contrepartie de votre investissement en temps et en énergie ?
5. Quels soutiens sont à votre disposition pour accélérer votre apprentissage, et comment pourriez-vous les exploiter au mieux ?
6. Jetez les bases de votre plan d'apprentissage à partir de vos réponses aux questions précédentes.

Chapitre 3

Adaptez la stratégie au contexte

Si Karl Lewin savait quelque chose, c'était comment diriger en temps de crise. De fait, il venait de superviser avec succès le redressement rapide d'un établissement industriel européen appartenant à une multinationale de la grande distribution, Global Foods. Mais il n'était pas sûr que le même genre d'approche serait efficace dans son nouveau poste au sein de l'entreprise.

Né en Allemagne, Karl était un dirigeant énergique. Avec détermination il avait restructuré en Europe l'organisation morcelée d'un groupe qui avait trop privilégié la croissance par acquisitions et son fonctionnement au niveau national, au détriment d'autres possibilités. En l'espace d'un an, Karl avait centralisé les fonctions d'assistance industrielle les plus importantes, fermé quatre des usines les moins productives et délocalisé une bonne partie de la production vers l'Europe de l'Est. Ces changements, si pénibles eussent-ils été, avaient commencé à porter leurs fruits au bout de dix-huit mois ; l'amélioration de l'efficience opérationnelle était spectaculaire.

Mais une bonne action ne reste jamais impunie. Son succès en Europe avait valu à Karl d'être nommé directeur exécutif de la chaîne logistique du groupe pour ses principaux établissements nord-américains, dont le siège était situé dans le New Jersey. Son nouveau poste, bien plus important que le précédent, associait la production industrielle et les approvisionnements stratégiques, la logistique aval et le service clients.

Contrairement aux établissements européens, ceux d'Amérique du Nord n'étaient pas encore en crise – là résidait l'essence du problème aux yeux de Karl. Prospère depuis longtemps, l'organisation commençait tout juste à montrer des signes de faiblesse. L'année précédente, les classements sectoriels avaient placé les performances industrielles de la société légèrement au-dessous de la moyenne pour sa productivité globale, et dans le tiers inférieur dans le domaine essentiel de la satisfaction du client quant au respect des délais. Des scores médiocres, certes, mais rien qui implique un « redressement » urgent.

Cependant, l'évaluation conduite par Karl lui-même indiquait que les problèmes sérieux n'allaient pas tarder. L'entreprise adorait combattre les incendies ; ses managers se glorifiaient de leur capacité de réaction en cas de crise, alors qu'ils auraient mieux fait de prévenir les difficultés. Karl pensait que la survenue de complications majeures n'était qu'une affaire de temps. De plus, les dirigeants s'en remettaient trop à leur instinct pour prendre des décisions critiques, et les systèmes d'information ne fournissaient pas assez de données objectives pertinentes. Ces insuffisances entretenaient un optimisme général, mais infondé selon Karl, quant à l'avenir de l'organisation.

Afin de réussir dans vos fonctions, vous devez comprendre clairement la situation à laquelle vous êtes confronté et ce qu'elle implique pour ce que vous devez faire et la manière de le faire. D'emblée, des dirigeants tels que Karl doivent s'attacher à répondre à deux questions fondamentales. La première est : « Quel genre de changement suis-je censé mener ? » Vous ne saurez comment adapter votre stratégie à la situation qu'après avoir répondu à cette question. La seconde est : « Quel genre de leader du changement suis-je ? » Ici, la réponse a des conséquences sur la manière d'adapter votre style de leadership. Un diagnostic rigoureux de la situation de l'entreprise vous donnera une idée précise, non seulement des défis, mais aussi des opportunités et des ressources qui s'offrent à vous.

Utiliser le modèle STARS

STARS est un acronyme qui désigne cinq situations classiques que les leaders peuvent trouver à leur arrivée : start-up, redressement, croissance accélérée, redéfinition et pérennisation. Le modèle STARS souligne les caractéristiques et les difficultés, respectivement, du démarrage d'une entreprise, de sa remise en bonne voie, de la gestion d'une expansion rapide, de la redynamisation d'une organisation autrefois prospère mais qui rencontre à présent de graves problèmes, et de la prise en main d'une entreprise en bonne santé pour la porter à un niveau de développement supérieur.

Dans ces cinq situations STARS, le but final est le même : assurer le succès et la croissance de l'entreprise. Mais les difficultés et les opportunités, résumées dans le tableau 3.1, varient de manière prévisible en fonction de la situation à laquelle vous êtes confronté.

Quels sont les aspects caractéristiques des cinq situations STARS ? Dans un contexte de *start-up*, votre tâche est d'agencer les capacités (hommes, financements et technologies) afin de lancer à partir de zéro un nouveau produit, une nouvelle entreprise, un nouveau projet ou une nouvelle relation. Cela signifie que vous pouvez configurer l'organisation dès le départ en recrutant votre équipe, en jouant un rôle majeur dans la définition des priorités et en bâtissant l'architecture de l'entreprise. Les participants d'une start-up seront probablement pleins d'espoir et plus enthousiastes que ceux d'une entreprise au bord de la faillite. En même temps, les salariés d'une entreprise en démarrage sont d'ordinaire moins concentrés sur les sujets clés que ceux d'une entreprise en redressement, car la vision, la stratégie, les structures et les systèmes qui canalisent l'énergie de l'entreprise ne sont pas encore en place.

Tableau 3.1 Le modèle STARS

Start-up	*Redressement*	*Croissance accélérée*	*Redéfinition*	*Pérennisation*
Assembler les capacités (humaines, financières et technologiques) pour lancer une nouvelle entreprise ou une nouvelle initiative.	Sauver une entreprise ou une initiative largement considérée comme en grande difficulté.	Gérer une entreprise en expansion rapide.	Redynamiser une entreprise autrefois prospère mais qui rencontre à présent des difficultés.	Préserver la vitalité d'une organisation prospère et la faire aller de l'avant.
Difficultés				
Bâtir la stratégie, les structures et les systèmes à partir de zéro sans limites ni cadres clairs. Recruter et fusionner une équipe très performante. Se débrouiller avec des ressources limitées.	Redynamiser des salariés et autres parties prenantes démoralisés. Prendre des décisions efficaces dans un temps limité. Aller assez loin dans les sacrifices et les choix de personnel difficiles.	Mettre en place des structures et des systèmes autorisant la croissance. Intégrer de nombreux salariés nouveaux.	Convaincre les salariés que le changement est nécessaire. Réorganiser avec soin l'équipe dirigeante et repolariser l'attention de l'organisation.	Vivre dans l'ombre de l'ancien dirigeant et gérer l'équipe qu'il a créée. Bien jouer en défense avant de s'engager dans des initiatives trop nombreuses. Trouver des moyens pour faire monter d'un niveau l'entreprise.
Opportunités				
Vous pouvez bien faire les choses dès le début. Les gens sont dynamisés par les possibilités. Pas d'idées préconçues rigides.	Tout le monde admet que des changements sont nécessaires. Les groupes affectés apportent un soutien externe significatif. Un petit succès produit beaucoup d'effet.	Le potentiel de croissance contribue à motiver le personnel. Les gens seront enclins à se dépasser, ainsi que leurs collaborateurs.	L'organisation possède des atouts importants. Le personnel aimerait continuer à croire au succès.	Il se peut qu'une équipe solide soit déjà en place. Le personnel désire maintenir son historique de succès. Les bases d'un succès durable (par exemple un long pipeline de produits) peuvent déjà être en place.

Dans un *redressement*, vous prenez en charge une unité ou un groupe en grave difficulté et vous devez le remettre sur les rails. C'est la classique situation d'urgence qui exige une action rapide et déterminée. La plupart des gens admettent que des changements substantiels sont indispensables, mais ils peuvent diverger et être en grand désaccord sur les mesures à prendre. Les redressements sont des situations du genre « en joue, feu, visez ! » Vous devez prendre des décisions drastiques sans être au courant de tout, puis les ajuster à mesure que vous en apprenez davantage. Les situations de redéfinition (et de pérennisation), en revanche, sont plutôt du type « en joue, visez, feu ! » Pour redresser une entreprise en déroute, le nouveau dirigeant doit rapidement réduire celle-ci à un noyau défendable, puis se mettre à la reconstruire. S'il réussit, ce processus douloureux place l'entreprise dans une situation de pérennisation. Dans le cas contraire, le résultat est souvent la fermeture ou la cession.

Dans une situation de *croissance accélérée*, l'organisation a commencé à atteindre sa vitesse de croisière, et le travail difficile de passage au niveau supérieur a commencé. Cela signifie en général que vous mettez en place les structures, processus et systèmes nécessaires pour agrandir rapidement l'entreprise (ou le projet, ou les processus, ou les relations). Il est probable aussi que vous deviez embaucher et intégrer un grand nombre de personnes tout en veillant à ce qu'elles assimilent la culture qui a assuré jusqu'ici le succès de l'organisation. Les risques résident bien sûr dans une expansion excessive et trop rapide.

Start-ups, redressements et croissances accélérées impliquent un travail de construction très exigeant en ressources ; vous n'avez pas beaucoup de capacités ou d'infrastructures à partir desquelles bâtir. La plupart du temps, vous devez commencer à partir de rien, sauf dans le cas d'une croissance accélérée où vous pouvez vous appuyer sur des bases solides. Dans les redéfinitions et les pérennisations, vous rejoignez au contraire des organisations dotées d'atouts significatifs, mais aussi de contraintes non négligeables qui limitent votre marge de manœuvre. Par chance, dans ces deux situations, vous disposez en général d'un certain temps avant de prendre des décisions majeures. C'est heureux, car vous devrez en apprendre énormément sur la culture et les dynamiques politiques de l'organisation et commencer à bâtir des coalitions de soutien.

À cause de leur autosatisfaction, de l'érosion de leurs capacités stratégiques ou de défis externes, les entreprises prospères tendent à dériver vers des situations à problèmes. Dans une redéfinition, votre défi consiste à revitaliser une unité, un produit, un processus ou un projet entraîné vers une zone de danger. Les nuages s'amoncellent à l'horizon, mais l'orage n'a pas encore éclaté – et il se peut que beaucoup de gens ne distinguent même pas les nuages. La plus grande difficulté est souvent de créer un sentiment d'urgence. Il peut y avoir beaucoup de déni ; le leader doit ouvrir les yeux du personnel sur l'existence d'un problème réel. Telle a été la situation rencontrée par Karl en Amérique du Nord. Heureusement, il est probable que l'entreprise comporte au moins des îlots de force significative (des produits, des relations clients, des processus et des collaborateurs de qualité).

Dans une situation de pérennisation du succès, vous prenez la responsabilité de préserver la vitalité d'une organisation prospère et de la porter à un niveau supérieur. Ce n'est pas une façon emphatique de dire que l'entreprise peut se reposer sur ses lauriers. Cela signifie en réalité que vous devez comprendre de manière approfondie ce qui a fait le succès de l'entreprise et placer celle-ci en position d'affronter des difficultés inévitables, de sorte qu'elle continue à croître et prospérer. En fait, la clé d'un succès durable est souvent de démarrer sans cesse, puis d'accélérer et de réharmoniser les différentes parties de l'entreprise.

Il en découle notamment que le succès d'une transition dépend, pour une large part, de votre aptitude à transformer de manière prévisible la psychologie de l'entreprise. Dans les start-ups règne souvent un enthousiasme brouillon ; il vous incombe de canaliser cette énergie dans des directions productives, en décidant notamment ce qui ne sera pas fait. En situation de redressement, vous pouvez avoir affaire à des personnes proches du désespoir ; à vous de leur apporter un plan concret pour aller de l'avant et les convaincre qu'il améliorera la situation. Dans les situations de croissance accélérée, vous devez aider les gens à comprendre que l'organisation doit se discipliner davantage et les amener à travailler dans le cadre de processus et de systèmes définis. Lors des redéfinitions, il vous faudra probablement déchirer le voile du déni qui empêche les collaborateurs d'admettre la nécessité de réinventer l'entreprise. Enfin, dans les situations de pérennisation, vous devrez concevoir un défi en trouvant des moyens pour maintenir la motivation du personnel, combattre l'autosatisfaction et orienter vers de nouvelles voies le développement de l'entreprise et de ses collaborateurs.

Vous ne pouvez piloter votre nouvelle entreprise si vous ne savez pas d'où elle vient ni comment elle en est arrivée là. Dans un contexte de redéfinition, par exemple, Karl devait absolument comprendre ce qui avait fait la réussite de l'entreprise par le passé et pourquoi elle avait dérivé ensuite vers des problèmes. Pour comprendre votre situation, vous devez mettre votre chapeau d'historien.

Si vous ne dirigez pas une grande entreprise, pouvez-vous tout de même utiliser le modèle STARS pour analyser les difficultés que vous rencontrez ? Absolument. Vous pouvez l'utiliser quel que soit votre niveau dans l'organisation, nouveau PDG prenant en charge toute une entreprise en mode start-up, contremaître dirigeant une nouvelle ligne de production, directeur de marque lançant un nouveau produit, chef de projets R&D responsable du développement d'un nouveau produit ou responsable informatique chargé de mettre en œuvre un nouveau logiciel de gestion. Toutes ces situations ont en commun les caractéristiques d'une start-up. De même, on retrouve des situations de redéfinition, de redressement et de pérennisation à tous les niveaux de l'entreprise, dans les grandes comme dans les petites structures.

Analyser votre portefeuille STARS

En réalité, vous rencontrerez rarement un exemple pur et net de démarrage, de redressement, de croissance accélérée, de redéfinition ou de pérennisation. Il se peut que, dans l'ensemble, votre situation s'inscrive raisonnablement dans l'une de ces catégories. Mais dès que vous creuserez un peu, vous découvrirez certainement que vous gérez un portefeuille – de produits, de projets, de procédés, d'usines ou de collaborateurs – dans lequel coexistent plusieurs situations STARS. Par exemple, vous prenez la direction d'une entreprise qui connaît une croissance incrémentielle avec des produits qui se vendent bien et au sein de laquelle un groupe est en train de lancer une nouvelle ligne de produits basée sur une technologie innovante. Ou vous êtes chargé de redresser une entreprise qui dispose de deux usines très performantes, à la pointe de la technologie.

L'étape suivante consiste à utiliser le modèle STARS pour faire un diagnostic de votre portefeuille ; vous devez déterminer quelles parties de votre nouvelle organisation entrent dans chacune des cinq catégories. À l'aide du tableau 3.2, prenez le temps de répartir les éléments de vos nouvelles responsabilités (produits, procédés, projets, usines et personnel, par exemple) dans ces catégories. Compte tenu de cette disposition, comment allez-vous gérer les différents éléments ? Cet exercice vous aidera à réfléchir de manière systématique aux défis et aux opportunités que soulève chaque élément. Il vous fournira aussi un vocabulaire commun avec votre nouveau patron, vos nouveaux pairs et vos nouveaux collaborateurs, afin de leur expliquer ce que vous allez faire et pourquoi.

Tableau 3.2 Le diagnostic de votre portefeuille STARS

Utilisez ce tableau pour déterminer l'assortiment des situations STARS auxquelles vous êtes confronté. Déterminez d'abord quels éléments de vos nouvelles responsabilités (projets, processus, produits, activités complètes peut-être) relèvent de quelles situations STARS de la première colonne ; inscrivez-les dans la deuxième colonne. Il n'est pas nécessaire que chaque catégorie soit remplie. Il se peut que tous vos éléments se trouvent en situation de redressement, ou dans deux ou trois catégories seulement. Puis utilisez la troisième colonne pour estimer quel pourcentage de vos efforts devrait être alloué à chaque catégorie dans les 90 prochains jours, en veillant à ce que le total soit de 100 %. Enfin, demandez-vous à quelle situation vous préférez vous atteler. Si vous lui avez donné la priorité la plus forte, assurez-vous que vous n'avez pas été trop influencé par vos préférences.

Situation STARS	*Élément du poste*	*Pourcentage de priorité*
Start-up		
Redressement		
Croissance accélérée		
Redéfinition		
Pérennisation		
		100

Diriger le changement

Il n'existe pas de formule universelle pour diriger le changement. C'est pourquoi la clarté du modèle STARS est importante. À l'aide de ce modèle, Karl a pu distinguer de nettes différences entre la situation de redéfinition qui se présentait à lui (une montée des périls progressive, sans qu'une crise ne vienne déclencher l'action) et le redressement spectaculaire qu'il avait réussi en Europe (où des nécessités urgentes appelaient une intervention rapide et radicale). Différences qui lui ont permis d'adapter sa manière de conduire le changement et de se comporter lui-même. Si Karl avait traité sa nouvelle situation comme un redressement et tenté de pratiquer une opération radicale, il aurait probablement rencontré des oppositions actives et passives qui auraient nui à sa capacité à réaliser le changement, d'autant qu'il venait d'arriver dans l'entreprise et qu'il courait donc le risque de se trouver isolé et court-circuité. Conscient de la situation en Amérique du Nord, il a adopté une approche plus mesurée.

Muni d'informations sur votre portefeuille STARS et sur les problèmes et opportunités essentiels, vous adopterez les bonnes stratégies de gestion du changement. Cela signifie suivre les approches décrites dans ce livre pour susciter un élan au cours de vos 90 premiers jours. Plus précisément, vous devez fixer des priorités, définir une orientation stratégique, trouver où remporter des victoires rapides, constituer la bonne équipe de direction et forger des alliances de soutien. Voyons ce que Karl a traité différemment dans des situations de redressement et de redéfinition.

Le point de départ, bien entendu, a été un apprentissage ciblé. Dans la situation de redressement, en Europe, Karl a dû faire le point rapidement sur les dimensions techniques de l'organisation – stratégie, concurrents, produits, marchés et technologies –, à peu près comme le ferait un conseil extérieur. Dans ses nouvelles fonctions dirigeantes en Amérique du Nord, il a dû passer par un apprentissage très différent. La compréhension technique demeurait importante, évidemment, mais l'apprentissage culturel et relationnel l'était davantage encore. En effet, pour des raisons de dynamique sociale interne, les organisations prospères dérivent souvent vers des problèmes, et amener les gens à reconnaître la nécessité du changement est une tâche plus politique que technique. Pour un dirigeant, nouveau venu en particulier, ce qui était le cas de Karl, une profonde connaissance de la culture et des jeux de pouvoir est une condition indispensable du succès – et même de survie.

Ainsi, quand il a fixé ses priorités, Karl a dû soupeser les exigences de la situation. En Europe, le redressement exigeait une opération radicale. La stratégie et l'organigramme de l'entreprise l'empêchaient d'atteindre ses buts et devaient être changés rapidement. Karl a donc fermé des usines, délocalisé des productions et réduit sévèrement les effectifs. Il s'est aussi empressé de centraliser des fonctions industrielles pour réduire la fragmentation et les coûts. En Amérique du

Nord, au contraire, la redéfinition n'imposait pas une transformation immédiate de la stratégie ni de la structure. En l'absence de problème majeur de productivité ou de capacité, aucune fermeture d'usine n'était nécessaire. Les fonctions industrielles étaient déjà centralisées et solides. Les vrais problèmes résidaient dans les systèmes, les compétences et la culture. Il était donc logique que Karl s'attache à ces domaines.

Des facteurs circonstanciels ont aussi joué un grand rôle dans la manière dont Karl a bâti ses équipes dirigeantes dans les deux situations. Pour redresser très vite l'entreprise européenne, il a fait le ménage au sommet de l'organisation et recruté la plupart des nouveaux dirigeants à l'extérieur. Mais en Amérique du Nord, l'équipe dirigeante dont il a hérité était déjà assez solide. Il a néanmoins réalisé qu'il lui fallait effectuer quelques changements très productifs dans son organigramme. Deux ou trois fonctions industrielles centrales exigeaient des dirigeants aux compétences techniques plus solides pour soutenir les changements de systèmes qu'il prévoyait, et un manager influent restait hermétique à la nécessité du changement, malgré les efforts de Karl ; en fait, l'inaction de ce cadre menaçait de saper le leadership de Karl. Son départ a été un message capital pour le reste de l'entreprise. Cependant, Karl a pourvu ce poste, et d'autres encore, par promotion interne – ce qui a contribué à rallier l'entreprise à ses plans. Les personnels ont fini par comprendre qu'il ne se focalisait pas uniquement sur les faiblesses de l'entreprise mais qu'il reconnaissait aussi ses forces.

Enfin, Karl a eu l'intelligence d'obtenir différents types de victoires rapides dans les deux cas. En situation de redressement, les managers doivent sortir le personnel d'un état de désespérance. Karl l'a fait en Europe en fermant les usines en difficulté et en délocalisant la production – actions qui ont remobilisé l'entreprise autour de ses forces essentielles et contribué à la débarrasser de projets et d'initiatives non indispensables. En situation de redéfinition, au contraire, sa victoire rapide la plus importante a été de faire prendre conscience au personnel de la nécessité du changement. Il y est parvenu en insistant davantage sur les faits et les chiffres ; il a actualisé les indicateurs de performances de l'entreprise pour la production industrielle et le service clients, afin de concentrer l'attention du personnel sur les faiblesses critiques dans ces domaines, et il a introduit des références externes et des évaluations sans concession, effectuées par des conseils respectés, mobilisant ainsi des avis extérieurs impartiaux pour appuyer sa démonstration. Ces actions lui ont permis de venir à bout de l'optimisme infondé et d'adresser un message important au reste de l'organisation.

Le tableau 3.3 résume les différences essentielles entre la direction du changement dans une situation de redressement et dans une situation de redéfinition.

Tableau 3.3 La direction du changement dans les redressements et dans les redéfinitions

	Redressements	*Redéfinitions*
1. Organisez-vous pour comprendre		
Déterminez ce que vous avez le plus besoin d'apprendre, auprès de qui et comment l'assimiler au mieux.	Concentrez-vous sur l'apprentissage technique (stratégie, marchés, technologies, etc.) Préparez-vous à agir vite.	Concentrez-vous sur l'apprentissage culturel et relationnel. Préparez-vous à agir résolument.
2. Définissez une orientation stratégique		
Établissez et diffusez une vision indiscutable de ce que l'entreprise va devenir. Définissez une stratégie claire pour donner corps à cette vision.	Élaguez les activités non centrales.	Perfectionnez et exploitez les capacités existantes. Stimulez l'innovation.
3. Fixez des priorités majeures		
Identifiez quelques objectifs vitaux et poursuivez-les inlassablement. Réfléchissez à ce que vous devrez avoir accompli d'ici la fin de votre première année dans votre nouveau poste.	Prenez des décisions rapides et audacieuses. Concentrez-vous sur la stratégie et la structure.	Prenez des décisions plus lentes, plus réfléchies. Concentrez-vous sur les systèmes, les compétences et la culture.

4. Constituez une équipe de direction		
Évaluez l'équipe dont vous avez hérité. Agissez promptement pour apporter les changements nécessaires ; trouvez l'équilibre optimal entre l'introduction de talents extérieurs et la promotion des hauts potentiels au sein de l'organisation.	Faites le ménage au sommet. Recrutez des talents extérieurs.	Effectuez quelques changements importants. Promouvez des hauts potentiels de l'intérieur.
5. Obtenez rapidement des victoires		
Réfléchissez à votre « débarquement » dans votre nouvelle entreprise. Trouvez des moyens d'acquérir une crédibilité personnelle et de dynamiser les troupes.	Recentrez la mentalité de l'organisation, en la faisant passer du désespoir à l'espérance.	Recentrez la mentalité de l'organisation, en la faisant passer du déni à la prise de conscience.
6. Constituez des alliances de soutien		
Déterminez comment l'organisation fonctionne réellement et qui a de l'influence. Constituez des coalitions stratégiques qui soutiendront vos initiatives.	Obtenez que les hauts dirigeants et autres parties prenantes approuvent l'engagement des moyens nécessaires.	Constituez des alliances latérales et descendantes pour assurer une meilleure exécution.

Gérez-vous vous-même

L'état STARS de votre entreprise a aussi des conséquences sur les ajustements que vous devrez faire pour vous gérer vous-même. C'est particulièrement vrai en ce qui concerne le choix d'un style de leadership et la détermination de votre caractère spontané de « héros » ou d'« intendant ».

Lors des redressements, les leaders rencontrent souvent des gens qui ont soif d'espérance, de vision et de direction, ce qui nécessite un style de leadership héroïque – charger sabre au clair face à l'ennemi. En période de difficultés, les individus se rangent derrière le héros et suivent ses ordres. On s'attachera à effectuer un diagnostic rapide de la situation de l'entreprise (marchés, technologies, produits, stratégies), puis à agir avec détermination pour réduire l'organisation à son cœur défendable. Vous devez avancer vite et résolument, souvent sur la base d'informations incomplètes.

Ce cas était clairement celui de Karl en Europe. Il a immédiatement saisi la barre, évalué la situation, fixé une orientation et pris des décisions douloureuses. Comme les perspectives étaient sombres, les gens étaient disposés à suivre ses ordres sans opposer beaucoup de résistance.

Les redéfinitions, au contraire, réclament de la part des leaders une attitude rappelant davantage un rôle d'intendant ou un « leadership serviteur » – une démarche plus diplomatique et moins autocentrée, passant par la construction d'un consensus autour de la nécessité du changement. Des capacités d'influence plus subtiles entrent en jeu ; les intendants habiles comprennent en profondeur la culture et les relations de pouvoir dans leur organisation. Ils se montrent plus patients et systématiques que les héros dans le choix des personnes, des processus et autres moyens à conserver ou à éliminer. Ils se donnent aussi le plus grand mal pour cultiver la conscience du besoin de changement, en favorisant les diagnostics partagés, en influençant les leaders d'opinion et en incitant aux comparaisons extérieures.

Une fois nommé en Amérique du Nord, Karl a dû apprendre à tempérer une partie de ses tendances héroïques, il a dû effectuer des évaluations soigneuses, progresser de façon intentionnelle vers le changement et jeter les bases d'une réussite durable. La capacité d'un leader en transition à adapter avec succès sa stratégie de leadership personnel dépend beaucoup de son aptitude à respecter les piliers suivants du management de soi-même : renforcer la conscience de soi, exercer une discipline personnelle et constituer des équipes complémentaires.

Les impératifs étant différents, les héros sont menacés de commettre des impairs dans les situations de redéfinition et de pérennisation, et les intendants dans les situations de start-up et de redressement. Confrontée à un redressement, une personne habituée aux redéfinitions risque d'aller trop lentement et de dépenser son énergie à cultiver sans besoin le consensus, gaspillant ainsi un temps précieux.

Cela ne signifie pas que les héros naturels ne puissent garder le contact avec l'intendant qui est en eux, et vice versa. Les bons leaders peuvent réussir dans les cinq catégories STARS, même si aucun d'eux ne se montre également bon partout. Il est essentiel d'effectuer une évaluation sans concession des qualités et inclinations qui vous seront les plus utiles dans votre situation particulière, et de celles qui risquent de vous causer des problèmes. Ne vous montrez pas belliqueux si vous avez besoin de constituer des alliances.

Souvenez-vous aussi que le leadership est un sport d'équipe. Votre portefeuille STARS a des implications sur la proportion exacte de héros et d'intendants dans votre équipe de direction (toutes les organisations ont besoin des deux). Karl s'est astreint à devenir intendant en Amérique du Nord, tout en sachant qu'il jouait plus naturellement et plus efficacement le rôle du héros. Cette conscience de soi a eu trois sortes de conséquences. D'abord, il devait mettre dans son équipe quelques intendants naturels auprès de qui solliciter des conseils avisés (sauf à agir de manière irréfléchie) et à qui il pourrait déléguer une partie des affichages nécessaires. Ensuite, il devait détecter les points sur lesquels il serait judicieux de concentrer une partie de son énergie héroïque. Toutes les organisations, même les plus prospères, éprouvent des difficultés sérieuses ici ou là. Tant qu'il ne se mettait pas à allumer des incendies juste pour les combattre et qu'il ne compromettait pas l'objectif général de redéfinition de l'activité, c'était un moyen judicieux de trouver un équilibre. Enfin, Karl devait tenir compte des préférences et capacités STARS lorsqu'il embauchait ou promouvait des personnes pour les affecter aux projets clés.

Récompenser le succès

Le cadre STARS a des implications sur votre manière d'évaluer les gens qui travaillent pour vous et sur la culture que vous désirez instaurer. Les données de l'enquête sur la transition de la *Harvard Business Review* aident à illustrer ce point essentiel. Il a été demandé aux participants quelles situations STARS étaient, selon eux, les plus problématiques, et dans quels contextes ils préféreraient se trouver. Les résultats, résumés dans le tableau 3.4, sont éclairants. La situation considérée comme la plus difficile était la redéfinition, suivie de la pérennisation et du redressement. Les situations de start-up et de croissance accélérée étaient, à leur avis, nettement plus faciles. Quant aux préférences individuelles, les résultats s'inversaient : la situation de start-up était (de loin) la préférée, devant celles de redressement et de croissance accélérée.

Tableau 3.4 Difficultés et préférences STARS

Les personnes interrogées lors de l'enquête ont été invitées à dire quelle situation STARS leur paraissait la plus difficile et quelle était celle qu'elles préféraient (c'est-à-dire qu'elles choisiraient si elles en avaient le pouvoir). Les différences dans les évaluations sont frappantes, en particulier si l'on compare les totaux des situations STARS les plus orientées vers l'action et l'exercice de l'autorité (start-up, redressement et croissance accélérée) de celles qui réclament de s'attacher davantage à l'apprentissage, la réflexion et l'influence (redéfinition et pérennisation).

Situation STARS	*Plus difficile*	*Préférée*
Start-up	13,5 %	47,1 %
Redressement	21,9 %	16,7 %
Croissance accélérée	11,7 %	16,1 %
Redéfinition	30,3 %	12,7 %
Pérennisation	22,6 %	7,4 %
Total	100 %	100 %
Start-up, redressement ou croissance accélérée	47,1 %	79,9 %
Redéfinition ou pérennisation	52,9 %	20,1 %

Ce constat n'est pas étonnant et les raisons sous-jacentes sont révélatrices. Il ne faut pas croire que les gens soient attirés par les situations faciles. Ils préfèrent plutôt les situations qui sont, 1° plus divertissantes, et 2° plus prestigieuses.

Une start-up qui réussit est un accomplissement individuel visible et facilement mesurable, tout comme un redressement réussi. Dans une redéfinition, au contraire, la victoire consiste à éviter une catastrophe. Il est difficile de mesurer le succès quand il signifie qu'il ne se passe pas grand-chose ; c'est le chien qui n'aboie pas. En outre, la réussite d'une redéfinition suppose un travail laborieux sur la prise de conscience de la nécessité du changement, qui sera souvent mise au crédit du groupe plutôt qu'au vôtre. Quant à la récompense de la pérennisation, il est rare que les gens appellent leur compagnie d'électricité pour dire : « Merci de nous avoir fourni de la lumière aujourd'hui. » Mais si le courant est coupé, les protestations sont immédiates et véhémentes.

Couvrir des individus d'éloges pour avoir réussi à redresser une entreprise en difficulté (ou avoir lancé une passionnante entreprise nouvelle) a quelque chose de paradoxal. Rares sont les managers à haut potentiel qui s'intéressent aux redéfinitions, la plupart préfèrent l'action et la reconnaissance associées aux redressements (et aux start-ups). À qui au juste faut-il attribuer le mérite d'avoir empêché une entreprise de se retrouver en situation de redressement ? Et le fait que les entreprises récompensent les redressements (alors qu'elles ne savent pas comment récompenser les redéfinitions) accroît-il la probabilité qu'elles connaissent une crise ? Les managers expérimentés peuvent apparemment compter sur des individus moins aguerris pour mettre des entreprises en difficulté, ce qui leur donnera l'occasion d'arriver à la rescousse.

Plus largement, chaque contexte STARS appelle un mode particulier d'évaluation et de récompense. La performance des managers chargés d'une situation de démarrage ou de redressement est plus facile à évaluer parce qu'on dispose de résultats mesurables et de points de comparaison préalablement établis.

Évaluer la réussite et l'échec dans les situations de redéfinition et de pérennisation est bien plus problématique. Dans une redéfinition, la performance peut être meilleure que prévue tout en restant médiocre. Ou l'on peut avoir l'impression qu'il ne se passe pas grand-chose parce qu'une crise a été évitée. Les situations de pérennisation soulèvent des difficultés d'évaluation similaires. La réussite peut consister à ne perdre que de petites parts de marché face à l'attaque concertée des concurrents ou à grappiller quelques points de croissance dans une activité parvenue à maturité. Ce qu'on ne sait pas, dans les situations de redéfinition et de pérennisation, c'est ce qui se serait produit si d'autres actions avaient été engagées ou si d'autres personnes avaient été aux commandes. Il n'y a pas de réel point de comparaison. Mesurer le succès dans ce type de situations est donc plus compliqué car, pour apprécier la pertinence de leurs décisions, vous devez posséder une connaissance approfondie des problèmes rencontrés par les nouveaux managers et des actions qu'ils ont engagées.

Boucler la boucle

Votre connaissance des différentes situations STARS s'approfondira et évoluera nécessairement quand vous connaîtrez mieux votre nouvelle entreprise. Prévoyez de revenir périodiquement sur ce chapitre pour réexaminer votre diagnostic d'organisation et réfléchir à ce qu'il implique en termes d'actions à mener et de personnel pour conduire celles-ci.

Adaptez la stratégie au contexte – Checklist

1. De quel portefeuille de situations STARS avez-vous hérité ? Quelles parties de vos responsabilités relèvent des modes start-up, redressement, croissance accélérée, redéfinition ou pérennisation ?
2. Qu'est-ce que cela implique au niveau des défis et des opportunités auxquels vous aurez probablement à faire face ? Comment pouvez-vous envisager d'accélérer votre transition ?

3. Qu'est-ce que cela implique au niveau de votre projet d'apprentissage? Avez-vous seulement besoin de connaître le côté technique de l'entreprise ou est-il essentiel que vous ayez également une bonne compréhension de sa culture et de ses jeux de pouvoir?
4. Quel est le climat qui prévaut dans votre organisation? Quelles transformations psychologiques devez-vous introduire et comment les réaliser?
5. Comment diriger au mieux le changement compte tenu de la situation à laquelle vous êtes confronté?
6. Parmi vos compétences et vos points forts, lesquels vous seront les plus précieux dans votre nouvelle situation? Lesquels risquent de vous mettre en difficulté?
7. Qu'est-ce que cela implique pour l'équipe que vous devez constituer?

Chapitre 4

Négociez votre réussite

Nommé directeur des systèmes d'information d'une division clé d'un groupe pétrolier de taille moyenne, Michael Chen n'a guère eu le temps de savourer sa promotion. À peine venait-il de prendre ses fonctions que deux de ses collègues lui téléphonaient pour le mettre en garde : « Tu peux commencer à refaire ton CV. Cates va te manger tout cru. »

Sa nouvelle patronne, Vaughan Cates, était une dirigeante d'unité opérationnelle dure et exigeante. Elle avait la réputation d'obtenir des résultats et de mener ses équipes d'une main de fer. Elle n'avait pris la direction de l'unité que depuis peu et plusieurs collaborateurs en place à son arrivée étaient déjà partis.

Les amis de Michael lui brossèrent un tableau de ce qui l'attendait. « Tu as eu un parcours brillant, lui dit l'un d'eux. Mais Cates va trouver que tu n'es pas assez offensif. Tu es un planificateur et un bâtisseur d'équipes. Elle pensera que tu es trop lent et incapable de prendre des décisions pénibles. »

Ainsi prévenu, Michael alla voir Vaughan Cates pour négocier avec elle le temps dont il avait besoin pour faire le diagnostic de la situation et préparer son plan. « Il me faut trois mois, dont un pour me mettre dans le bain et me familiariser avec l'unité, lui dit-il. À la fin de ce premier mois, je vous présenterai un diagnostic détaillé de la situation et un plan d'action pour les soixante jours suivants. » Michael tint Vaughan Cates régulièrement informée de ses progrès. Lorsque, trois semaines après sa prise de poste, elle insista pour qu'il prenne une décision concernant le système d'achats, il ne céda pas, se tenant au calendrier qu'il avait défini. À la fin des trente jours, il remit à sa supérieure un plan solide et argumenté dont elle fut satisfaite.

Un mois plus tard, Michael revint l'informer des premiers résultats obtenus et lui demanda d'affecter des collaborateurs supplémentaires à un projet clé. Elle le soumit à un feu nourri de questions sans parvenir à le prendre en défaut tant il maîtrisait son sujet. Elle finit par accéder à sa requête, non sans fixer des échéances strictes pour l'obtention de résultats. Et Michael annonça bientôt à sa supérieure qu'il avait atteint plusieurs objectifs intermédiaires.

Poussant son avantage, Michael jugea le moment venu d'aborder une question délicate : celle de leurs styles de management respectifs. « Je suis conscient que nous avons des styles très différents », dit-il en substance à Vaughan Cates lors de leur réunion suivante. « Mais cela ne signifie pas que nous n'avons pas les mêmes objectifs. Je voudrais que vous me jugiez sur mes résultats, pas sur la façon dont je les obtiens. » Il lui fallut près d'un an, mais Michael réussit à bâtir une relation de travail solide et productive avec Vaughan Cates.

La morale de cette histoire ? Pour mettre toutes les chances de votre côté, n'hésitez jamais à négocier votre réussite auprès de votre supérieur. Investir du temps dès le début dans cette relation essentielle est un choix que vous ne regretterez pas, parce que c'est votre supérieur qui fixe vos *benchmarks*, lui encore qui interprète vos actions auprès des autres acteurs clés de l'organisation et contrôle l'accès aux ressources dont vous avez besoin. De lui dépendent en grande partie le temps qu'il vous faudra pour atteindre le seuil de rentabilité et, en fin de compte, votre réussite ou votre échec.

Négocier votre réussite signifie prendre l'initiative d'engager le dialogue avec votre nouveau supérieur pour définir les règles du jeu, de manière à avoir une chance raisonnable d'obtenir les résultats attendus. Trop de nouveaux managers se contentent de prendre la partie en cours, considérant la situation comme donnée, ce qui les conduit à l'échec. L'alternative consiste à influer sur le jeu en négociant avec votre supérieur pour fixer des attentes réalistes, parvenir à un consensus et obtenir des moyens suffisants. En négociant efficacement avec Vaughan Cates, Michael a jeté les bases de sa réussite.

N'oubliez pas que la nature de votre relation avec votre nouveau supérieur dépend de votre niveau dans l'organisation et de la situation dont vous héritez. Normalement, plus vous êtes haut dans la hiérarchie, plus on vous accordera d'autonomie. Surtout si votre supérieur n'est pas basé sur le même site que vous. L'absence de supervision peut être une bénédiction si vous obtenez ce dont vous avez besoin pour réussir, mais tournera vite au cauchemar si on ne vous donne que la corde pour vous pendre.

Le rôle de votre supérieur ne sera pas non plus le même selon les situations STARS. Dans un contexte de start-up, il faut des moyens et peut-être une protection contre une ingérence excessive des sphères supérieures. Dans les redressements, la contribution la plus utile de votre supérieur sera peut-être de vous pousser à réduire rapidement l'organisation à son noyau défendable. En croissance accélérée, l'important peut être d'obtenir un niveau d'investissements convenable. Dans une redéfinition, vous avez besoin que votre chef vous aide à faire passer le message de la nécessité du changement. Dans une situation de pérennisation, vous aurez peut-être besoin d'aide pour découvrir l'entreprise et éviter des erreurs de débutant qui mettraient en péril ses actifs clés.

Vous pouvez faire beaucoup pour bâtir une relation de travail constructive et riche avec votre nouveau supérieur et vous devriez commencer à le faire dès que vous êtes pressenti pour changer de poste. Gardez cela à l'esprit lorsque vous participez à des entretiens, que vous êtes retenu et que vous prenez officiellement votre nouveau poste.

Ce chapitre vous montrera comment engager le bon type de dialogue avec votre nouveau supérieur. Les pages qui suivent vous seront utiles même si vous continuez à travailler avec le même supérieur. Vos relations vont probablement évoluer. Les attentes de votre supérieur pourraient changer ; de votre côté, vous aurez peut-être besoin de moyens supplémentaires. Nombre de managers pensent à tort qu'ils peuvent continuer à travailler de la même façon avec leur supérieur actuel une fois que leurs fonctions ont changé. Ne commettez pas cette erreur.

Réfléchissez également à la façon dont vous pourriez utiliser les idées de ce chapitre pour faire progresser vos relations avec vos nouveaux subordonnés directs. Après tout, n'avez-vous pas tout intérêt à les conduire eux aussi au seuil de rentabilité le plus rapidement possible ?

Cap sur les fondamentaux

Comment bâtir une relation productive avec un nouveau supérieur ? Il y a différentes choses à faire et à ne pas faire. Commençons par ce qu'il ne faut pas faire.

Ne restez pas dans votre tanière

Si votre supérieur ne fait pas le premier pas, ou si les contacts avec lui ne sont pas faciles, il va vous falloir prendre sur vous-même et vous imposer. Faute de quoi, vous risquez un déficit de communication qui pourrait devenir paralysant. Avoir les coudées franches est agréable, mais ce serait une erreur que d'accepter d'être totalement livré à vous-même. Rappelez-vous régulièrement au souvenir de votre patron, demandez à le rencontrer. Veillez à ce qu'il soit informé des enjeux auxquels vous êtes confronté et à être vous-même au courant de ses attentes et surtout de leur éventuelle évolution.

Ne surprenez pas votre supérieur

Apporter de mauvaises nouvelles à votre patron n'a rien de plaisant. Toutefois, la plupart des supérieurs considèrent comme un péché bien plus grand le fait de ne pas les mettre au courant suffisamment tôt de problèmes émergents, le pire étant qu'ils en soient informés par quelqu'un d'autre que vous. D'ordinaire, il vaut mieux en faire au moins mention dès que vous en prenez conscience vous-même.

Ne lui soumettez pas seulement des problèmes

Vous ne gagnerez rien à être perçu comme quelqu'un qui n'apporte à son supérieur que des problèmes à résoudre. Vous devez aussi avoir un plan, des pistes de solutions. Et seulement des *pistes* de solutions : si vous mettez sur pied un plan de bataille peaufiné jusque dans ses moindres détails, vous risquez d'informer votre chef trop tard. L'important ici est de réfléchir un peu à la façon dont traiter le problème, à votre rôle et à l'aide dont vous aurez besoin. (Il est bon de garder cela à l'esprit aussi dans vos rapports avec vos collaborateurs directs. Il peut être dangereux de dire : « Ne m'apportez pas de problèmes, apportez-moi des solutions. » Il vaut bien mieux dire : « Ne m'apportez pas *que* des problèmes, apportez-moi des idées sur la manière dont nous pouvons commencer à les traiter. »)

Ne déroulez pas votre checklist

Même les dirigeants n'échappent pas toujours à la regrettable manie de profiter des réunions avec un supérieur pour dérouler la liste de ce qu'ils ont fait. C'est parfois justifié, mais c'est rarement ce que votre patron a besoin ou envie d'entendre. Dites-vous qu'il ne veut parler que de ce que vous faites de plus important et de l'aide qu'il peut vous apporter. N'entrez pas chez lui sans avoir au moins trois choses que vous devez *vraiment* lui dire ou qui nécessitent une action.

N'espérez pas que votre supérieur va changer

Votre nouveau supérieur et vous avez peut-être des façons de travailler très dissemblables. Il se peut que vous abordiez la communication et la motivation de manières différentes et que vous ne descendiez pas au même niveau de détail dans la surveillance de vos subordonnés. Mais il vous incombe de vous adapter au style de votre patron ; vous devez ajuster votre approche en fonction de ses préférences.

Il y a aussi des « choses à faire » fondamentales. Les respecter vous facilitera la vie.

Clarifiez les attentes tôt et souvent

Commencez à gérer les attentes dès le moment où vous envisagez de prendre de nouvelles fonctions. Focalisez-vous sur les attentes au cours du processus d'entretiens. Malheur à vous si votre supérieur attend de vous que vous fassiez rapidement le ménage alors que vous savez de votre côté que l'organisation est confrontée à de graves problèmes structurels. Il est sage de mettre les mauvaises nouvelles sur la table dès le début et ne pas laisser s'installer des attentes irréalistes. Par la suite, prenez régulièrement la température pour vérifier que votre supérieur et vous êtes toujours sur la même longueur d'ondes. Il est particulièrement important de rediscuter des attentes si vous arrivez de l'extérieur et ne connaissez pas à fond la culture et les jeux de pouvoir de l'entreprise.

Endossez 100 % de la responsabilité du fonctionnement de la relation

C'est la contrepartie de « ne restez pas dans votre tanière ». N'espérez pas que votre patron vienne de lui-même vous proposer le temps et le soutien dont vous avez besoin. Mieux vaut vous dire d'abord qu'il vous incombe de faire fonctionner la relation. Si votre patron vous rencontre à l'occasion, ce sera une bonne surprise.

Négociez un calendrier pour le diagnostic et la planification

Ne cédez pas aux sirènes de l'urgence et ne prenez pas de décision avant d'être prêt. Obtenez que l'on vous accorde du temps, ne fût-ce que quelques semaines, pour conduire le diagnostic de votre nouvelle organisation et élaborer votre plan d'action. Cela a fonctionné pour Michael Chen avec Vaughan Cates, et cela peut marcher pour vous aussi. Le plan des 90 premiers jours, dont nous reparlerons à la fin du chapitre, est un excellent allié.

Ciblez des victoires rapides dans des domaines importants pour votre supérieur

Quelles que soient vos propres priorités, découvrez ce qui compte le plus pour votre supérieur. Quels sont ses priorités et ses objectifs, et comment votre action peut-elle s'inscrire dans cette perspective ? Dès que vous le savez, efforcez-vous d'obtenir rapidement des résultats dans ces domaines. Une tactique efficace consiste à retenir trois choses importantes pour votre patron et à discuter avec lui de ce que vous faites dans les domaines en question chaque fois que vous vous rencontrez. De la sorte, votre supérieur se sentira partie prenante de votre réussite.

Recherchez l'adhésion de celles et ceux dont votre supérieur respecte les opinions

L'opinion que votre nouveau supérieur se fera de vous repose en partie sur vos contacts directs avec lui et en partie sur ce que d'autres collaborateurs de confiance lui diront de vous. Votre supérieur aura déjà des relations avec des personnes qui sont désormais vos pairs, voire vos subordonnés. L'idée n'est pas d'être dans les bonnes grâces des collaborateurs auxquels votre chef fait confiance. Soyez simplement conscient des différents canaux par lesquels les informations et opinions sur vous et vos performances lui parviendront.

Ces règles de base présentes à l'esprit, vous allez pouvoir commencer à planifier plus précisément la « conquête » de votre nouveau supérieur.

Cinq conversations

C'est à travers un dialogue permanent que va se construire la relation avec votre supérieur. Vos échanges débuteront avant que vous acceptiez le nouveau poste et se poursuivront tout au long de votre transition, et au-delà. Vous aborderez avec lui plusieurs thèmes centraux relatifs à la transition. Il est bon de prévoir dans votre plan des 90 premiers jours cinq conversations spécifiques avec lui sur votre transition. Les sujets en question sont les fils d'un seul et même dialogue, et il n'y a pas lieu de leur consacrer des réunions distinctes.

1. La conversation « Diagnostic de l'organisation »

Au cours de cette conversation, vous cherchez à comprendre comment votre nouveau supérieur perçoit le portefeuille STARS dont vous avez hérité. Y a-t-il des éléments de démarrage, de redressement, de croissance accélérée, de redéfinition ou de pérennisation ? Comment l'entreprise est-elle arrivée là où elle en est ? Quels facteurs – tangibles et intangibles – constituent un défi ? Sur quelles ressources pouvez-vous vous appuyer au sein de l'organisation ? Votre vision sera peut-être différente de celle de votre supérieur mais il est essentiel que vous compreniez son point de vue.

2. La conversation « Attentes »

Votre objectif au cours de cette conversation est de comprendre et négocier ce que votre supérieur attend de vous. Qu'est-ce que votre nouveau chef a besoin que vous fassiez à court terme et à moyen terme ? Qu'est-ce qui constituera un succès ? Détail essentiel, comment vos performances seront-elles mesurées ? Quand ? Vous découvrirez peut-être que les attentes de votre supérieur sont irréalistes et qu'il va falloir les ramener à un niveau plus raisonnable. Par ailleurs, dans le cadre de votre campagne plus large pour l'obtention de victoires rapides, ainsi qu'on le verra au chapitre suivant, rappelez-vous qu'il vaut toujours mieux promettre moins et réaliser plus.

3. La conversation « Ressources »

Cette conversation consiste essentiellement en une négociation pour l'obtention de ressources critiques. De quoi aurez-vous besoin pour réussir ? Qu'avez-vous besoin que fasse votre supérieur ? Les ressources en question ne se limitent pas forcément aux financements et au personnel. Dans une redéfinition, par exemple, vous aurez sans doute besoin de l'aide de votre supérieur pour persuader l'organisation qu'elle doit changer. L'essentiel est ici d'obtenir que votre patron s'attache aux coûts et aux bénéfices de ce que vous pouvez réaliser avec différents niveaux de moyens.

4. La conversation « Style »

Il s'agit ici de définir le meilleur mode de fonctionnement possible entre votre nouveau patron et vous. Quelle forme de communication préfère-t-il et pour quel usage ? Les entretiens directs ? La voix, l'électronique ? À quelle fréquence ? Sur quels types de décisions souhaite-t-il être consulté et quand pouvez-vous le contacter vous-même ? En quoi vos styles diffèrent-ils et quelles en sont les implications sur votre mode d'interaction ?

5. La conversation « Développement personnel »

Après quelques mois de présence, vous pouvez commencer à discuter de vos résultats et des priorités de votre développement personnel. Où vous débrouillez-vous bien ? Dans quels domaines avez-vous des progrès à faire ? Y a-t-il certains projets ou des missions spéciales que vous pourriez entreprendre (sans sacrifier votre tâche principale) ?

Dans la réalité, votre dialogue avec votre supérieur mêlera tous ces sujets et évoluera au fil du temps. Vous aborderez peut-être les cinq thèmes au cours d'une même réunion ou préfèrerez plutôt examiner les enjeux associés à chaque thème dans une série de brefs échanges. Michael Chen, par exemple, a abordé le style et les attentes au cours d'une seule réunion et il a défini un calendrier pour discuter de la situation et revenir plus en détail sur les attentes.

Cela dit, la séquence des cinq conversations telle que nous venons de la présenter s'inscrit dans une certaine logique. Vos premières conversations doivent se concentrer sur le diagnostic de la situation, les attentes et le style. À mesure que vous en apprendrez davantage, vous pourrez engager des négociations sur les ressources, revoir votre diagnostic et faire évoluer les attentes si nécessaire. Lorsque vous jugerez que la relation commence réellement à prendre forme, vous pourrez aborder la question de votre développement personnel. Prenez le temps de préparer chaque conversation et indiquez clairement à votre supérieur ce que vous espérez retirer de chaque échange.

Utilisez le tableau 4.1 pour faire le point sur l'état actuel de ces différentes conversations et sur vos priorités des trente prochains jours. Si vous êtes en cours de procédure d'entretiens en vue de nouvelles fonctions, utilisez-le pour formaliser ce que vous avez appris et détecter les points focaux de la conversation.

Tableau 4.1 Les cinq conversations

Conversation	*État actuel*	*Priorités des trente prochains jours*
Situation : Que pense votre patron de votre portefeuille STARS ?		
Attentes : Qu'êtes-vous censé réaliser ?		
Ressources : De quels moyens disposez-vous ?		

Style : Comment travailler au mieux ensemble ?		
Développement personnel : Qu'est-ce qui fonctionne bien et que devez-vous faire différemment ?		

Utilisez à présent les conseils détaillés ci-dessous pour préparer les prochaines étapes de chacune de vos cinq conversations avec votre nouveau supérieur.

Préparation de la conversation sur le contexte

Au cours de cette conversation de *diagnostic contextuel*, votre objectif est de parvenir avec votre supérieur à une compréhension commune de la situation dont vous héritez et des défis et opportunités qui y sont associés. Cette compréhension commune est le fondement de tout ce que vous ferez. Si votre supérieur et vous ne définissez pas votre nouvelle situation de la même façon, vous ne recevrez pas le soutien nécessaire. Votre première discussion avec lui doit donc être consacrée à une définition claire de la situation à l'aide du modèle STARS, qui crée un langage commun. (Ce qui est vrai aussi avec votre équipe, comme on le verra plus loin.)

Une aide à géométrie variable

Le soutien dont vous aurez besoin de la part de votre supérieur dépendra de votre portefeuille STARS – démarrage, redressement, croissance accélérée, redéfinition, pérennisation, ou un assortiment. Une fois parvenu à une vision commune de la situation, réfléchissez soigneusement à ce que vous attendez de votre nouveau supérieur et au type de soutien que vous lui demanderez. Dans les cinq situations, vous avez besoin qu'il vous apporte une orientation, un soutien et une marge de manœuvre pour faire votre travail. Le tableau 4.2 contient une liste des rôles classiques qu'un supérieur peut jouer dans les différentes situations STARS.

Tableau 4.2 Quel soutien pour quelle situation ?

Situation	*Rôles classiques du supérieur*
Démarrage	• Vous aider à obtenir rapidement les ressources nécessaires. • Objectifs précis, mesurables. • Recommandations aux points de rupture stratégiques. • Vous aider à maintenir le cap.
Redressement	Les mêmes que ci-dessus, plus : • Soutien dans le cadre de la prise de décisions humaines difficiles. • Soutien pour faire évoluer ou corriger l'image extérieure. • Vous aider à faire rapidement le ménage.
Croissance accélérée	Les mêmes qu'en situation de démarrage, plus : • Vous soutenir en vue de l'obtention des investissements qui alimenteront la croissance au bon rythme et de la bonne manière. • Vous aider à plaider en faveur des nouveaux systèmes et structures.
Redéfinition	Les mêmes qu'en situation de démarrage, plus : • Vous aider à démontrer la nécessité du changement, en particulier si vous venez de l'extérieur.
Pérennisation	Les mêmes qu'en situation de démarrage, plus : • Vigilance sur le contexte : s'agit-il d'une situation de pérennisation ou de redéfinition ? • Vous aider à jouer une bonne défense et à éviter les erreurs nuisibles à l'activité. • Vous aider à trouver les moyens de conduire l'entreprise vers une nouvelle phase de son développement.

Préparation de la conversation sur les attentes

L'objectif est de définir ensemble ce que chacun attend de l'autre. Vous devez vous mettre d'accord sur des objectifs à court et moyen termes, sur un calendrier et sur la façon dont votre supérieur évaluera vos progrès. Qu'est-ce qui constituera un succès pour vous et votre supérieur ? Quand votre supérieur attend-il des résultats ? Comment mesurerez-vous la réussite ?

Sur quelle période ? Si vous atteignez vos objectifs, que se passera-t-il ensuite ? N'oubliez pas que si vous ne gérez pas les attentes, vous les subirez.

Modulez les attentes en fonction de la situation

Définissez vos attentes en fonction de la situation. Dans un contexte de redressement, par exemple, vous et votre supérieur conviendrez vraisemblablement de la nécessité d'engager rapidement des actions décisives. Vous aurez tous deux des attentes précises pour le futur immédiat – prendre des décisions difficiles afin de réduire les coûts dans des domaines secondaires ou concentrer vos efforts sur les produits qui dégagent la marge la plus élevée, par exemple. Dans ce scénario, l'évolution des résultats financiers de l'entreprise pourra constituer un indicateur de performances pertinent.

Visez des victoires rapides dans des domaines importants pour votre supérieur

Quelles que soient vos propres priorités, identifiez ce qui compte le plus pour votre supérieur et ciblez des victoires rapides dans ces domaines. Pour réussir, vous avez besoin de l'aide de votre supérieur ; de votre côté, vous devez l'aider à réussir lui aussi. Si vous prenez en compte ses priorités, il se sentira partie prenante de ce que vous aurez accompli. L'approche la plus efficace consiste à intégrer les objectifs de votre supérieur à vos efforts pour obtenir des victoires rapides. Si ce n'est pas possible, faites-vous une raison et cherchez des victoires rapides d'après les seules priorités de votre supérieur.

Identifiez les « intouchables »

Si votre supérieur « règne » sur certaines parties de l'organisation – produits, usines, collaborateurs –, il est essentiel de les repérer le plus tôt possible. Inutile de vous retrouver en train de militer pour la fermeture d'une ligne de produits dont la paternité revient à votre supérieur ou de vouloir remplacer un collaborateur qui a été son fidèle allié. Essayez de découvrir les points sensibles de votre patron. Intéressez-vous à son parcours, discutez avec d'autres collaborateurs, et soyez attentif aux expressions de son visage, au ton de sa voix, à ses attitudes. Dans le doute, lancez une idée en l'air et observez ses réactions.

Éduquez votre supérieur

Une de vos premières tâches est d'influencer les perceptions de votre supérieur quant à ce que vous pouvez et devez accomplir. Vous découvrirez peut-être que ses attentes sont irréalistes ou en décalage avec votre propre évaluation de la situation. Si tel est le cas, il va vous falloir travailler dur pour faire converger vos vues. Dans une situation de redéfinition, votre supérieur attribuera par exemple les principaux problèmes à une certaine partie de l'entreprise, alors que vous considérez que la source des difficultés est ailleurs. Dans ce cas, vous devrez éduquer votre chef aux problèmes sous-jacents pour faire évoluer ses attentes. Avancez avec prudence, surtout si votre supérieur a été un artisan clé de l'organisation ou s'il est en partie responsable du problème.

Promettez peu, accomplissez beaucoup

Que votre supérieur et vous soyez ou non d'accord sur les attentes, partez du principe qu'il vaut mieux se montrer modeste dans ce que l'on promet d'accomplir et obtenir des résultats qui dépassent les attentes, plutôt que l'inverse. Votre crédibilité a tout à y gagner ! Intégrez la capacité de changement de l'organisation à votre équation – c'est d'elle que dépend en grande partie votre capacité à tenir vos engagements. Restez modeste dans ce que vous promettez. Si vos résultats sont supérieurs à ce que vous aviez promis, votre chef en sera ravi. Mais si vous promettez trop et que vos résultats ne sont pas à la hauteur, vous risquez d'entamer votre crédibilité. Quel que soit tout ce que vous avez accompli, aux yeux de votre supérieur, vous aurez échoué.

De la précision, toujours de la précision

Même si vous êtes certain de savoir ce que votre supérieur attend de vous, vous devez retourner le voir régulièrement pour confirmer et préciser les choses. Certaines personnes savent ce qu'elles veulent mais ne l'expriment pas bien ; n'attendez pas d'être parti dans la mauvaise direction pour demander une boussole. Armez-vous de détermination et revenez à la charge jusqu'à ce que vous soyez sûr d'avoir compris. Abordez, par exemple, la même question sous des angles différents pour obtenir davantage d'informations. Apprenez à lire entre les lignes et à développer de bonnes hypothèses sur ce que pourrait souhaiter votre chef. Essayez de vous mettre à sa place et de comprendre comment son supérieur à lui l'évaluerait. Quelle est votre place dans cette dynamique plus large ? Et surtout, ne laissez jamais planer la moindre ambiguïté sur les enjeux clés. En matière d'objectifs et d'attentes, l'ambiguïté est votre pire ennemie. Si vous n'êtes pas d'accord sur ce qui a été dit des attentes lors d'une conversation antérieure, il n'y a pas de match nul : c'est votre patron qui gagne.

Préparation de la conversation sur les ressources

Vous allez devoir négocier avec votre nouveau supérieur pour obtenir les ressources dont vous avez besoin. Avant d'engager cette conversation, vous devez être d'accord avec votre patron sur votre portefeuille STARS et sur les objectifs et attentes associés. À présent, il vous faut obtenir les moyens nécessaires pour satisfaire ces attentes.

Les ressources dont vous aurez besoin dépendront de la situation dans laquelle vous vous trouvez.

- Dans les contextes de start-up, vos besoins les plus urgents seront vraisemblablement des ressources financières adaptées, un soutien technique et des collaborateurs dotés des bons savoir-faire.
- Dans les contextes de redressement, vous aurez besoin d'autorité, appuyée par un soutien politique, pour prendre les décisions difficiles qui s'imposent et obtenir des ressources financières et humaines rares.
- Dans les contextes de croissance accélérée, vous aurez besoin des investissements nécessaires à la croissance, ainsi que d'un soutien à la mise en place des systèmes et structures voulus.
- Dans les contextes de redéfinition, vous ressentirez le besoin d'un soutien constant et officiel pour amener l'organisation à accepter la nécessité du changement. Dans l'idéal, votre supérieur se tiendra à vos côtés et vous épaulera, vous aidant ainsi à vaincre le déni et la complaisance.
- Dans les contextes de pérennisation, il vous faudra des ressources financières et techniques pour soutenir le cœur de métier et exploiter de nouvelles opportunités prometteuses. Des encouragements périodiques vous aideront à fixer des objectifs ambitieux qui vous garderont de tomber dans la complaisance.

De quelles ressources, tangibles et intangibles, avez-vous besoin pour réussir ? C'est la première question que vous devez vous poser. Inventoriez les ressources déjà disponibles – collaborateurs expérimentés ou nouveaux produits prêts à être lancés, par exemple. Puis identifiez les ressources que vous ne pourrez pas obtenir seul. Sur quels éléments l'aide de votre supérieur est-elle indispensable ? Caractérisez ces éléments. Plus tôt vous aurez défini les moyens nécessaires, plus tôt vous pourrez les demander.

De même, il vaut mieux que vous mettiez vite sur la table le plus de choses possibles. Utilisez l'approche dite de la « liste d'options », en exposant les coûts et les bénéfices associés aux différents niveaux d'engagement des ressources. « Si vous voulez que j'augmente mes ventes de 7 % l'année prochaine, j'ai besoin d'un investissement de x €. Si vous escomptez une croissance de 10 %, j'aurai besoin de y €. » Y revenir trop souvent serait le meilleur moyen d'entamer votre crédibilité. S'il vous faut un peu plus de temps pour définir les ressources dont vous avez besoin pour atteindre des objectifs spécifiques, n'essayez pas d'accélérer inutilement les choses. Michael Chen a négocié le temps nécessaire – une ressource clé – de façon à éviter ce problème.

Devez-vous jouer le jeu ou en changer les règles ?

Dans certaines situations, il vous sera possible d'atteindre vos objectifs en jouant la partie selon les règles existantes. Si vous parvenez à manœuvrer dans le cadre des normes culturelles et politiques en vigueur, l'organisation considérera comme légitimes vos demandes de ressources – et vous aurez moins de mal à obtenir ce que vous voulez.

Dans d'autres situations, en revanche, notamment dans des redéfinitions et des redressements, il vous faudra peut-être changer ou même abandonner des pratiques établies. Vos besoins en ressources seront plus importants et si vous ne parvenez pas à réunir celles-ci, les conséquences seront plus graves. Vous devrez davantage négocier pour obtenir ce que vous voulez. Il est donc essentiel que vous déterminiez la combinaison situation-attentes-ressources qui vous donne une chance raisonnable de succès. Définissez vos besoins avant d'entamer les discussions, chiffres et données à l'appui, et soyez prêt à expliquer pourquoi vous considérez certaines ressources comme indispensables. Et puis… tenez bon. Revenez à la charge. Trouvez des alliés au sein de l'organisation et à l'extérieur. Mieux vaut en faire un peu trop que vous vider lentement de votre sang.

Négociez les ressources

Lors de votre chasse aux ressources, gardez dans un coin de votre tête ces quelques principes de négociation efficace :

- Concentrez-vous sur les intérêts sous-jacents. Ne vous arrêtez pas à la surface des choses. Cherchez à connaître les priorités de votre supérieur et de toute autre personne dont vous avez besoin pour obtenir des ressources. Quels sont les enjeux pour eux ?
- Recherchez des échanges mutuellement bénéfiques. Visez des ressources qui soutiennent les priorités de votre supérieur tout en faisant progresser les vôtres. Trouvez comment aider vos collègues dans leur projet en échange d'une aide au vôtre.
- Liez les ressources aux résultats. Mettez en lumière les améliorations de performances qui en résulteront si davantage de ressources sont allouées à votre unité. Dressez la liste évoquée plus haut et présentant ce que vous pouvez (et ne pouvez pas) accomplir avec les ressources actuelles et ce que différents niveaux d'augmentation vous permettraient de réaliser.

Préparation de la conversation sur le style

Les préférences de style des individus ont une incidence sur la façon dont ils apprennent, communiquent, influencent les autres et prennent des décisions. L'objectif ici est de définir la meilleure façon de travailler avec votre supérieur – comme a su le faire Michael Chen avec Vaughan Cates. Même si votre supérieur ne devient jamais un ami ou un mentor, il est essentiel que vous compreniez comment bâtir une relation de travail productive.

Diagnostiquez le style de votre supérieur

La première étape consiste à déterminer le style de votre supérieur et à comprendre comment il peut fonctionner avec le vôtre. Si vous lui laissez un message concernant un problème urgent, qu'il ne vous répond pas au plus vite et qu'il vous reproche ensuite de ne pas l'avoir averti, tenez-vous le pour dit : il n'utilise pas ce mode de communication !

Comment votre patron aime-t-il communiquer ? À quelle fréquence ? Dans quelles décisions souhaite-t-il être impliqué ? Quels sont ses horaires de travail ? Souhaite-t-il que ses collaborateurs fonctionnent comme lui ?

Notez les différences entre son style et le vôtre, et leurs implications sur la façon dont vous allez interagir. Imaginons que vous aimiez apprendre en discutant avec des personnes informées, alors que votre supérieur préfère lire et analyser des données. Quels types d'incompréhensions et de problèmes cette différence risque-t-elle de favoriser et comment les éviter ? Ou encore, votre nouveau supérieur n'aime rien tant que s'immiscer dans le travail des autres, alors que vous êtes féru d'indépendance. Comment allez-vous gérer cette tension ?

Vous trouverez peut-être utile de discuter avec des personnes qui ont travaillé avec votre supérieur. Naturellement, procédez avec circonspection. Veillez en particulier à ne pas être perçu comme encourageant les critiques. Limitez-vous aux questions les moins sensibles – la façon dont votre supérieur aime communiquer, par exemple. Écoutez le point de vue des autres, mais fiez-vous d'abord à votre propre expérience.

Observez également le comportement de votre supérieur avec les autres. A-t-il la même attitude à l'égard de tous ? Sinon, pourquoi ? A-t-il des préférés ? Se montre-t-il très intrusif sur certains sujets ? Est-il très dur avec certaines personnes à cause de leur manque de résultats ?

Repérez les dimensions de votre boîte

Votre supérieur, c'est inévitable, aura des préférences quant à son niveau d'implication dans la prise de décision. Considérez que ses préférences définissent les frontières de votre propre autonomie de décision. Quels types de décisions votre supérieur considère-t-il comme étant de votre ressort mais souhaite-t-il néanmoins que vous abordiez avec lui ? Êtes-vous libre, par exemple, de prendre des décisions importantes en matière de ressources humaines ? Dans quelles circonstances veut-il que vous le consultiez avant de prendre une décision : lorsque vos actions portent sur des principes larges – par exemple, sur les congés accordés aux collaborateurs – ou lorsque des enjeux politiques brûlants sont associés aux projets sur lesquels vous travaillez ? Quand veut-il prendre la décision lui-même ?

Au début, attendez-vous à être confiné dans une boîte relativement exiguë. À mesure que votre supérieur prendra confiance en vous, la boîte devrait s'agrandir. Si ce n'est pas le cas, ou si elle est trop petite pour vous permettre d'être efficace, vous devrez probablement prendre le taureau par les cornes et aborder directement la question avec votre chef.

Adaptez-vous au style de votre supérieur

Partez du principe que c'est à vous qu'il incombe de bâtir une relation positive avec votre supérieur. En d'autres termes, adaptez-vous à son style. S'il a horreur des messages vocaux, ne lui en laissez pas. S'il a envie de savoir en détail ce qu'il se passe, inondez-le d'informations. Ne faites rien qui risquerait de compromettre votre capacité à obtenir de bons résultats, bien entendu, mais soyez ouvert à tout ce qui peut « huiler » les rouages de votre relation au quotidien. En vous renseignant auprès de ceux qui ont travaillé avec lui, vous en saurez un peu plus sur ses préférences. Puis, expérimentez les tactiques qui vous semblent les plus prometteuses dans votre situation. Dans le doute, demandez tout simplement à votre supérieur comment il souhaite que vous procédiez.

Mettez au jour les divergences

Si des différences de style importantes apparaissent, le plus sage est de les mettre sur la table. Faute de quoi, vous courez le risque que votre supérieur interprète votre comportement comme un manque de respect ou même de l'incompétence. Abordez la question du style avant qu'elle ne devienne source d'irritation et discutez avec votre supérieur de la façon dont vous allez pouvoir vivre ensemble. Cette question résolue, vous aurez l'un et l'autre les mains plus libres pour atteindre vos objectifs. C'est ce qu'a fait Michael, après avoir sagement attendu de prouver sa légitimité.

Une stratégie qui a fait ses preuves consiste à orienter vos premières conversations sur les objectifs et les résultats, et non sur la façon de les atteindre. Expliquez à votre supérieur que vous êtes conscient que lui et vous ne fonctionnez pas sur le même mode, mais que vous êtes déterminé à obtenir les résultats dont vous êtes convenus ensemble. De la sorte, il ne sera pas surpris de vous voir adopter une approche différente de celle que lui-même aurait utilisée. Il vous faudra peut-être lui rappeler régulièrement de s'intéresser à vos résultats, pas à vos méthodes.

Il pourra également vous être utile de discuter de cet aspect des choses avec une personne en qui votre supérieur a confiance ; elle vous éclairera sur des difficultés et des solutions potentielles avant que vous ne les abordiez directement avec votre patron.

Ne commettez pas l'erreur d'essayer de régler plusieurs questions de style au cours d'une même conversation. Néanmoins, un échange explicitement consacré au style est une excellente façon de commencer. Sachez que vous devrez rester attentif au style de votre supérieur, et faire ce qu'il faut pour vous y adapter, à mesure que votre relation évoluera.

Préparation de la conversation de développement personnel

Enfin, lorsque votre relation avec votre supérieur aura progressé (le cap approximatif des 90 jours est un délai raisonnable), commencez à discuter de vos résultats. Il ne doit pas s'agir d'une évaluation de performances formelles, mais d'un échange de vues ouvert sur une évolution. Que faites-vous correctement et que devez-vous faire autrement ? Quelles compétences devez-vous renforcer pour mieux accomplir votre travail ? Vos aptitudes de management présentent-elles des lacunes que vous devez combler ? Y a-t-il des projets ou des missions auxquels vous pourriez participer (sans vous disperser) et qui seraient susceptibles de renforcer vos compétences ?

Il est tout à fait essentiel d'observer cette démarche si votre nouveau poste représente un tournant dans votre carrière. Si vous accédez pour la première fois à des fonctions de management, prenez l'habitude de demander son feed-back et son aide à votre supérieur pour développer vos compétences d'encadrement. Vous avez tout à gagner à vous montrer avide d'apprendre – et surtout de progresser.

Ce principe fondamental vaut également si vous devenez « manager de managers » pour la première fois, responsable fonctionnel, directeur général ou PDG. Chaque fois que vous vous retrouvez à un stade de votre carrière où la réussite exige des compétences et des aptitudes nouvelles, soyez déterminé à apprendre de personnes qui sont passées par là avant vous.

Ne limitez pas votre horizon d'apprentissage aux compétences « dures ». Plus vous vous élevez dans la hiérarchie, plus les compétences « molles » de diagnostic culturel et politique, de négociation, de construction de coalitions et de gestion de conflits deviennent importantes. La formation peut aider, mais rien ne remplace la pratique et l'expérience – participation à des équipes projet, missions dans d'autres branches de l'organisation, dans différentes fonctions, sur différents sites.

Travaillez avec plusieurs chefs

Gérer les attentes pose des problèmes encore plus redoutables si vous avez plus d'un chef (direct ou en pointillé). Les mêmes principes fondamentaux s'appliquent, mais leur importance relative change. Si vous travaillez avec plusieurs supérieurs, vous devez veiller à répartir entre eux les réussites et les échecs perçus. Si l'un de vos supérieurs a, par exemple, beaucoup plus de pouvoir que les autres, il est pertinent d'aller au début un peu plus dans son sens que dans celui des autres, sous réserve de rééquilibrer ensuite les choses, dans toute la mesure du possible. Si vous ne pouvez vous mettre d'accord individuellement avec chacun de vos supérieurs, obligez-les au moins à s'asseoir autour d'une même table pour débattre des problèmes. Sans quoi, vous serez laminé. Vous devriez établir une version du tableau 4.1 pour chacun de vos patrons et rechercher attentivement leurs convergences et leurs divergences à propos des contextes, des attentes et des ressources. Veillez aussi à leurs différences de style et adaptez-vous en conséquence.

Gérez l'éloignement

Le « travail à distance » présente un certain nombre de défis spécifiques. Le risque de vous égarer sans vous en rendre compte est naturellement plus élevé. C'est à vous qu'il incombe alors d'imposer à votre supérieur une discipline de communication et d'échanges réguliers encore plus rigoureuse. La définition d'indicateurs précis et exhaustifs est essentielle, afin que votre supérieur dispose en permanence d'une image exacte de la situation et de vos actions, et que, de votre côté, vous ayez suffisamment de latitude pour faire avancer les choses.

Si c'est possible, vous devriez prévoir dès le début une ou plusieurs réunions physiques avec votre patron. Il est essentiel d'avoir assez tôt des contacts en tête-à-tête pour commencer à instaurer un socle de confiance et d'assurance (c'est vrai aussi si vous dirigez une équipe virtuelle). Même si cela vous oblige à obtenir des ressources et à parcourir la moitié du monde, faites-le.

Réfléchissez aussi aux bons moyens de vous ménager du temps avec votre patron, qui sera probablement occupé et assailli de demandes de la part de personnes davantage présentes physiquement que vous. Détectez les plages horaires où il a une chance de ne pas être complètement accaparé – par exemple pendant ses trajets vers ou depuis le bureau.

Synthétiser le tout : négocier votre plan des 90 premiers jours

Quelle que soit la situation dont vous héritez, il vous sera utile de préparer un plan de vos 90 premiers jours et de le soumettre à votre supérieur. Ne prévoyez pas de vous y atteler avant une quinzaine de jours, le temps généralement nécessaire au manager pour se familiariser avec sa nouvelle organisation.

Mettez votre plan par écrit, même s'il consiste en une simple liste. Il doit spécifier vos priorités et vos objectifs, ainsi que les jalons clés. Il est essentiel que vous le soumettiez à votre supérieur et que celui-ci le valide. C'est un « contrat » que vous passez tous les deux, qui définit précisément ce que vous allez faire et ce que vous ne ferez pas.

Pour commencer, divisez les 90 jours en trois périodes de 30 jours. À la fin de chaque période, prévoyez une réunion pour faire le point avec votre supérieur. (Naturellement, il est probable que vous travaillerez aussi ensemble entre ces jalons !)

Les 30 premiers jours seront consacrés à apprendre et à établir votre crédibilité. Comme Michael Chen, il est probable que vous devrez négocier cette période d'apprentissage avec votre supérieur et veiller ensuite à ce qu'il respecte cet accord. À partir de là, vous pourrez définir votre projet et votre plan d'apprentissage. Fixez-vous des objectifs hebdomadaires et prévoyez de faire le point sur vos progrès et sur l'avancement de votre plan chaque semaine.

À la fin de ce premier mois, vous devrez avoir accompli le diagnostic de la situation, identifié vos priorités majeures et établi un plan pour les 30 jours suivants. Ce plan définit où et comment vous allez chercher des victoires rapides. Au cours de la réunion avec votre supérieur, abordez surtout la situation et les attentes, en vue de parvenir à un accord sur le diagnostic, ce qu'il attend précisément de vous et votre plan pour les 30 jours suivants. Continuez à évaluer vos progrès toutes les semaines.

Au jalon des 60 jours, votre réunion avec votre supérieur visera à valider les progrès accomplis vers les objectifs de votre plan pour les 30 jours précédents. Discutez également avec votre chef de ce que vous projetez de faire au cours des 30 jours suivants (c'est-à-dire d'ici à la fin des 90 jours). Selon la situation et votre niveau de responsabilité, vos objectifs à ce stade seront par exemple d'identifier les ressources nécessaires pour conduire des initiatives importantes, de compléter et d'affiner vos premières conclusions concernant la structure et la stratégie, et de présenter les premières évaluations des membres de votre équipe.

Organiser les cinq conversations avec votre équipe

Enfin, vous n'aurez pas seulement un nouveau supérieur ; il est probable que vous serez aussi un nouveau chef. Vous aurez très certainement de nouveaux subordonnés. De même qu'il est crucial que vous développiez une relation productive avec votre nouveau patron, eux aussi ont besoin de travailler efficacement avec vous. Par le passé, avez-vous su aider des subordonnés à accomplir leurs propres transitions ? Que pourriez-vous faire différemment cette fois ?

Réfléchissez à la façon dont vous pourriez appliquer les conseils réunis dans ce chapitre à vos subordonnés directs. La règle d'or de la transition est d'accompagner les autres comme on voudrait être accompagné soi-même (voir l'encadré « Règle d'or de la transition »). Le cadre des cinq conversations que nous avons défini plus haut pourra vous aider à établir des relations productives avec les collaborateurs placés sous votre autorité. Présentez-leur la démarche dès le début et programmez une première conversation avec chacun d'eux pour discuter de la situation et de vos attentes. Demandez-leur de préparer le rendez-vous – par exemple en lisant le chapitre 3 sur l'adaptation de la stratégie à la situation. Voyez comment vous pourriez accélérer leur transition.

Règle d'or de la transition

Pensez à l'aide que vous voudriez que vos nouveaux supérieurs vous apportent lorsque vous prenez un nouveau poste. Dans l'idéal, quels types de conseils et de soutien vous apporteraient-ils ? Ensuite, pensez à la façon dont vous vous comportez avec vos nouveaux subordonnés directs. Quels types de conseils et de soutien leur apportez-vous ? Enfin, rapprochez les deux. Accompagnez-vous les autres dans leurs transitions comme vous voudriez être accompagné ? Si ce n'est pas le cas, il faut réagir !

Aider ses subordonnés directs à accélérer leur transition va au-delà de l'accompagnement et du développement qu'un bon manager se doit d'apporter à ses équipes. Plus vite vos nouveaux collaborateurs prendront leur rythme de croisière, mieux ils seront à même de vous aider à atteindre vos objectifs.

Utilisez le tableau 4.3 pour suivre l'avancement de ces conversations clés avec chacun de vos subordonnés.

Tableau 4.3 Les cinq conversations et votre équipe

Listez les membres de votre équipe dans la première colonne, puis évaluez où vous en êtes de vos cinq conversations avec chacun d'eux. Entourez ceux qui vous paraissent prioritaires.

Nom	Contexte	Attentes	Ressources	Style	Développement personnel

Négociez votre réussite – Checklist

1. Quelles relations avez-vous bâties avec vos précédents supérieurs ? Qu'aviez-vous bien fait ? Sur quels points avez-vous besoin de progresser ?
2. Planifiez la conversation sur la situation. Sur la base de vos connaissances actuelles, quelles questions aborderez-vous avec votre supérieur lors de cette conversation ? Que voulez-vous lui dire en premier ? Dans quel ordre souhaitez-vous aborder les questions ?
3. Planifiez la conversation sur les attentes. Comment allez-vous découvrir ce que votre nouveau supérieur attend de vous ?
4. Planifiez la conversation sur le style. Qu'allez-vous faire pour découvrir comment votre supérieur souhaite interagir avec vous ? Quel mode de communication préfère-t-il ? À quelle fréquence devez-vous vous rencontrer ? Quel type d'informations devez-vous lui fournir et à quel niveau de détail ? Sur quelles questions devez-vous le consulter avant de prendre une décision ?
5. Planifiez la conversation sur les ressources. Étant donné ce que vous devez faire, quelles ressources sont absolument indispensables ? Avec des ressources plus limitées, à quoi devrez-vous renoncer ? Si vous disposiez de davantage de ressources, quels en seraient les bénéfices ? Dites-le avec des chiffres !
6. Planifiez la conversation sur le développement personnel. Quelles sont vos forces et où avez-vous besoin de progresser ? Quels types de projets ou de missions pourraient vous aider à développer les compétences requises ?
7. Comment utiliser le cadre des cinq conversations pour accélérer le développement de votre équipe ? Où en êtes-vous dans le déroulement des conversations clés avec chacun de vos collaborateurs directs ?

Chapitre 5

Obtenez rapidement de petites victoires

Fraîchement nommée à la direction du service clientèle d'un grand groupe de distribution, Elena Lee avait pour mission de redresser un taux de satisfaction déclinant. Elle était aussi déterminée à introduire auprès de ses équipes un style de management bien différent de celui, autoritaire, de son prédécesseur. Venue d'une autre division du groupe, elle n'ignorait rien des problèmes de qualité de service que sa nouvelle unité connaissait. Convaincue qu'il était possible d'améliorer les performances en jouant la carte de l'innovation et de la participation des collaborateurs, elle avait fait du changement culturel sa priorité numéro un.

Elena commença par communiquer ses objectifs à ses anciens pairs, devenus ses subordonnés directs, les responsables des centres d'appel de la société à travers le monde. Dans une série de téléconférences collectives et de rencontres individuelles, elle leur exposa leurs objectifs d'amélioration et sa vision d'une culture plus participative, favorisant la responsabilisation de chacun. Ces appels du pied suscitèrent peu de réactions apparentes.

Dans un deuxième temps, Elena organisa des réunions hebdomadaires avec les responsables des centres d'appel pour passer en revue les performances de l'unité et parler des mesures qu'ils prenaient pour les améliorer. Elle affirma hautement que la « culture de la sanction » appartenait au passé et qu'elle attendait des superviseurs qu'ils assurent un accompagnement des salariés. De façon provisoire, dit-elle, tous les cas appelant des mesures disciplinaires significatives devraient lui être transmis directement pour étude.

Au fil du temps, Elena put repérer les responsables de centre qui se pliaient au programme et ceux qui s'obstinaient à manier le bâton. Elle conduisit alors des entretiens d'évaluation et assigna à deux des plus récalcitrants des plans d'amélioration des performances. L'un d'eux quitta presque aussitôt l'entreprise ; elle le remplaça par un superviseur à haut potentiel venant du centre qu'elle avait dirigé. Au bout de quelque temps, l'autre manager adopta un comportement acceptable.

Par ailleurs, Elena accordait toute son attention à un aspect essentiel de l'activité : l'évaluation de la satisfaction des clients et l'amélioration de la qualité de service. Elle nomma son meilleur responsable de centre à la tête d'un petit groupe de managers de terrain prometteurs, chargé d'établir un plan de mise en place de nouveaux indicateurs, de moyens de remontée d'information et de processus d'amélioration. Elle fit aussi appel à un conseil extérieur qui épaulerait les managers sur la manière de mener leur projet, et elle se tint régulièrement informée de l'avancée de leurs travaux. Quand l'équipe lui présenta ses recommandations, elle les mit vite en œuvre à titre expérimental dans la section dirigée précédemment par le superviseur qui avait démissionné.

À la fin de la première année, Elena avait étendu la nouvelle démarche à l'ensemble de l'organisation. Le service clients s'était considérablement amélioré et les sondages internes indiquaient que le climat de travail et la satisfaction des collaborateurs avaient énormément progressé.

Elena Lee a réussi son pari en créant rapidement une dynamique au sein de son équipe et en établissant sa crédibilité grâce à des victoires précoces[1]. Au bout de quelques mois, il convient que votre supérieur, vos collègues et vos subordonnés sentent que quelque chose de nouveau, de positif, est en marche. Ces victoires rapides motivent et enthousiasment les gens et contribuent à établir votre légitimité personnelle. Correctement menées, elles vous aident à créer de la valeur pour votre nouvelle organisation et à atteindre le seuil de rentabilité bien plus vite.

Faire des vagues

Une étude fondatrice sur les cadres dirigeants en transition a montré que ceux-ci planifient et mettent en œuvre le changement par « vagues » successives, telles que représentées dans la figure 5.1[2]. Après une période initiale d'apprentissage ciblé, ils entament une première vague de changements. Le rythme se ralentit ensuite pour permettre la consolidation de ces premiers acquis et un apprentissage approfondi de l'organisation, et pour laisser aux gens le temps de « reprendre leur souffle ». Forts d'une compréhension plus fine du contexte, les nouveaux directeurs généraux initient alors une vague de changements plus structurels. Enfin, une dernière vague, moins prononcée, vise à un ajustement minutieux en vue de maximiser les performances. À ce stade, la plupart des managers interrogés étaient prêts à passer à autre chose.

1. L'importance des victoires rapides a déjà été traitée dans Dan Ciampa et Michael Watkins, *Right from the Start*, *op. cit.*, chapitre 2.
2. Voir John J. Gabarro, *The Dynamics of Taking Charge* (Boston, Harvard Business School Press, 1987).

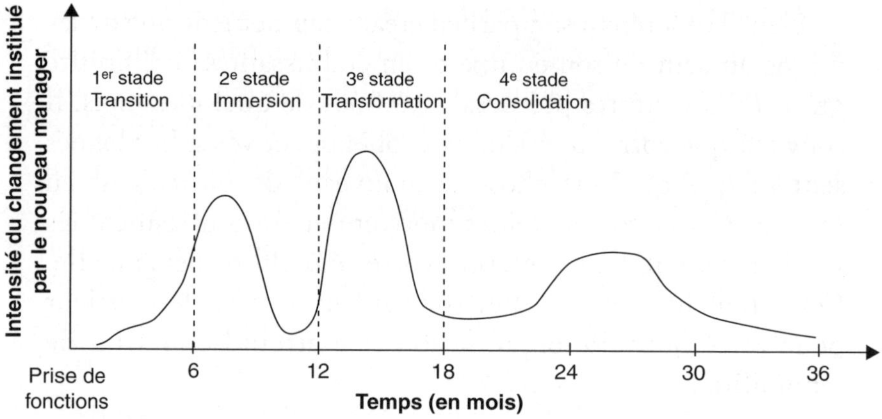

Figure 5.1 Les vagues de changements

Cette étude a des conséquences directes sur la manière dont vous devriez gérer votre transition. Elle indique que vous devez bien garder à l'esprit vos objectifs quand vous concevez le plan destiné à vous assurer des victoires rapides. La période de transition ne dure que quelques mois, mais vous resterez en général à votre poste pendant deux à quatre ans avant de prendre de nouvelles fonctions. Dans toute la mesure du possible, vos victoires précoces doivent vous rapprocher de ces objectifs de long terme.

Planifiez vos vagues de changements

Quand vous préparez votre transition (et la suite), attachez-vous à créer des vagues de changements successives. Chaque vague doit comporter des phases distinctes : apprentissage, définition des changements à conduire, conquête d'alliés, mise en œuvre des changements et mise en perspective des résultats. Cette démarche vous permettra de consacrer du temps, au début, à votre apprentissage et à vos préparatifs et, par la suite, à la consolidation et à la préparation de la vague suivante. Si vous pratiquez un changement continuel, il est impossible de déterminer ce qui fonctionne ou non. Et c'est le meilleur moyen d'épuiser vos troupes.

L'objectif de la première vague de changements est de vous assurer des victoires précoces. Le nouveau manager conçoit ses initiatives en vue d'établir sa crédibilité personnelle, de nouer des relations clés et d'identifier et de récolter les fruits des branches les plus basses – les meilleures opportunités pour améliorer les résultats de l'organisation à bref délai. Correctement menée, cette phase permet au manager de mettre son organisation en mouvement et d'approfondir son apprentissage.

La deuxième vague de changements porte d'ordinaire sur les enjeux plus fondamentaux que sont la stratégie, la structure, les systèmes et les compétences pour remodeler l'organisation ; des progrès plus profonds du fonctionnement de l'organisation sont alors réalisés. Mais vous n'y parviendrez pas si vous n'avez pas su vous assurer des victoires précoces au cours de la première vague.

Partir de l'objectif

Les leaders en transition, on le comprend, sont désireux de faire avancer les choses. Ils ont donc naturellement tendance à se concentrer sur les problèmes les plus faciles à régler. Cette tactique est valable dans une certaine mesure. Mais attention à ne pas tomber dans le *piège des fruits à portée de main*. Les leaders tombent dans ce piège quand ils consacrent la plus grande partie de leur énergie à rechercher des victoires précoces qui ne contribuent pas à la réalisation de leurs objectifs opérationnels à plus long terme. C'est comme tenter de mettre en orbite une fusée qui ne comporterait qu'un très gros premier étage ; vous courez le risque élevé qu'elle retombe sur Terre une fois la poussée initiale achevée. Conclusion : lorsque vous partez en quête de victoires rapides, il vaut peut-être mieux laisser de côté certains fruits à portée de main et viser plus haut.

Quand vous travaillez à susciter un élan, gardez donc à l'esprit que vos victoires précoces ont un double objectif : elles doivent vous aider à susciter un élan à court terme *et* à établir des bases pour atteindre vos objectifs opérationnels à plus long terme. Veillez à ce que vos plans pour obtenir des victoires rapides, 1° soient cohérents avec les objectifs convenus – ce que votre patron et les principales parties prenantes attendent de vous –, et 2° vous aident à instaurer les nouveaux types de comportements nécessaires pour parvenir à ces objectifs.

Concentrez-vous sur les priorités de l'entreprise

Les objectifs dont vous êtes convenus avec votre patron et les autres acteurs clés sont les destinations que vous vous efforcez d'atteindre, exprimées en objectifs opérationnels mesurables. Il peut s'agir, par exemple, d'une croissance à deux chiffres du profit, d'une baisse spectaculaire du nombre de défauts et de retouches ou de la réalisation d'un projet stratégique dans un délai convenu. Pour Elena, la priorité numéro un était de faire progresser sensiblement la satisfaction des clients. Le tout est de définir vos objectifs afin de pouvoir diriger en gardant à l'esprit un point d'arrivée clair.

Détectez et soutenez les évolutions des comportements

Les objectifs convenus sont votre destination, mais le comportement des collaborateurs de votre entreprise détermine largement si vous y parviendrez (ou pas). Autrement dit, pour atteindre vos objectifs dans le temps imparti, vous aurez peut-être à modifier des types de comportements dysfonctionnels.

Commencez par détecter les comportements indésirables ; Elena, par exemple, voulait réduire les craintes et la démobilisation dans son organisation. Puis élaborez, comme l'a fait Elena, une vision claire de la manière dont vous voudriez que les gens se comportent d'ici la fin de vos fonctions et prévoyez comment vos actions en vue de remporter des victoires précoces contribueront au processus dans son ensemble. Quels comportements réduisant le potentiel de bons résultats voit-on régulièrement à l'œuvre ? Observez le tableau 5.1, qui recense certains types de comportements problématiques, puis résumez vos réflexions sur ceux que vous voudriez modifier.

Tableau 5.1 Types de comportements problématiques

Manque de…	*Symptômes*
Focalisation	• Le groupe ne parvient pas à définir clairement ses priorités ou a trop de priorités. • Les ressources sont trop sollicitées, ce qui entraîne fréquemment des crises et des mesures d'urgence. Les gens sont récompensés pour leur aptitude à éteindre les incendies et non à concevoir des solutions durables.
Discipline	• Les niveaux de performance individuels sont très variables. • Le personnel ne comprend pas les conséquences négatives de ses comportements incohérents. • Les gens se trouvent des excuses quand ils ne tiennent pas leurs engagements.
Innovation	• Le groupe mesure ses performances en fonction de références internes. • Les améliorations des produits et processus sont lentes et progressives. • Les salariés sont récompensés pour le maintien de performances stables, non pour en faire davantage.
Travail d'équipe	• Les collaborateurs se font concurrence mutuellement et défendent leur pré carré au lieu de travailler ensemble au service de buts collectifs. • La création de fiefs est récompensée.
Sentiment d'urgence	• Les collaborateurs ignorent les besoins des clients internes et externes. • L'autosatisfaction règne et se manifeste par des convictions du genre : « Nous sommes et nous avons toujours été les meilleurs » ou « Réagir vite ou non n'a pas d'importance, ça ne changera rien ».

Adopter des principes de base

Il est crucial de remporter des victoires précoces, mais il est important aussi de les remporter de la bonne manière. Par-dessus tout, il vous faut bien sûr éviter les défaites précoces, car vous auriez du mal à remonter la pente. Voici quelques principes élémentaires à considérer.

- Attachez-vous à un petit nombre d'opportunités prometteuses. Au cours d'une transition, il est tentant de chercher à en faire trop, et le résultat peut être ruineux. Vous ne pouvez espérer obtenir des résultats dans plus de deux ou trois domaines. Il est donc essentiel de détecter les opportunités les plus prometteuses puis de s'attacher inlassablement à les transformer en victoires. Considérez cela comme une gestion du risque : visez assez de cibles pour avoir une bonne chance de remporter un succès notable, mais pas au point de disperser vos efforts.

- Remportez des victoires qui comptent pour votre patron. Il est essentiel d'obtenir des victoires précoces qui dynamisent vos collaborateurs directs et les autres salariés. Mais l'opinion de votre supérieur sur vos réalisations compte au moins autant. Même si vous ne les partagez pas totalement, vous devez mettre ses priorités au centre de vos réflexions sur les succès précoces que vous allez viser. Traiter des problèmes auxquels votre patron est sensible fera beaucoup pour asseoir votre crédibilité et garantir votre accès aux ressources.
- Remportez des victoires de la bonne manière. Si vous obtenez des résultats impressionnants d'une manière qui apparaît comme manipulatrice, sournoise ou incompatible avec la culture de l'entreprise, vous courez à la catastrophe. Si Elena avait obtenu ses premiers succès par des moyens coercitifs, elle aurait compromis l'objectif plus large qu'elle tentait d'atteindre. Quand la manière de remporter une victoire précoce illustre le comportement que vous espérez instaurer dans votre nouvelle organisation, cette victoire est un double succès.
- Tenez compte de votre portefeuille STARS. Ce qui constitue une victoire précoce varie énormément d'un contexte STARS à un autre. Le simple fait d'amener les gens à parler de l'organisation et de ses défis peut être un grand pas en avant lors d'une définition, alors que c'est une perte de temps dans un redressement. Réfléchissez donc attentivement à ce qui sera le plus créateur d'élan dans chacune des parties de votre

portefeuille. Est-ce de se montrer disposé à écouter et apprendre ? Est-ce de prendre des décisions rapides et énergiques sur des problèmes pratiques pressants ?

- Ajustez-vous à la culture. Dans certaines entreprises, une victoire doit être un accomplissement individuel visible. Dans d'autres, la poursuite individuelle de la gloire est considérée comme prétentieuse et néfaste au travail d'équipe, même si elle donne de bons résultats. Dans les organisations privilégiant le groupe, une victoire précoce pourrait correspondre au pilotage d'une équipe chargée de développer une nouvelle idée de produit, ou à une contribution et une participation actives à une équipe chargée d'une initiative plus large. Veillez à comprendre ce qui est ou non considéré comme une victoire, surtout si vous venez d'entrer dans l'entreprise.

Trouvez vos victoires rapides

Armé d'une conception claire de vos buts et objectifs de changements comportementaux, et guidé par elle, vous pouvez désormais repérer quelles victoires précoces vous allez rechercher. Il est bon de procéder en deux temps : définir dans les trente premiers jours les actions qui vous permettront d'établir votre crédibilité personnelle, puis choisir les projets que vous allez lancer pour améliorer rapidement les résultats. (Le calendrier effectif dépendra bien entendu de la situation.)

Connaissez votre réputation

À votre arrivée, les gens commenceront vite à vous évaluer et à jauger vos capacités. Ils s'appuieront en partie sur ce qu'ils croient « savoir » de vous. Soyez certain qu'ils connaissent des gens qui connaissent des gens qui ont travaillé avec vous dans par le passé. Aussi, que cela vous plaise ou non, votre réputation, pas forcément méritée, vous précédera lors de votre prise de fonction. Le risque est bien sûr que cette réputation devienne réalité puisque les gens ont tendance à se focaliser sur les informations qui confirment ce qu'ils croient et à filtrer les autres – c'est ce qu'on appelle le *biais de confirmation*[3]. Par conséquent, vous devez découvrir quel rôle les gens s'attendent à vous voir jouer, puis décider explicitement si vous voulez renforcer leurs attentes ou les infirmer.

La situation d'Elena – la direction d'anciens pairs – est un cas particulier : elle était connue dans l'entreprise, mais dans des fonctions différentes, d'un niveau inférieur. Le risque pour elle était qu'on s'attende à ce qu'elle reste la même dans son nouveau poste. Il lui fallait donc trouver des moyens de modifier la manière dont elle était perçue. L'encadré suivant résume les problèmes généraux posés par la direction d'anciens pairs.

Diriger d'anciens pairs

Devenir le patron de ses anciens pairs soulève des difficultés classiques ; pour les surmonter, vous pourriez faire vôtre les principes suivants :

- Acceptez le fait que vos relations doivent changer. Une promotion a hélas un coût : les relations avec les anciens pairs doivent devenir moins personnelles. Une grande proximité est rarement compatible avec des relations hiérarchiques efficaces.
- Veillez dès le début aux rites de passage. Les premiers jours sont plus affaire de symboles que de substance. Concentrez-vous donc sur les rites de passage susceptibles de vous introniser dans vos nouvelles fonctions – par exemple, en vous faisant présenter à votre équipe par votre nouveau patron pour un passage de témoin.
- Conciliez-vous vos anciens pairs (de qualité). Pour chaque manager promu, des ambitieux qui convoitaient le poste ne l'ont pas obtenu. Soyez conscient que ces concurrents déçus passeront par des phases de mise au point. Efforcez-vous d'établir ce qui peut ou ne peut pas fonctionner pour vous.
- Affirmez promptement votre autorité. Vous devez vous imposer suffisamment, mais pas trop. La ligne de partage est ténue. Sous réserve de ne pas prendre de décisions à la légère, il peut être

3. Voir wikipedia.org/wiki/Confirmation_bias

efficace d'adopter une démarche de consultation avant décision pour les questions critiques, tant que vos anciens pairs ne se sont pas habitués à prendre les devants.

- Œuvrez à ce qui est bon pour l'entreprise. Dès que votre promotion sera annoncée, d'anciens pairs chercheront à savoir si vous allez favoriser certaines personnes ou vous livrer à des manœuvres de couloir à leurs dépens. En guise d'antidote, attachez-vous inlassablement et systématiquement à faire ce qui est bon pour l'entreprise.

Établissez votre crédibilité

Au cours des premières semaines dans votre nouveau poste, vous ne pouvez espérer avoir un impact considérable sur les résultats, mais vous pouvez remporter de petites victoires et montrer que les choses sont en train de changer. Dites-vous que cette démarche vise à vous assurer des victoires précoces et à établir votre crédibilité personnelle.

Votre légitimité, ou son absence, peut s'évaluer à la manière dont les gens répondraient aux questions suivantes si on les interrogeait à votre sujet :

- A-t-il assez d'idées et de fermeté pour prendre des décisions sans concession ?
- A-t-il des valeurs auxquelles il se réfère, qu'il respecte et qu'il veut diffuser ?
- A-t-il le type d'énergie nécessaire ?
- Exige-t-il un haut niveau de performance de lui-même et d'autrui ?

Pour le meilleur ou pour le pire, ils commenceront à se former une opinion à partir d'informations très limitées. Vos premiers actes, bons ou mauvais, orienteront leur perception. Une fois que les opinions à votre sujet auront commencé à se figer, il sera difficile de les changer. Or le processus de formation des opinions est remarquablement rapide.

Dans ces conditions, comment bâtir votre crédibilité ? Pour une part, cela suppose de vous vendre efficacement, un peu comme on construit la confiance dans une marque. Il faut que les gens vous associent à des capacités, des attitudes et des valeurs attrayantes. Il n'existe pas de recette miracle pour y parvenir. En général, cependant, les nouveaux leaders sont perçus comme plus crédibles quand ils affichent les caractéristiques suivantes :

- Ils sont exigeants mais capables de se montrer satisfaits. Les managers efficaces amènent leurs interlocuteurs à prendre des engagements réalistes, puis les tiennent responsables de leurs résultats. Mais si vous n'êtes jamais satisfait, vous saperez la motivation des gens. Sachez quand célébrer les réussites et quand réclamer plus d'efforts.
- Accessibles sans familiarité excessive. Être accessible ne signifie pas être disponible pour tout et pour tous. Laissez votre porte ouverte tout en préservant votre autorité.
- Déterminés mais avec discernement. Les nouveaux leaders affirment leur capacité à assumer leur rôle, en prenant éventuellement des décisions aux conséquences modestes, mais en ne se précipitant pas pour arbitrer lorsqu'ils ne sont pas prêts. Dans les premiers temps de votre transition, vous devez montrer que vous êtes déterminé et prêt à agir, mais repousser certaines décisions importantes en attendant d'en savoir assez pour les prendre à bon escient.
- Concentrés sur leurs objectifs mais flexibles. Évitez de créer un cercle vicieux et de vous aliéner les autres en vous montrant rigide et non disposé à envisager plusieurs solutions à un problème. Les nouveaux managers efficaces établissent leur autorité en se polarisant sur les enjeux importants, mais en consultant les autres et en les encourageant à donner leur point de vue. Ils savent aussi quand accorder aux gens assez de latitude pour obtenir des résultats comme ils l'entendent.
- Énergiques mais sans causer de traumatisme. Il existe une frontière subtile entre donner une impulsion à votre organisation et saturer votre groupe ou votre unité. Faites ce qu'il faut pour obtenir des résultats, mais n'exigez pas trop

de vos troupes. Apprenez à surveiller leur niveau de stress et soyez tranquillisant pour vous comme pour autrui.

- Prêts à prendre des décisions difficiles, mais humains. Vous devrez peut-être trancher dans le vif dès le début, notamment en vous séparant de collaborateurs médiocres. Les nouveaux managers efficaces ne reculent pas devant les décisions douloureuses, mais savent respecter la dignité des personnes et se comporter avec justice et équité. Gardez à l'esprit que les gens n'observent pas seulement ce que vous faites, ils considèrent aussi votre manière de le faire.

Préparez votre entrée

Comme vos premiers actes auront une influence disproportionnée sur la manière dont vous serez perçu, réfléchissez à la façon de prendre contact avec votre nouvelle organisation au cours des premiers jours dans votre nouveau poste. Quels messages voulez-vous communiquer sur qui vous êtes et ce que vous représentez en tant que leader ? Quels sont les meilleurs moyens de faire passer ces idées ? Déterminez vos publics clés – subordonnés directs, autres salariés, principaux groupes extérieurs – et adressez-leur quelques messages bien ciselés. Ces derniers n'ont pas à porter sur ce que vous prévoyez de faire, ce serait prématuré. Ils diront plutôt qui vous êtes, les valeurs et objectifs que vous représentez, votre style et comment vous envisagez de conduire l'activité.

Réfléchissez également à la manière de prendre contact. *Comment* allez-vous vous présenter ? Vos premières rencontres avec vos subordonnés directs doivent-elles avoir lieu en tête-à-tête ou en groupe ? Ces réunions seront-elles des rencontres informelles, pour faire connaissance, ou l'occasion d'entrer immédiatement dans le vif du sujet ? Quels autres canaux, e-mails et vidéo par exemple, utiliserez-vous pour vous faire connaître des autres membres de l'organisation ? Organiserez-vous dès le début des réunions sur d'autres sites ?

Dès que vous serez suffisamment intégré pour pouvoir le faire, identifiez les empêcheurs de tourner en rond et prenez rapidement des mesures pour vous en débarrasser. Si les relations avec certains partenaires ou groupes extérieurs sont tendues, attelez-vous à les remettre sur la bonne voie. Supprimez les réunions inutiles, écourtez celles qui sont trop longues, améliorez l'agencement des locaux… Autant de petits gestes qui vous aideront à asseoir plus vite votre crédibilité.

Enfin, gardez à l'esprit que l'apprentissage personnel engendre la crédibilité. Il n'est jamais mauvais d'être considéré comme sincèrement désireux de comprendre votre nouvelle organisation. Cela contribue à chasser l'impression que vous arrivez avec des idées toutes faites sur ses problèmes et « la » réponse à leur apporter. Afficher tout de suite que votre priorité est d'apprendre signale à l'organisation que vous êtes conscient du caractère unique de son histoire et de sa dynamique. Bien entendu, il est important aussi de montrer que vous apprenez vite et non, comme il s'est dit d'un président, que votre courbe d'apprentissage est « plate comme le Kansas »[4]. Sachez aussi quand abandonner la priorité à l'apprentissage au profit de la décision et l'action.

Écrivez votre propre histoire

Vos actions au cours des premières semaines de votre prise de fonction auront un impact disproportionné, car leur portée sera aussi symbolique que pratique. Vos premiers gestes seront souvent transformés en anecdotes susceptibles de vous donner le rôle du bon ou du méchant. Allez-vous prendre le temps de faire la tournée du personnel administratif ou ne vous présenterez-vous qu'à votre supérieur, vos subordonnés directs et vos collègues ? Une question aussi simple peut contribuer à vous

4. George Will, « Price of Safety Sometimes Paid in Technology-Boosted War », *Washington Post*, 12 juin 1994.

marquer comme « accessible » ou « distant ». La façon dont vous vous présentez à votre nouvelle organisation, dont vous traitez le personnel administratif, dont vous gérez les empêcheurs de tourner en rond, tous vos comportements peuvent engendrer des histoires qui feront le tour de l'organisation.

Pour orienter votre mythologie dans une direction positive, recherchez et exploitez des histoires édifiantes. Des actions – comme la manière dont Elena a géré les superviseurs récalcitrants – qui manifestent clairement quelles sont vos intentions et traduisent le type de comportements que vous souhaitez encourager. Nul besoin de coups de gueule ou de déclarations spectaculaires. Une question pertinente et pointue, qui cristallise l'opinion de votre groupe sur un problème clé, peut suffire.

Lancez des projets en vue de succès rapides

Construire votre crédibilité personnelle et nouer des relations clés vous aidera à remporter des victoires immédiates. Mais il faudra aller plus loin et identifier sans tarder des gisements potentiels d'améliorations tangibles des performances de l'organisation, les meilleurs étant les problèmes que vous pouvez aborder assez vite et à peu de frais, et qui déboucheront sur des gains financiers et opérationnels visibles : goulets d'étranglement qui entravent la productivité, systèmes de motivation qui sapent les performances en provoquant des conflits, par exemple.

Ne retenez pas plus de trois ou quatre domaines clés, dans lesquels vous chercherez à réaliser des progrès rapides. Utilisez l'outil d'évaluation des victoires précoces du tableau 5.2 pour apprécier leur potentiel. Mais n'oubliez pas que, si vous agissez sur des fronts trop nombreux, vous risquez de vous disperser. Inspirez-vous de la gestion des risques : dotez-vous d'un portefeuille d'initiatives prometteuses suffisamment diversifié pour que la réussite des unes compense, le cas échéant, l'échec des autres. Puis travaillez inlassablement à obtenir des résultats.

Tableau 5.2 Outil d'évaluation des succès rapides

Cet outil vous aide à évaluer le potentiel des cibles susceptibles de permettre des succès rapides. Remplissez un tableau pour chacune d'elles en répondant avec soin aux questions d'évaluation. Puis faites le total des notes et utilisez le résultat comme indicateur de potentiel approximatif.
Possibilité de succès rapide :
Pour chacune des questions suivantes, entourez la réponse qui décrit le mieux le potentiel.

	Pas du tout	*Pas beaucoup*	*Un peu*	*Beaucoup*	*Énormément*
Cette cible offre-t-elle une occasion de parvenir à une amélioration substantielle des performances de votre unité ?	0	1	2	3	4
Cette amélioration est-elle réalisable dans un délai raisonnable avec les moyens disponibles ?	0	1	2	3	4
Un succès contribuerait-il aussi à jeter les bases de la réalisation d'objectifs opérationnels convenus ?	0	1	2	3	4
Le processus utilisé pour remporter un succès vous aidera-t-il à introduire les changements de comportements nécessaires dans l'organisation ?	0	1	2	3	4
Calculez le total des notes entourées et indiquez-le ici : *Le résultat, entre 0 et 16, est un indicateur approximatif à l'aide duquel vous pouvez comparer l'attractivité des cibles. Les chiffres sont à interpréter avec bon sens. Si une cible est notée 0 à la première question, par exemple, peu importe qu'elle obtienne 4 partout ailleurs.*					

Pour vous préparer à remporter des succès précoces, veillez à introduire dans votre projet d'apprentissage un volet spécifiquement consacré à la manière dont vous détecterez les réservoirs de progrès potentiels. Puis transformez vos objectifs en projets concrets qui vous assureront des victoires rapides, en vous aidant des recommandations suivantes :

- Ne perdez pas de vue vos objectifs de long terme. Dans la mesure du possible, vos actions doivent aller dans le sens des objectifs opérationnels convenus et des changements de comportement correspondants.
- Identifiez un nombre limité de cibles prometteuses. Il s'agit de domaines ou de processus (comme les processus du service clients pour Elena) dans lesquels des améliorations sont susceptibles de faire considérablement progresser les performances opérationnelles ou financières globales de l'organisation. En vous concentrant sur un petit nombre de points focaux, vous réduirez le temps et l'énergie nécessaires pour obtenir des résultats tangibles. Et si vous réussissez dès vos débuts à améliorer les performances dans ces domaines, vous aurez les coudées franches pour travailler à de plus amples changements.
- Lancez des projets en vue de succès rapides. Gérez vos initiatives comme des projets ciblés sur les points focaux que vous avez choisis. C'est ce qu'a fait Elena dans son nouveau poste, en chargeant une équipe d'améliorer le service clients.
- Valorisez les agents du changement. Identifiez les individus qui, au sein de votre nouvelle organisation, possèdent les compétences, la volonté et les motivations pour faire avancer votre projet. Donnez-leur de l'avancement ou confiez-leur des projets importants, comme l'a fait Elena.
- Utilisez les projets à succès rapide pour introduire de nouveaux comportements. Ces projets doivent servir de modèles des modes de fonctionnement et des comportements que vous attendez, à l'avenir, de votre équipe, unité ou organisation. Elena l'a compris quand elle a chargé un conseil extérieur d'aider ses collaborateurs à réaliser le projet en utilisant les bonnes méthodes, afin qu'ils puissent apprendre à travailler au mieux.

Utilisez le modèle du tableau 5.3 pour planifier vos projets avec un maximum d'effet.

Tableau 5.3 Checklist de projet FOGLAMP

FOGLAMP (« feu de brouillard » en anglais) est l'acronyme de « *focus, oversight, goals, leadership, abilities, means, process* » (cible, supervision, objectifs, direction, aptitudes, moyens, processus). Cet outil peut vous aider à dissiper le brouillard et à organiser vos projets critiques. Remplissez un tableau pour chacun des projets à succès rapide que vous mettez en place.	
Projet :	
Questions	Réponses
Focus : sur quoi ce projet est-il centré ? Par exemple, quel objectif ou quel succès rapide voulez-vous atteindre ?	
Oversight : comment superviserez-vous ce projet ? Qui d'autre pourrait participer au pilotage pour vous aider à obtenir une adhésion autour de sa mise en œuvre ?	
Goals : quels sont les objectifs, les jalons intermédiaires et les délais pour parvenir à vos fins ?	
Leadership : qui dirigera le projet ? De quelle formation éventuelle le ou les personnes désignées ont-elles besoin pour réussir ?	
Abilities : quel ensemble de compétences faut-il constituer ? À qui faire appel en raison de ses compétences ? Et à qui faire appel en raison du groupe clé qu'il représente ?	
Means : de quels moyens supplémentaires, comme la présence d'un animateur extérieur, le groupe a-t-il besoin pour réussir ?	
Process : voulez-vous que l'équipe utilise certains modèles de changement ou certains processus structurés ? En ce cas, comment la familiariser avec cette approche ?	

Piloter le changement

Quand vous déterminez où trouver vos victoires précoces, songez aussi à la manière de conduire le changement dans votre organisation. Gardez à l'esprit qu'il n'existe pas une méthode unique pour cela : les meilleures approches dépendent de la situation. Ainsi, celles qui fonctionnent bien dans les redressements, servies par un sentiment de nécessité pressante, risquent d'échouer lamentablement dans les redéfinitions, où une attitude de déni de la nécessité du changement est parfois répandue. Il vous faudra peut-être diriger le changement différemment dans les différentes parties de votre portefeuille STARS ; restez ouvert à cette éventualité.

Planification ou apprentissage

Une fois que vous avez identifié les problèmes ou les enjeux les plus importants à traiter, décidez si vous allez opter pour une démarche de planification ou pour une démarche d'apprentissage collectif[5].

L'approche linéaire du changement, « planifier puis mettre en œuvre », donne de bons résultats lorsque vous êtes assuré que les éléments suivants sont réunis :

- Prise de conscience. Une masse critique de collaborateurs est convaincue de la nécessité du changement.
- Diagnostic. Vous savez ce qui doit changer et pourquoi.
- Vision. Vous avez une vision motivante et une stratégie solide.
- Plan. Vous disposez de l'expertise nécessaire pour élaborer un plan détaillé.
- Soutien. Vous disposez d'une coalition suffisamment puissante pour soutenir la mise en œuvre du changement.

Cette approche fonctionne souvent bien dans les situations de redressement, quand les collaborateurs admettent qu'il y a un problème, quand les solutions sont davantage techniques que culturelles et quand tout le monde a envie de sortir de l'impasse.

Mais que l'une de ces conditions ne soit pas remplie, et cette démarche de changement planifié risque de vous mettre en difficulté. Si vous avez à conduire une redéfinition, par exemple, et que les gens sont dans une dynamique de déni,

5. Cette utile distinction a été énoncée par ma collègue Amy Edmondson.

ils risquent d'accueillir votre plan par un silence de plomb, si ce n'est une opposition active. Peut-être devrez-vous donc leur faire prendre conscience de la nécessité de changer. Ou affûter le diagnostic du problème, articuler une vision et une stratégie incontestables, développer un plan de mise en œuvre transfonctionnelle solide, ou encore créer une coalition favorable au changement.

Dans ce type de contexte, nous ne saurions trop vous conseiller d'élaborer un processus d'apprentissage collectif plutôt que des plans de changement imposés à l'organisation. Si un grand nombre de collaborateurs refusent de regarder la réalité en face, vous devrez mettre en place un processus pour leur ouvrir les yeux. À une attaque frontale des défenses de l'organisation, préférez des techniques de guérilla, afin d'amener doucement les gens à déposer les armes et mieux comprendre la nécessité de changer.

Vous pouvez y parvenir en présentant à des collaborateurs clés de nouvelles manières de fonctionner et de se représenter l'activité, par exemple de nouvelles données sur la satisfaction des clients ou sur les offres d'entreprises concurrentes. Ou en conduisant un *benchmark*, et faire ainsi analyser à votre groupe les performances de vos meilleurs compétiteurs ; ou encore en persuadant les membres de l'organisation d'imaginer de nouvelles approches, par exemple en organisant un remue-méninges hors site sur les objectifs clés ou les moyens d'améliorer les processus.

Il est essentiel d'identifier quelles parties du processus de changement peuvent être abordées par la planification et lesquelles se prêtent davantage à un processus d'apprentissage collectif. Choisissez un changement que vous souhaitez introduire dans votre organisation et utilisez l'organigramme de diagnostic proposé en figure 5.2 afin de déterminer sur quels aspects la planification et les processus d'apprentissage collectifs risquent de se révéler décisifs pour réussir.

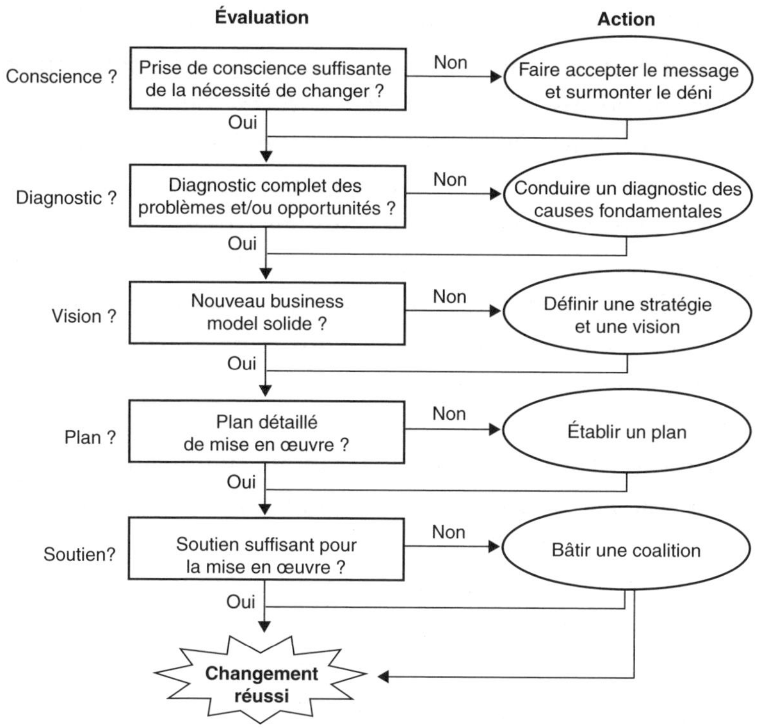

Figure 5.2 Cadre de diagnostic pour la gestion du changement

Amorcez les changements de comportements

N'oubliez pas que les moyens que vous utiliserez pour obtenir vos victoires rapides sont aussi importants que les fins que vous poursuivez. Les initiatives que vous mettez en place pour marquer vos premiers points doivent également établir de nouvelles normes de comportements. C'est ce qu'a fait Elena Lee lorsqu'elle a sélectionné et coaché son équipe projet, puis rapidement mis en œuvre ses recommandations.

Pour faire évoluer votre organisation, vous devrez probablement agir sur sa culture. C'est une tâche ardue. Votre organisation a peut-être de mauvaises habitudes solidement ancrées, que vous voulez lui faire perdre. Or quand on sait combien il est difficile de faire changer les habitudes d'un individu, on mesure le chemin qu'il va falloir parcourir…

Jeter à bas la culture existante et repartir de zéro est rarement la bonne réponse. Il y a des limites aux changements que les individus – et les organisations – peuvent absorber en une seule fois. Qui plus est, toute culture d'entreprise a ses « vertus » et ses « vices » ; une culture d'entreprise rassure et sera souvent source de fierté. Si vous dites à votre organisation qu'il n'y a rien de bon dans sa culture, vous priverez ses membres d'une source de stabilité essentielle dans une période de changement. Et vous vous priverez d'un réservoir d'énergie que vous auriez pu utiliser pour améliorer les performances.

L'important est donc d'identifier les bons et les mauvais éléments de la culture existante. Valorisez et louez les aspects positifs, même si vous cherchez à changer les mauvais. Ils sont l'une des passerelles qui vous aideront à conduire l'organisation du passé vers l'avenir.

Adaptez la stratégie au contexte

Le choix des techniques pour faire évoluer les comportements doit être fonction de la structure, des processus, des compétences et, par-dessus tout, de la situation de votre groupe. Considérons une fois de plus la différence entre redressement et redéfinition. Dans un redressement, vous devez à la fois agir vite et identifier et protéger rapidement le noyau défendable de l'entreprise. Dans un tel contexte, le recrutement de nouveaux collaborateurs et la constitution d'équipes projet autour d'initiatives spécifiques pour améliorer les performances se révèlent souvent des techniques efficaces. Dans une situation de redéfinition, en revanche, il est plus prudent de commencer par des approches moins directes. En changeant les indicateurs de performances et en initiant des *benchmarks*, par exemple, vous préparez le terrain pour le développement d'une vision collective des évolutions que doit connaître l'organisation.

Éviter les mauvaises surprises

Enfin, tous vos efforts pour obtenir des victoires rapides pourraient être réduits à néant si vous ne prenez pas la peine de repérer d'éventuelles bombes à retardement et de vous en prémunir. Si elles venaient à exploser, vous seriez pris au piège de la riposte et tous vos espoirs de conduire l'organisation là où vous le souhaitez s'envoleraient.

Certains coups du sort surgissent réellement de nulle part. Dans ces cas-là, tout ce que vous pouvez faire, c'est serrer les dents et mettre sur pied la meilleure réponse possible à la crise. Mais la plupart du temps, les nouveaux managers sont désarçonnés par de mauvaises surprises prévisibles, c'est-à-dire des situations dans lesquelles les individus disposent de toutes les informations nécessaires pour découvrir et désamorcer une bombe à retardement, mais s'en abstiennent[6].

Pour être victime d'une mauvaise surprise, il suffit parfois, tout simplement, que le nouveau manager ne regarde pas au bon endroit ou ne pose pas les bonnes questions. Comme nous l'avons vu plus haut, chacun d'entre nous a ses domaines d'intervention de prédilection. Mais vous devez vous imposer de travailler les domaines dans lesquels vous vous sentez moins à l'aise, ou de trouver des personnes de confiance possédant les compétences requises pour le faire.

Autre facteur déclenchant des bombes à retardement : le cloisonnement de l'organisation. Différentes parties de l'entreprise détiennent différentes pièces du puzzle, mais personne ne les réunit. Toute entreprise a ses silos d'informations. Si vous ne mettez pas en place les processus nécessaires pour faire remonter à la surface les informations et assurer leur diffusion,

---

6. Voir Michael Watkins et Max Bazerman, « Predictable Surprises: The Disasters You Should Have Seen Coming », *Harvard Business Review*, mars 2003, pp. 5-12.

vous courez le risque d'être victime d'une de ces « mauvaises surprises prévisibles ».

Utilisez les questions suivantes pour repérer les zones de danger potentiel :

- Environnement extérieur. Des tendances dans l'opinion publique, l'action du gouvernement ou les conditions économiques risquent-elles d'être sources de problèmes graves pour votre unité ? Exemples : changement de politique gouvernementale qui favorise les concurrents ou a une incidence négative sur vos prix ou vos coûts ; renversement de l'opinion publique sur les conséquences pour la santé et la sécurité de l'utilisation d'un de vos produits ; crise économique émergente dans un pays en développement.
- Consommateurs, marchés, concurrents et stratégies. Des évolutions récentes de la situation concurrentielle de votre entreprise risquent-elles de soulever des défis majeurs ? Exemples : une étude indiquant que votre produit est inférieur à celui d'un concurrent ; l'arrivée d'un nouveau concurrent proposant un produit de substitution à un coût inférieur ; une guerre des prix.
- Capacités internes. Certains problèmes au niveau des processus, des compétences et des capacités de votre unité pourraient-ils dégénérer en crise ? Exemples : perte imprévue de collaborateurs clés ; problèmes de qualité graves dans votre plus grande usine ; rappel de produit.
- Jeux d'influence internes. Risquez-vous de marcher par mégarde sur une mine politique ? Exemples : certaines personnes dans votre unité sont « intouchables » mais vous ne le savez pas ; vous ne vous rendez pas compte qu'un collègue clé travaille dans l'ombre à vous discréditer.

En vous préparant à remporter des victoires rapides, ne perdez pas de vue votre objectif d'ensemble : créer un cercle vertueux qui encourage les comportements souhaités et vous aide à atteindre les objectifs convenus pour l'organisation.

Souvenez-vous que vous visez de premières améliorations modestes mais significatives, afin de pouvoir conduire par la suite des changements plus fondamentaux.

Obtenez rapidement de petites victoires – Checklist

1. Étant donné les objectifs opérationnels convenus, que devez-vous faire pendant votre transition pour donner l'impulsion qui vous permettra de les atteindre ?
2. En quoi la réalisation de ces objectifs suppose-t-elle que les gens modifient leurs comportements ? Décrivez le plus précisément possible les comportements que vous devez encourager et ceux qu'il vous faut décourager.
3. Comment comptez-vous prendre contact avec votre nouvelle organisation ? Qui sont vos publics clés et quels messages souhaitez-vous leur délivrer ? Quels sont les meilleurs modes d'engagement ?
4. Quelles sont les points focaux les plus prometteurs pour obtenir rapidement une amélioration des performances et lancer le processus d'évolution des comportements ?
5. Quels projets devez-vous lancer et qui les dirigera ?
6. Quelles mauvaises surprises prévisibles pourraient provoquer votre sortie de piste ?

Chapitre 6

Harmonisez

Conseil en ressources humaines réputée, Hannah Jaffey avait été embauchée comme DRH par l'un de ses anciens clients. Cette entreprise souffrait de conflits si vifs que certains dirigeants ne s'adressaient quasiment plus la parole. La mission d'Hannah consistait à aider le président à réaliser les changements de personne nécessaires – et à reconstruire l'équipe dirigeante.

Hannah ne tarda pas à se rendre compte que la racine des problèmes résidait dans l'organigramme de l'entreprise et son système de motivation. La société s'était développée rapidement ; un an auparavant, elle avait été réorganisée en *business units* consacrées chacune à une ligne de produits spécifique. Mais la clientèle de plusieurs d'entre elles se recoupait, alors que la nouvelle organisation et le nouveau système de motivation ne les incitaient pas à coopérer. Résultat ? Des consommateurs désorientés, des conflits entre divisions qui se disputaient la « propriété » des relations avec les principaux clients et une incapacité à offrir des solutions unifiées. Les remous commençaient à avoir des conséquences financières : le chiffre d'affaires ne progressait plus et le PDG était vivement interpellé par le conseil d'administration et les actionnaires.

Convaincue que l'entreprise devait à nouveau modifier son organisation, Hannah exposa ses arguments au PDG. Mais ce dernier n'avait guère envie de s'embarquer dans un autre cycle de réorganisation et demeurait convaincu que le problème tenait aux hommes. L'organisation était saine, répondit-il, et elle fonctionnerait si les hommes en place étaient les bons.

En vérité, l'équipe dirigeante comportait plusieurs maillons faibles. Mais Hannah savait que les questions de personnes ne pourraient être réglées tant que la structure n'aurait pas été mise d'aplomb. Elle insista donc et réalisa un diagnostic approfondi en mettant en évidence des situations où l'incohérence des systèmes de motivation attisait inutilement les conflits. Elle montra aussi comment d'autres entreprises s'étaient organisées pour remédier à des problèmes similaires.

Cela lui prit du temps, mais Hannah réussit à convaincre son PDG d'opter pour une structure hybride. Le marketing et les ventes revinrent à un fonctionnement par segments de clientèle, tandis que les opérations et la R&D restèrent organisées par lignes de produits. Une structure unique d'assistance fut en outre créée pour les ressources humaines, l'informatique et la logistique. La redéfinition porta ses fruits : un an plus tard, l'entreprise fonctionnait sans heurts, les clients étaient beaucoup plus satisfaits, une croissance solide était de retour. Et l'on voyait bien plus clairement quels dirigeants devaient être remplacés.

Plus vous occupez un poste élevé dans la hiérarchie, plus votre rôle s'apparente à celui d'un architecte organisationnel : vous créez et vous harmonisez le système d'organisation (l'orientation stratégique, la structure, les processus centraux et les compétences qui sont le socle des hautes performances). Aussi charismatique que vous soyez dans votre rôle de leader, vous ne parviendrez pas à grand-chose si votre organisation est foncièrement incohérente. Tel Sisyphe, vous aurez l'impression de pousser tous les matins le même rocher sur la même pente.

Si la stratégie, la structure, les processus et les compétences sont de votre ressort dans votre nouveau poste, vous devrez commencer par analyser l'architecture de votre organisation et évaluer l'alignement de ses éléments clés. Au cours des premiers mois, vous ne pouvez espérer faire beaucoup plus qu'établir un solide diagnostic et vous préparer éventuellement à travailler sur les problèmes d'alignement. Mais il est important de veiller à ce qui doit être fait pour pouvoir orienter correctement certains de vos projets visant à des succès rapides et à jeter les bases d'une prochaine vague de changements plus profonds.

Même si, à l'instar d'Hannah Jaffey, vous ne disposez pas de l'autorité nécessaire pour faire évoluer unilatéralement votre nouvelle organisation, vous devriez veiller à faire le point sur l'harmonisation de celle-ci. Demandez-vous comment votre pièce du puzzle s'insère (ou non) dans le tableau d'ensemble. Demandez-vous si vous devez convaincre des personnages influents – votre chef ou vos collègues – que certains décalages graves constituent des obstacles majeurs à l'amélioration des performances de l'entreprise. En outre, n'oubliez pas qu'une compréhension globale de la cohérence de l'organisation pourra vous aider à asseoir votre crédibilité auprès de vos supérieurs – et à démontrer votre potentiel de développement à des postes plus élevés.

Éviter les pièges ordinaires

Trop de managers répondent à des problèmes complexes de défaut d'alignement par des remèdes simplistes qui finissent par aggraver la situation. Gardez-vous des pièges suivants :

Changer pour changer

Il est très tentant pour les managers nouvellement nommés d'introduire rapidement des changements visibles dans les stratégies ou l'organigramme de l'entreprise, que cela soit judicieux ou non. Souvent, mus par le sentiment qu'ils doivent imposer leur marque sur l'organisation, ils cherchent à modifier la stratégie ou la structure avant même de bien comprendre l'entreprise et ses activités : « En joue, feu, visez ! » Une fois encore, agir pour agir est le plus court chemin vers la catastrophe.

Ne pas s'ajuster à la situation STARS

Il n'existe pas une manière meilleure que les autres de conduire le changement. La bonne façon d'harmoniser l'organisation lors d'un redressement (en privilégiant des refontes rapides et souvent radicales) n'est pas du tout celle qui convient à une situation de croissance accélérée ou de redéfinition (qui appelle souvent des modifications en douceur et progressives). Il est donc essentiel d'éviter une démarche uniforme et de comprendre comment agir au mieux dans les différentes situations STARS.

Essayer de restructurer pour résoudre des problèmes plus profonds

Refondre la structure de votre unité quand les vrais problèmes résident dans les processus, les compétences et la culture, c'est un peu comme remettre de l'ordre dans les transats du *Titanic*. Résistez à la tentation jusqu'à ce que vous soyez certain que la restructuration résoudra bien les problèmes de fond. Faute de quoi, vous risquez d'introduire de nouveaux dysfonctionnements et de devoir faire machine arrière, ce qui perturberait votre service et nuirait à votre crédibilité.

Créer des structures trop complexes

Ce piège est le corollaire du précédent. Bien entendu, il est parfois raisonnable, comme dans le cas d'Hannah, de mettre en place une structure matricielle. Si l'on s'y prend bien, une telle organisation favorise le travail en commun et la tension créative. Mais attention à trouver le bon équilibre et à éviter la dilution des responsabilités et la paralysie bureaucratique. Chaque fois que possible, privilégiez des lignes hiérarchiques précises. Simplifiez la structure autant qu'elle peut l'être sans compromettre vos objectifs clés.

Surestimer la capacité de votre groupe à absorber le changement

Concevoir une nouvelle stratégie ambitieuse ou un bouleversement de l'organisation est chose facile. Mais en pratique, les gens peuvent avoir du mal à s'adapter à des évolutions stratégiques radicales, surtout s'ils en ont déjà vécu en rafales dans un passé récent. Agissez vite si c'est nécessaire – par exemple, dans un redressement. Mais avancez par petites touches progressives si la situation STARS le permet – par exemple, dans une situation de redéfinition ou de pérennisation.

Concevoir l'architecture de l'organisation

Commencez par envisager votre rôle comme celui de l'architecte de votre unité ou de votre groupe. Vous êtes peut-être déjà familier de cette démarche, mais ce n'est pourtant pas ce que l'on observe en général. Rares sont, en effet, les leaders qui reçoivent une formation systématique au « design organisationnel ». Parce que c'est un domaine sur lequel ils ont peu de prise en début de carrière, ils n'en ont qu'une expérience limitée. Combien de fois entend-on des cadres pester contre l'inadéquation manifeste de la stratégie et des moyens, vilipendant les « andouilles d'en haut » qui ne font rien pour éliminer des sources de dysfonctionnements pourtant évidentes. N'oubliez pas, toutefois, que lorsque vous accédez à un poste de cadre moyen, vous faites déjà presque partie des « andouilles » en question. Vous seriez donc avisé de vous familiariser le plus rapidement possible avec l'architecture organisationnelle.

Pour concevoir (ou reconcevoir) votre organisation, commencez par vous la représenter comme un système ouvert. Cette idée est illustrée pour une entreprise entière dans la figure 6.1 ; peut-être ne devrez-vous vous intéresser qu'à votre partie. L'aspect « ouvert » se réfère à la réalité à laquelle les organisations sont ouvertes (c'est-à-dire aux éléments qu'elles influencent et par lesquels elles sont influencées). Cette réalité comprend, 1° les acteurs clés de l'environnement externe, y compris les clients, les distributeurs, les fournisseurs, les concurrents, les administrations, les associations, les investisseurs et la presse, 2° l'environnement interne formé du climat, du moral et de la culture. Les choix architecturaux des leaders doivent donc placer l'organisation en position de réagir aux réalités des environnements externe et interne, et de les façonner.

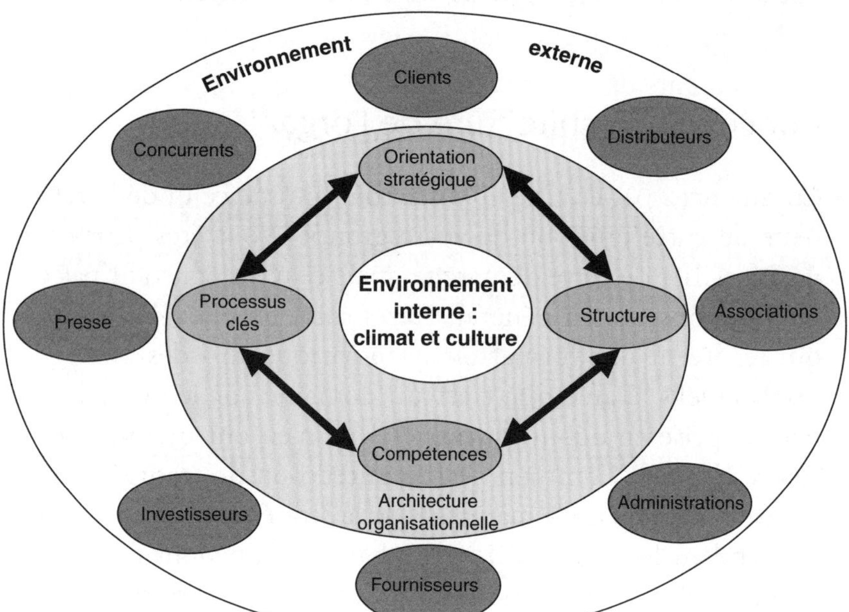

Figure 6.1 Les éléments de l'architecture organisationnelle

La partie « systèmes » met en évidence le fait que les architectures organisationnelles sont composées d'éléments distincts qui interagissent : orientation stratégique, structure, processus clés, compétences. Il en découle que si vous pouvez agir sur des éléments singuliers – par exemple, modifier la stratégie, transformer la structure, optimiser un processus ou embaucher des personnes aux compétences différentes –, vous ne devriez pas le faire sans réfléchir à ce qui en résultera pour les autres éléments. En particulier, les quatre éléments de l'architecture organisationnelle doivent être harmonisés afin de fonctionner ensemble[1].

- Orientation stratégique. La mission, la vision et la stratégie de l'organisation.
- Structure. La manière dont les collaborateurs sont répartis en unités et dont leur travail est coordonné, mesuré et récompensé.
- Processus clés. Les systèmes utilisés pour créer de la valeur ajoutée en traitant des informations et des matières.
- Compétences. Les capacités des principaux groupes de collaborateurs dans l'organisation.

Il est certes indispensable de disposer d'une stratégie définie pour progresser efficacement dans la direction voulue. Reste que si un seul de ces quatre éléments n'est pas aligné, même la meilleure stratégie restera sans effet. La stratégie gouverne les autres éléments *et* elle est influencée par eux. Par exemple, si vous décidez de modifier la stratégie de votre service, il est probable que vous devrez également faire évoluer sa structure, ses systèmes et ses compétences. Comme le montre la figure 6.1, définir votre stratégie et aligner les éléments qui la soutiennent doivent aller de pair.

1. Il s'agit d'une adaptation du cadre d'analyse des organisations « 7-S » de McKinsey. Voir Robert H. Waterman, Thomas J. Peters et Julien R. Phillips, « Structure Is Not Organization », *Business Horizons*, 1980. Un résumé en est donné par Jeffrey L. Bradach, « Organizational Alignment: The 7-S Model », Cas 9-497-045 (Boston, Harvard Business School, 1996). Les sept « S » sont les suivants : *strategy*, *structure*, *systems*, *staffing*, *skills*, *style* et *shared values* (stratégie, structure, systèmes, personnel, compétences, style et valeurs communes).

Diagnostiquer les incohérences

Une organisation peut être bancale de différentes manières. Au cours des trois premiers mois de votre prise de fonction, votre objectif sera d'identifier les incohérences potentielles, puis de concevoir un plan pour les corriger. Voici les situations les plus courantes :

Défaut d'alignement de l'orientation stratégique et des compétences

Imaginons que vous êtes à la tête d'une équipe de R&D et que votre objectif est d'augmenter le nombre d'idées de nouveaux produits générées et testées par votre équipe. Or votre service n'est pas au fait des dernières techniques grâce auxquelles vous pourriez démultiplier expériences et expérimentations. Dans ce cas, les compétences de votre équipe ne soutiennent pas sa mission.

Défaut d'alignement de l'orientation stratégique et des processus essentiels

Vous dirigez un service de marketing qui a pour mission de répondre aux besoins d'un nouveau segment de clientèle. Si votre équipe n'a pas une méthode efficace de collecte et d'analyse des informations concernant ces consommateurs, ses systèmes seront incapables de soutenir cette orientation. Il y a un décalage entre celle-ci et les processus essentiels.

Défaut d'alignement de la structure et des processus

Vous pilotez un groupe de développement de produits organisé par lignes de produits – l'idée étant d'affecter une expertise technique spécialisée à des produits donnés. Or cette structure présente un inconvénient : le groupe ne dispose pas de systèmes efficaces pour le partage des bonnes pratiques entre les différentes équipes produits. Il en résulte un défaut d'alignement de la structure et des systèmes qui fait obstacle au fonctionnement optimal du groupe dans son ensemble.

Défaut d'alignement de la structure et des compétences

Votre entreprise a récemment renoncé à son organisation fonctionnelle au profit d'une structure matricielle, afin d'équilibrer décisions sur les produits et décisions fonctionnelles. Les gens sont habitués aux relations hiérarchiques et fonctionnelles, mais doivent à présent manifester des compétences en gestion de conflits et d'influence. Le bouleversement de la structure a provoqué un décalage avec les compétences requises, et il va falloir y remédier.

Avant de partir

Aligner une organisation, c'est un peu comme se préparer pour un long voyage en bateau. D'abord, vous devez vous assurer que votre destination (la mission et les objectifs) et votre trajet (la stratégie) sont les bons. Ensuite, vous pouvez décider du type de bateau dont vous avez besoin (la structure), des équipements (les systèmes) et, enfin, de la composition de l'équipage (les compétences). Tout au long du voyage, vous gardez l'œil ouvert pour repérer les récifs qui ne seraient pas portés sur les cartes.

En d'autres termes, l'alignement d'une organisation répond à une logique. Modifier la structure avant d'avoir défini la bonne orientation serait probablement une source de problèmes. De la même manière, vous ne pouvez pas être totalement certain que l'équipage existant est le bon avant de connaître votre destination, votre trajet et le bateau, mais vous pouvez assurément vous mettre en chemin. Voici comment :

1. Commencez par l'orientation stratégique. Demandez-vous sans concession comment votre unité se situe par rapport aux objectifs de l'organisation et aux priorités dont vous êtes convenu. Veillez à ce que votre mission, votre vision et votre stratégie soient bien pensées et logiquement intégrées.

2. Recherchez la structure, les processus et les compétences correspondants. Demandez-vous si la structure, les processus et les compétences actuels de votre service répondent à l'orientation stratégique – celle que vous envisagez ou celle qui existe, si vous décidez de ne pas la modifier. Creusez et analysez les relations entre ces éléments. Si l'un ou l'autre se révèle inadapté à la mission ou à la stratégie que vous avez en tête, réfléchissez à la façon dont vous allez infléchir votre orientation ou vous doter des capacités nécessaires.
3. Décidez comment et quand vous introduirez la nouvelle orientation stratégique. Grâce à votre compréhension plus fine des capacités actuelles de votre service, définissez votre feuille de route pour le déploiement de votre nouvelle orientation (si nouvelle orientation il y a). Ébauchez les grandes lignes du changement en termes de positionnement (marchés, consommateurs, fournisseurs) et de capacités support. Puis, adoptez un calendrier réaliste.
4. Réfléchissez au bon séquençage. Des situations différentes réclament des approches différentes de l'harmonisation des organisations. Dans un redressement, la bonne approche consiste souvent à modifier la stratégie (qui en général n'est pas adéquate), puis à adapter la structure à celle-ci, et enfin à se préoccuper des processus et compétences correspondants. Dans une redéfinition, en revanche, les difficultés ne viennent généralement pas de l'orientation stratégique ni de la structure. Elles trouvent souvent leur origine réelle dans les processus et les compétences de l'organisation, qui sont donc les domaines auxquels il faut s'intéresser.
5. Bouclez la boucle. À mesure que vous connaîtrez mieux la structure, les systèmes et les compétences de votre groupe, vous aurez une vision plus précise des capacités

de votre équipe et de son aptitude au changement, vision qui vous permettra de mesurer avec plus de précision comment vous pouvez faire évoluer le positionnement stratégique et à quel horizon.

Définir l'orientation stratégique

L'orientation stratégique comprend la mission, la vision et la stratégie. La mission porte sur ce qui sera réalisé, la vision explique pourquoi les gens devraient éprouver une motivation qui les conduira vers d'excellents résultats, et la stratégie indique comment les ressources seront allouées et les décisions prises pour accomplir la mission. Si vous gardez à l'esprit ce *qui*, ce *pourquoi* et ce *comment*, vous éviterez de vous égarer dans des débats sur ce que sont une mission, une vision et une stratégie.

L'orientation stratégique répond notamment à des questions fondamentales sur ce que l'entreprise va faire et, surtout, ne pas faire. Concentrez-vous sur les clients, les capitaux, les capacités et les engagements.

Clients

Quels groupes actuels de clients (externes ou internes) allons-nous continuer à servir ? Quelle valeur leur offrons-nous ? De quels marchés allons-nous sortir ? Sur quels nouveaux marchés allons-nous prendre pied, et quand ?

Capitaux

Parmi les activités que nous conserverons, dans lesquelles allons-nous investir et sur lesquelles prélèverons-nous de la trésorerie ? De quelles ressources financières supplémentaires devrions-nous avoir besoin, et quand ? Où les trouverons-nous ?

Capacités

Que faisons-nous bien ou pas bien ? Quels sont nos gisements de progrès ? Quelles capacités organisationnelles existantes (par exemple, une organisation de développement de nouveaux produits solide) pouvons-nous exploiter ? Lesquelles devons-nous renforcer ? Lesquelles nous faut-il acquérir ou créer ?

Engagements

Quelles décisions essentielles d'affectation des ressources devons-nous prendre ? Quand ? Quels engagements antérieurs contraignants allons-nous assumer ou essayer de défaire ?

Il n'entre pas dans le propos de ce livre de consacrer de longs développements à l'orientation stratégique, mais il existe d'excellents ouvrages qui vous aideront à répondre à ces questions. Notre objectif, ici, est d'évaluer l'orientation actuelle en analysant sa cohérence, sa pertinence et sa mise en œuvre.

Évaluez la cohérence

Une logique claire sous-tend-elle les choix concernant les clients, les produits, les technologies, les plans et les moyens engagés ? Pour évaluer la cohérence de l'ensemble, il faut considérer la stratégie et s'assurer qu'elle est globalement logique. Les personnes qui l'ont conçue ont-elles envisagé toutes ses ramifications possibles et les aspects pratiques de sa mise en œuvre ?

Comment évaluer la logique de l'orientation stratégique d'une entreprise ? Commencez par vous plonger dans les documents qui décrivent la mission, la vision et la stratégie de votre groupe. Puis décomposez celles-ci en plusieurs éléments : marchés, produits, technologies, plans fonctionnels et objectifs. Ces différentes dimensions se soutiennent-elles les unes les autres ? Pour être plus précis, observe-t-on un lien évident entre les analyses de marché et les objectifs du groupe ? Le budget de développement de produits est-il cohérent avec les investissements en capitaux prévus dans la partie opérations de la stratégie ? A-t-on prévu de former la force de vente aux nouveaux produits en développement ?

Si la stratégie est globalement cohérente, identifier ce type de connexions ne devrait pas poser de problèmes.

Évaluez la pertinence

L'orientation définie est-elle à la hauteur de ce que votre unité doit accomplir au cours des deux ou trois ans à venir ? Sera-t-elle suffisante pour soutenir les objectifs de l'organisation dans son ensemble ? Il se peut que votre service ait une orientation stratégique bien pensée et logiquement intégrée, mais est-elle aussi pertinente ? En d'autres termes, lui donnera-t-elle les moyens de faire ce qu'il faut pour réussir – et aider l'organisation au sens large à réussir – dans les deux ou trois ans à venir ?

Pour évaluer la pertinence de la stratégie, utilisez les trois approches suivantes :

Posez des questions sans concession

Votre supérieur considère-t-il que l'orientation actuelle générera suffisamment de retours par rapport aux efforts fournis par votre unité pour la mettre en œuvre ? Des plans sont-ils en place pour obtenir, développer et préserver les ressources nécessaires ? Les bénéfices et les autres résultats cibles sont-ils assez élevés pour maintenir l'unité sur la bonne voie ? Des sommes suffisantes sont-elles affectées aux investissements ? À la recherche ?

Utilisez une variante de la méthode SWOT

Sur la méthode SWOT, voir l'encadré suivant.

La méthode SWOT

La méthode SWOT est le schéma le plus utile (et assurément le plus mal compris) pour conduire une analyse stratégique. Cela tient à la manière dont cet outil a été créé et, particulièrement, dont il a été nommé. SWOT est l'acronyme de « *strengths, weaknesses, opportunities, threats* » (en français, on le traduit parfois par AFOM, pour « atouts, faiblesses, opportunités, menaces »). La méthode a été inventée à la fin des années 1960 par une équipe du Stanford Research Institute (SRI)[a]. Celle-ci a eu l'idée d'analyser simultanément les capacités internes (atouts et faiblesses) et les évolutions de l'environnement externe (menaces et opportunités) pour détecter des priorités stratégiques et établir des plans en conséquence.

Malheureusement, les créateurs de la méthode l'ont appelée « SWOT », ce qui semblait déterminer l'ordre de l'analyse : d'abord les atouts et les faiblesses internes, ensuite les opportunités et les menaces externes. Cette hiérarchie implicite est à l'origine de problèmes infinis pour ceux qui utilisent la méthode afin de guider les débats stratégiques en groupe. La difficulté est que, en l'absence d'éléments pour ancrer la discussion dans le réel, une analyse des atouts et des faiblesses risque fort de verser dans un nombrilisme abstrait et erratique. De ce fait, les groupes ne parviennent souvent pas à définir les atouts et les faiblesses de leur organisation ; agacés et frustrés, ils négligent alors les évolutions critiques de l'environnement externe.

L'approche correcte consiste à partir de l'environnement, puis à analyser l'organisation. La première étape vise à évaluer l'environnement externe de l'organisation, en recherchant des menaces émergentes et des opportunités potentielles. Naturellement, cette évaluation doit être conduite par des personnes immergées dans la réalité de l'organisation et connaissant bien son environnement.

Une fois les menaces et les opportunités repérées, le groupe va les évaluer par rapport aux capacités de l'organisation. Cette dernière présente-t-elle des faiblesses qui la rendraient spécialement vulnérable à des menaces spécifiques ? Des atouts qui lui permettraient de poursuivre des opportunités particulières ?

La dernière étape consiste à traduire ces évaluations en une série de priorités stratégiques, en atténuant les menaces critiques et en poursuivant les opportunités à fort potentiel. Ce qui alimentera un processus de planification stratégique plus vaste.

La confusion née du nom de la méthode SWOT est si répandue qu'un changement de sigle est probablement souhaitable. Une solution serait de l'appeler « TOWS », pour donner une meilleure idée de l'ordre dans lequel conduire le processus.

(a) Voir wikipedia.org/wiki/SWOT_analysis. L'une des premières descriptions de l'analyse SWOT a été donnée par Edmund P. Learned, C. Roland Christiansen, Kenneth Andrews et William D. Guth dans *Business Policy: Text and Cases* (Homewood, Irwin, 1969).

Étudiez l'histoire de la création de la stratégie

Découvrez qui a conduit le processus de développement de la stratégie. Le processus a-t-il été mené un peu vite ? En ce cas, toutes les ramifications n'ont peut-être pas été explorées. A-t-il traîné en longueur ? Il pourrait alors se limiter au plus petit dénominateur commun, refléter un compromis issu de luttes de factions. Toute erreur pendant la phase de développement est susceptible de compromettre la pertinence de la stratégie.

Évaluez la mise en œuvre

La mission, la vision et la stratégie de votre organisation ont-elle été pleinement mises en œuvre ? Si non, pourquoi ? Analysez la façon dont l'orientation stratégique de votre propre groupe est mise en œuvre – ce que font les collaborateurs, pas ce qu'ils disent. Cela vous aidera à déterminer si les problèmes découlent d'incohérences au niveau de la formulation de la stratégie ou au niveau de sa mise en œuvre. Posez-vous les questions suivantes :

- Les modalités générales des décisions sont-elles cohérentes avec l'orientation définie ? Quels objectifs l'organisation semble-t-elle vraiment vouloir atteindre ?
- Utilisons-nous les indicateurs de performances prévus pour prendre les décisions au jour le jour ?
- Si la stratégie requiert un travail d'équipe et l'intégration de plusieurs fonctions, les gens fonctionnent-ils en équipe et collaborent-ils d'une fonction à l'autre ?
- Si la mise en œuvre implique l'acquisition de nouvelles compétences chez les salariés, a-t-on mis en place une infrastructure d'apprentissage et de développement pour les en doter ?

Vous poser ce type de questions vous aidera à déterminer si c'est sur l'orientation stratégique déclarée de votre unité ou sur sa mise en œuvre qu'il faut agir.

Modifier l'orientation stratégique

Imaginons que vous découvriez que la mission, la vision et la stratégie mises en place avant votre arrivée présentent de graves lacunes. Est-il envisageable de les modifier radicalement ou de réformer la façon dont elles sont mises en œuvre ? Cela dépendra de deux facteurs : le type de situation STARS dont vous héritez et votre capacité à convaincre les autres et à les rallier à vos idées.

Si vous estimez que votre service s'est engagé dans une mauvaise direction, vous devez poser des questions qui persuaderont votre supérieur et les autres parties prenantes de réexaminer l'orientation stratégique.

Si vous estimez que la stratégie existante va dans le bon sens, mais pas assez vite ni assez loin, le plus sage pourrait être de l'infléchir un peu, sans tarder, et de préparer des changements plus importants pour la suite. Par exemple, révisez légèrement à la hausse les objectifs de chiffre d'affaires ou recommandez d'investir dans une technologie nécessaire plus vite que l'orientation stratégique ne le prescrit. N'engagez pas de grands changements avant de disposer d'une connaissance solide de votre nouvel environnement et de vous être acquis le soutien des groupes d'intérêts clés.

Modeler la structure de votre groupe

Que vous décidiez ou non de modifier l'orientation stratégique de votre entreprise, vous devez évaluer la pertinence de sa structure. Si celle-ci ne soutient pas la stratégie existante ou celle que vous prévoyez de mettre en place, l'énergie de votre organisation ne sera pas bien canalisée.

Attention : l'énergie d'une entreprise est distribuée en grande partie *via* sa structure, car celle-ci définit qui a le pouvoir de faire quoi. Veillez donc à ne pas modifier la structure, sauf si cela est évidemment nécessaire – par exemple, dans les scénarios de redressement ou de croissance rapide. Entreprendre dès le début un changement structurel peut être particulièrement périlleux dans les redéfinitions, car le processus ne serait pas guidé par un sentiment d'urgence.

Qu'entend-on précisément par « structure » ? Tout simplement, la façon dont les collaborateurs et les technologies sont organisés en vue de soutenir la mission, la vision et la stratégie de votre groupe. Elle se compose des éléments suivants :

- Unités : la façon dont vos subordonnés directs sont regroupés – par fonction, produit ou zone géographique, par exemple.
- Liens de subordination et mécanismes d'unification : la manière dont les rattachements hiérarchiques et les responsabilités sont répartis pour coordonner les efforts et dont le travail des unités est intégré.
- Droits et règles de décision : qui a le droit de prendre quel type de décision et comment ? Et quelles règles appliquer pour harmoniser les décisions et la stratégie ?
- Mesure des performances et systèmes de motivation : les indicateurs de performances et systèmes de motivation mis en place.

Évaluez la structure

Avant de réfléchir à la façon dont vous pourriez faire évoluer la structure de votre groupe, étudiez les interactions entre les quatre éléments. Sont-ils discordants ou en harmonie ? Posez-vous les questions suivantes :

- La façon dont les membres de l'équipe sont regroupés nous aide-t-elle à réaliser notre mission et à mettre en œuvre notre stratégie ? Les bonnes personnes sont-elles aux bons endroits pour progresser vers nos objectifs centraux ?

- Les liens de subordination contribuent-ils à la coordination des efforts ? Sait-on clairement qui est responsable de quoi ? Le travail des différentes unités est-il efficacement intégré ?
- La répartition des droits de décision nous aide-t-elle à prendre les meilleures décisions au service de la stratégie ? Un équilibre correct a-t-il été trouvé entre la centralisation et la décentralisation ? Entre la standardisation et la personnalisation ?
- Mesurons-nous et récompensons-nous les types de réalisations qui importent le plus au regard de nos desseins stratégiques ? A-t-on un bon équilibre entre récompenses fixes et intéressement aux performances ? Entre stimulants individuels et stimulants collectifs ?

En situation de start-up – et donc de constitution d'un nouveau groupe –, vous n'aurez pas de structure existante à évaluer. Réfléchissez alors à la façon dont vous voulez que les éléments structurels s'articulent au sein de votre équipe.

Arbitrez

Il n'y a pas d'organisation parfaite ; toute organisation est, à un degré ou un autre, le produit d'arbitrages. Quelle est la bonne alchimie pour *votre* situation ? C'est ce que vous allez devoir déterminer. Faire évoluer la structure d'un groupe ne va pas sans soulever certains problèmes. En particulier :

L'organisation comporte des silos d'excellence

Réunir des personnes possédant des expériences et des compétences similaires permet de disposer d'expertises approfondies. Mais cela peut conduire aussi à l'isolement et au cloisonnement. C'est pourquoi vous devez veiller à la manière dont l'intégration est réalisée. En particulier, regardez qui est chargé de remédier à l'existence de fossés entre fonctions, et assurez-vous que les bons mécanismes d'intégration, par exemple des équipes pluridisciplinaires et des primes de résultat collectives, aient été mis en place.

Les collaborateurs ont trop ou pas assez de marge de décision

Un bon principe à adopter : les décisions doivent être prises par les personnes les plus compétentes pour le faire, dans la mesure où le système de rémunération les encourage à agir au mieux de l'intérêt de l'entreprise. Un processus de décision centralisé présente l'avantage de vous permettre d'arbitrer rapidement. Mais ce faisant, vous courez le risque de vous priver de l'avis éclairé de collaborateurs plus compétents que vous pour faire certains choix. Outre qu'elle manque de rendre des décisions mal ou insuffisamment informées, une structure qui concentre le pouvoir de décision entre les mains de quelques-uns peut devenir pesante pour ces derniers. Cela étant, si les collaborateurs ont toute latitude pour arbitrer mais qu'ils ne mesurent pas les implications plus larges de leurs choix, ils risquent de commettre des erreurs.

Le système de récompense pousse les salariés dans la mauvaise direction

Rien ne permet mieux de savoir ce que les gens feront que ce qu'on les incite à faire. Les managers efficaces cherchent à aligner les intérêts individuels des décideurs sur ceux du groupe dans son ensemble. C'est pourquoi il est utile, dans certaines organisations, de privilégier davantage les systèmes d'intéressement collectif, qui concentrent l'attention de tous les membres sur la capacité du groupe à travailler ensemble. Les problèmes surgissent lorsque les méthodes d'évaluation et de rémunération ne récompensent les collaborateurs ni pour leurs efforts individuels ni pour leurs efforts collectifs. Ou lorsque les systèmes de récompense favorisent les intérêts individuels des collaborateurs aux dépens des objectifs plus larges du groupe – par exemple, quand plusieurs employés servant le même ensemble de clients ne sont pas incités à coopérer. C'est la situation à laquelle s'est trouvée confrontée Hannah, dont nous avons lu l'histoire en début de chapitre.

Les liens de subordination conduisent au cloisonnement ou à la dilution des responsabilités

Les liens de subordination vous aident à suivre et à contrôler le travail de votre groupe, clarifient les responsabilités de chacun et encouragent la responsabilisation individuelle. Les rattachements hiérarchiques rendent ces tâches plus faciles, mais peuvent favoriser le cloisonnement et nuire à la circulation des informations. Les rattachements complexes, comme les structures matricielles, étendent le partage d'informations et limitent le cloisonnement, mais risquent en revanche de diluer les responsabilités.

Aligner les processus centraux

Les processus centraux (on parle aussi souvent de « systèmes ») permettent à votre groupe de transformer des informations, des documents et du savoir en valeur, sous la forme de produits ou de services commercialement viables, de nouvelles connaissances ou idées, de relations productives ou de tout autre élément que l'organisation dans son ensemble considère comme essentiel. Comme vous l'avez fait pour la structure, demandez-vous si les processus en place soutiennent votre mission, votre vision et votre stratégie.

Faites les bons arbitrages

Souvenez-vous que l'étendue et le type de processus dont vous avez besoin sont tributaires des arbitrages auxquels vous devez procéder. Demandez-vous, par exemple, si votre principal objectif est d'assurer une exécution sans faille ou de stimuler l'innovation[2]. Sans un processus rigoureux définissant dans les moindres

2. Bâtir des organisations « ambidextres » capables de bien faire l'un et l'autre n'est pas facile. Voir Michael L. Tushman et Charles A. O'Reilly III, *Winning Through Innovation: A Practical Guide to Leading Organizational Change and Renewal* (nouvelle edition, Boston, Harvard Business School Press, 2002).

détails les objectifs à atteindre et les techniques, méthodes et outils à employer, vous ne pouvez espérer accéder à des niveaux élevés de qualité et de fiabilité (et à des bas coûts). Les ateliers industriels et les organisations de prestation de services en offrent quelques exemples évidents. Mais ce même type de processus peut entraver l'innovation. Donc, si votre objectif est de stimuler l'innovation au sein de votre organisation, il vous faudra peut-être développer des processus destinés à définir des fins et à contrôler les progrès accomplis à certaines échéances clés, plutôt qu'à contrôler les moyens utilisés pour parvenir à ces résultats.

Analysez les processus

Une société de cartes de crédit souhaitant analyser ses processus centraux est parvenue aux conclusions présentées dans le tableau 6.1. Les dirigeants ont alors cartographié et amélioré chacun d'eux en développant des mécanismes de mesure et en modifiant les systèmes de motivation pour mieux aligner les comportements. Ils se sont également attachés à identifier les principaux goulets d'étranglement. Pour les tâches importantes qui n'étaient pas suffisamment maîtrisées, ils ont revu les procédures et mis en place de nouveaux outils support. Il en est résulté une augmentation spectaculaire de la satisfaction des clients et de la productivité de l'organisation.

Tableau 6.1 Exemple d'analyse des processus

Processus de livraison du produit/service	*Processus des services support*	*Processus business*
Traitement des inscriptions	Recueils	Gestion de la qualité
Sélection	Enquête clients	Gestion financière
Production de cartes de crédit	Gestion des relations	Gestion des ressources humaines
Gestion des autorisations	Gestion de l'information et des technologies	
Traitement de la transaction		
Facturation		
Traitement du paiement		

Votre groupe ou votre unité a peut-être autant de processus que la société de cartes de crédit. Votre premier défi consiste à identifier ces processus, afin de décider ensuite quels sont les plus importants pour votre stratégie. Imaginons, par exemple, que la stratégie de votre unité mette davantage l'accent sur la satisfaction du client que sur le développement de produits. Votre objectif sera alors que tous les processus impliqués dans la livraison des produits ou services aux clients soient orientés vers cette fin.

Alignez les systèmes et la structure

Pour soutenir l'orientation stratégique de votre groupe, ses processus centraux doivent également être en cohérence avec la structure de l'unité (la façon dont les collaborateurs et le travail sont organisés). Nous pouvons comparer cette relation au corps humain. Notre anatomie – squelette, muscles, peau et autres éléments – est le fondement structurel des fonctions vitales du corps. Notre physiologie – circulation, respiration, digestion et ainsi de suite – est l'ensemble des systèmes permettant aux différentes parties du corps de fonctionner ensemble. Dans les entreprises comme dans le corps humain, la structure et les processus doivent être sains et se renforcer mutuellement.

Pour évaluer l'efficacité et les performances de chaque processus central, vous devez en étudier quatre aspects :

- La productivité : le processus transforme-t-il efficacement le savoir, les équipements et la main-d'œuvre en valeur ?
- La ponctualité : le processus fournit-il la valeur souhaitée en temps voulu ?
- La fiabilité : le processus est-il suffisamment fiable, ou tombe-t-il fréquemment en panne ?
- La qualité : le processus produit-il de la valeur d'une manière conforme aux normes de qualité requises ?

Lorsque les systèmes et la structure sont en phase, les bons résultats se voient clairement. Par exemple, un service clients structuré autour de segments de clientèle spécifiques fait circuler les informations entre les équipes et répond efficacement aux enjeux qui concernent tous les groupes de clients.

Lorsque les systèmes et la structure sont en conflit – par exemple, lorsque plusieurs équipes utilisant des processus commerciaux différents se trouvent en concurrence pour un même groupe de clients –, ils se paralysent mutuellement et ébranlent la stratégie du groupe.

Améliorez les processus centraux

Comment améliore-t-on un processus central ? Commencez par dessiner une carte des processus (ou des flux de tâches) – un diagramme simple, indiquant précisément comment, au sein d'un processus donné, les tâches sont distribuées entre les individus et les groupes qui les traitent. La figure 6.2 représente la carte simplifiée du processus de l'exécution des commandes.

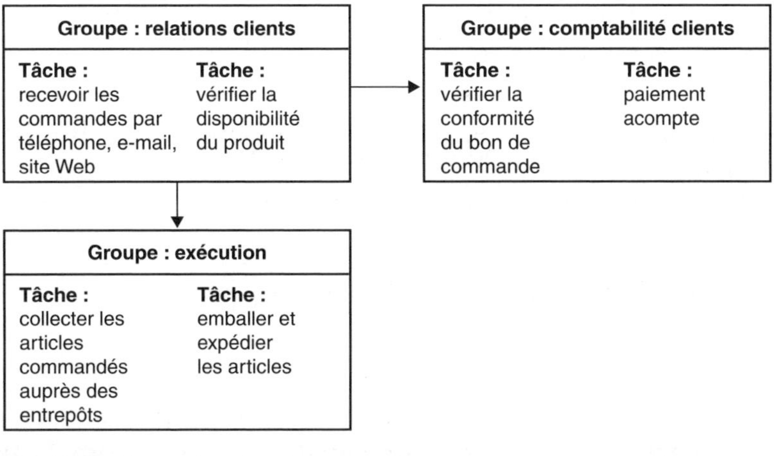

Figure 6.2 Une carte de processus

Demandez aux collaborateurs responsables de chaque étape du processus de cartographier celui-ci du début à la fin. Ensuite, demandez à l'équipe de repérer les éventuels goulets d'étranglement et problèmes d'interfaces entre les collaborateurs chargés de tâches adjacentes. Par exemple, des erreurs ou des retards peuvent se produire lorsqu'un collaborateur du service clients transmet une demande spéciale à l'équipe de préparation des commandes. Les défaillances de processus sont monnaie courante dans ce type de « passage de témoin ». Travaillez avec l'équipe, afin d'identifier les possibilités d'amélioration majeures.

L'analyse des processus stimule l'apprentissage collectif. Elle aide les individus à comprendre exactement qui fait quoi, à l'intérieur des unités ou des groupes, aussi bien qu'entre eux, pour conduire un processus donné. La carte des processus ou des flux de tâches permet également de repérer les sources potentielles de problèmes. Vous, votre supérieur et votre groupe pourrez alors décider comment améliorer le processus. Deux options s'offrent à vous : *reengineering* radical du processus ou amélioration incrémentielle continue.

Une mise en garde, toutefois : il est probable que vous soyez responsable de plusieurs processus. Si tel est le cas, gérez-les comme un portefeuille, en en sélectionnant un petit nombre sur lesquels vous pourrez vous concentrer. Attention à tenir compte de la capacité de votre organisation à absorber les changements.

Développer la base de compétences de votre groupe

Vos subordonnés directs possèdent-ils les compétences et le savoir nécessaires pour exécuter brillamment les processus centraux de votre groupe, et donc soutenir la stratégie que vous avez définie ? Si tel n'est pas le cas, toute l'architecture de votre équipe risque de se trouver compromise. Une base de compétences comprend quatre types de savoir :

- Le savoir individuel : acquis à travers la formation, les études et l'expérience.
- Le savoir relationnel : comment travailler ensemble pour intégrer les savoirs individuels en vue d'atteindre des objectifs donnés ?
- Le savoir incorporé : les technologies centrales dont votre groupe et ses performances dépendent, telles que les bases de données clients ou les technologies de R&D, par exemple.
- Le métasavoir : maîtrise de sources permettant d'obtenir des informations critiques ; par exemple, relations extérieures avec des organismes de recherche et des partenaires technologiques.

Identifiez les écarts et les ressources

L'évaluation des capacités de votre groupe doit vous permettre d'identifier les écarts critiques entre les compétences et les connaissances actuelles et celles requises, ainsi que les ressources sous-employées, comme les technologies incomplètement utilisées ou les expertises non exploitées. Ce sont, en effet, des gisements de gains considérables de performance et de productivité.

Pour déterminer les écarts de compétences et de connaissances, reconsidérez d'abord votre mission et votre stratégie, ainsi que les processus centraux que vous avez identifiés. Demandez-vous quel cocktail des quatre types de savoir est nécessaire pour soutenir les processus centraux de votre unité. Quel serait le dosage idéal ? Évaluez ensuite les compétences, savoirs et technologies de votre groupe. Où se situent les écarts ? Lesquels peuvent être rapidement comblés ? Lesquels exigeront davantage de temps ?

Pour identifier les ressources sous-exploitées, repérez les individus ou les groupes qui ont enregistré des performances nettement supérieures à la moyenne. Comment s'expliquent ces résultats ? Les collaborateurs en question disposent-ils de ressources (technologies, méthodes, équipements et soutien d'acteurs clés) qui pourraient être exportées au reste de votre unité ? Des idées de produits prometteuses sommeillent-elles dans des tiroirs à cause d'un manque d'intérêt ou d'investissements ? Les ressources de production existantes peuvent-elles être adaptées pour servir de nouveaux groupes de clients ?

Modifier l'architecture pour modifier la culture

Gardez à l'esprit que vous ne pouvez pas changer directement la culture. Elle est puissamment influencée par les quatre éléments de l'architecture organisationnelle, ainsi que par les comportements des leaders. Il en résulte que pour transformer la culture, vous devez faire évoluer l'architecture, mais aussi renforcer les initiatives que vous conduisez avec un bon leadership.

Une possibilité consiste à modifier les indicateurs servant à mesurer le succès, puis à aligner les objectifs et l'intéressement des collaborateurs sur ces nouveaux indicateurs. Par exemple, réajustez la part des résultats individuels et celle des résultats collectifs dans l'évaluation des collaborateurs. Le succès passe-t-il par une collaboration et une coordination étroites des membres du groupe – ce qui est le cas, notamment, dans une équipe de développement de nouveaux produits ? Si oui, accordez davantage d'importance aux primes collectives. Les membres de votre groupe travaillent-ils en solo, comme, par exemple, dans une force de vente ? Dans l'affirmative, et si leur contribution individuelle peut être mesurée, accordez davantage d'importance aux primes individuelles.

Appliquer l'alignement

Appuyez-vous sur toutes les analyses présentées dans ce chapitre pour développer un plan de rénovation de l'architecture de l'organisation. Si vos initiatives échouent à faire évoluer les comportements des collaborateurs, prenez du recul et voyez si ce ne sont pas des incohérences organisationnelles qui créent des problèmes.

Harmonisez – Checklist

1. Quelles sont vos observations concernant d'éventuels décalages entre l'orientation stratégique, la structure, les systèmes et les compétences ? Comment allez-vous procéder pour en apprendre davantage afin de valider ou d'invalider vos premières impressions ?
2. Quelles décisions devez-vous prendre concernant les clients, le capital, les capacités et les engagements ? Comment et quand prendrez-vous ces décisions ?
3. Quelle est votre évaluation actuelle de la cohérence de l'orientation stratégique ? De sa pertinence ? Envisagez-vous de changer l'orientation stratégique de votre organisation ?
4. Quelles sont les forces et les faiblesses de la structure de l'organisation ? À quels changements de structure éventuels songez-vous ?
5. Quels sont les processus centraux de votre organisation ? Comment fonctionnent-ils ? Que souhaitez-vous améliorer en priorité ?
6. Quels décalages de compétences et quelles ressources sous-exploitées avez-vous identifiés ? Quelles actions allez-vous entreprendre en premier pour renforcer votre base de compétences ?

Chapitre 7

Constituez votre équipe

Nommé à la direction d'une unité opérationnelle mal en point chez un spécialiste de l'automatisation des processus, Liam Geffen savait que l'aventure ne serait pas de tout repos. L'ampleur du défi lui apparut encore plus clairement lorsqu'il prit connaissance des entretiens d'évaluation des membres de sa nouvelle équipe pour l'année précédente. Leurs performances n'étaient appréciées qu'en termes superlatifs : excellentes ou exécrables, rien entre les deux. On aurait dit que son prédécesseur n'avait pas hésité à pratiquer le favoritisme...

Ses conversations avec ses nouveaux subordonnés directs et une étude approfondie des résultats d'exploitation confirmèrent ses soupçons : les évaluations étaient faussées. Le responsable du marketing, en particulier, certes compétent, était bien loin du superchampion pour qui on voulait le faire passer... et que lui-même pensait être. Pour sa part, le responsable commercial apparut à Liam comme un collaborateur efficace, mais dont son prédécesseur avait fait son bouc émissaire. Les relations entre le marketing et les ventes, on ne s'en étonnera pas, étaient plutôt tendues.

Liam parvint rapidement à la conclusion que l'un ou l'autre, sinon les deux, devrait quitter l'entreprise. Il les rencontra séparément et leur dit sans ambages ce qu'il pensait de leurs évaluations. Puis il présenta à chacun un plan d'action détaillé sur deux mois. Dans le même temps, avec son responsable des RH, il commença tranquillement à chercher à l'extérieur des remplaçants pour les deux postes. Il organisa aussi des réunions avec des cadres moyens du service commercial, tant pour juger de leurs compétences que pour essayer de repérer des candidats prometteurs aux deux postes.

À la fin de son troisième mois, Liam fit comprendre au directeur du marketing que son sort était scellé ; celui-ci ne tarda pas à s'en aller et fut remplacé par l'un de ses adjoints. Le directeur commercial, pour sa part, se montra à la hauteur des attentes de Liam. Certain que ces postes essentiels étaient tenus par de bons éléments, ce dernier se sentait prêt à aller de l'avant.

Liam savait qu'il ne pouvait se permettre d'avoir une équipe bancale. Si, comme la plupart des nouveaux leaders, vous héritez d'un groupe de subordonnés directs, il est essentiel de constituer votre équipe de façon à rassembler les talents dont vous avez besoin pour atteindre vos objectifs. Les décisions les plus importantes que vous serez amené à prendre au cours des 90 premiers jours concerneront vraisemblablement votre personnel. Si vous réussissez à constituer une équipe de qualité, vos opportunités de création de valeur seront démultipliées. Dans le cas contraire, vous serez confronté à de graves difficultés, car aucun manager ne peut espérer accomplir grand-chose seul. Un mauvais choix de collaborateurs au départ serait certainement un boulet à traîner.

Si trouver les bonnes personnes est nécessaire, ce n'est pas pour autant suffisant. Commencez par évaluer les membres de l'équipe (subordonnés directs et indirects), afin de déterminer quels changements apporter à celle-ci. Ensuite, élaborez un plan pour recruter de nouveaux collaborateurs et affecter ceux que vous conservez aux bons postes – avec le moins d'incidences possibles sur les résultats à court terme. Mais ce n'est pas encore suffisant. Il vous faudra en outre unifier et motiver vos collaborateurs, afin de les pousser dans la bonne direction. Enfin, vous devrez établir de nouveaux processus pour encourager le travail en équipe.

Éviter les pièges les plus courants

Constituer une bonne équipe est un défi qui fait trébucher de nombreux nouveaux managers. Il se peut alors que le seuil de rentabilité ne soit atteint qu'avec retard, ou que tout aille de travers. Voici quelques pièges caractéristiques à éviter :

Critiquer les dirigeants précédents

Il n'y a rien à gagner à critiquer les gens qui dirigeaient l'organisation avant votre arrivée. Cela ne signifie pas que vous devez excuser les mauvais résultats passés ou renoncer à mettre les problèmes en lumière. Vous devez bien sûr évaluer l'action des dirigeants précédents, mais au lieu de souligner leurs erreurs, concentrez-vous sur l'évaluation des comportements et des résultats actuels et sur l'introduction des changements nécessaires à une amélioration des performances.

Conserver trop longtemps l'équipe existante

Sauf dans une start-up, vous n'avez pas à constituer une équipe à partir de zéro ; vous héritez d'un groupe qu'il vous faut modeler en fonction de vos besoins pour satisfaire vos principales priorités. Certains managers font le ménage trop vite, mais c'est généralement l'inverse qui se produit : on conserve les collaborateurs en place plus longtemps qu'il ne le faudrait. Que ce soit par commisération (« ces gens n'obtenaient pas de bons résultats parce qu'ils étaient mal dirigés ») ou par refus de prendre des décisions difficiles, les nouveaux managers se retrouvent ainsi avec des équipes médiocres. Ce qui signifie qu'eux-mêmes et leurs meilleurs éléments devront en faire plus que leur part. L'ampleur et le calendrier des changements dépendront de la situation STARS à laquelle vous êtes confronté ; ils peuvent être plus rapides dans un redressement et plus longs dans une redéfinition. Il se peut aussi que votre capacité à introduire des changements soit limitée ; vous devez l'accepter et vous demander comment tirer le meilleur parti des gens dont vous avez hérité – par exemple en redéfinissant les rôles. Dans tous les cas, vous devriez vous fixer des dates butoirs pour faire le bilan de votre équipe, puis prendre les mesures qui s'imposent dans votre plan des 90 premiers jours, et vous y tenir.

Ne pas équilibrer stabilité et changement

Bâtir une équipe dont vous avez hérité est comme aveugler des voies d'eau dans un bateau en plein océan. Vous n'arriverez pas à bon port si vous ignorez les réparations nécessaires, mais il ne faudrait pas non plus faire couler le navire en tentant de réaliser trop rapidement des interventions trop nombreuses. Le tout est de trouver le bon équilibre entre stabilité et changement. D'abord et avant tout, attachez-vous à effectuer au plus vite les changements de personnes vraiment prioritaires. Si vous pouvez vous accommoder d'un collaborateur de second choix pendant un certain temps, faites-le.

Ne pas garder les bonnes personnes

Une cadre expérimentée nous a fait partager son expérience des risques qu'il y a à perdre de bons collaborateurs. « Lorsque vous secouez l'arbre, résume-t-elle, les bons aussi peuvent tomber. » Ce qu'elle veut dire par là, c'est que les incertitudes quant à l'avenir de l'équipe peuvent conduire vos meilleurs éléments à aller voir ailleurs. Bien que votre marge de manœuvre soit étroite, veillez donc à faire comprendre aux collaborateurs de talent que leurs compétences sont reconnues. Quelques paroles encourageantes peuvent beaucoup.

Entreprendre le team-building *avant que le noyau dur de l'équipe ne soit en place*

Il est tentant de lancer sans attendre des activités de *team-building*, mais cela comporte un risque : renforcer les liens au sein d'un groupe dont certains membres peuvent être sur le départ. Évitez donc les activités de *team-building* explicites tant que votre équipe n'est pas en grande partie constituée. Ce qui ne signifie pas, naturellement, que vous deviez bannir les réunions de groupe. Veillez seulement à les orienter sur l'activité.

Prendre trop tôt des décisions dont la mise en œuvre exige une forte implication de l'équipe

Lorsque le succès de la mise en œuvre d'initiatives clés requiert l'adhésion de votre équipe, sachez reporter certaines décisions jusqu'à ce que les principaux membres de votre équipe soient en place. Bien entendu, certains choix ne pourront attendre, mais il serait contre-productif de prendre des décisions qui imposeraient à de nouveaux collaborateurs de nouvelles modalités d'action qu'ils n'ont pas contribué à définir. Arbitrez donc soigneusement entre les bénéfices que vous retirerez d'une action rapide sur des enjeux importants et les inconvénients associés au fait d'imposer une décision aux collaborateurs qui vous rejoindront par la suite.

Essayer de tout faire tout seul

Enfin, n'oubliez pas que la restructuration d'une équipe est semée de complications émotionnelles, juridiques et internes. N'essayez à aucun prix de vous y atteler tout seul. Trouvez des personnes capables de vous conseiller et de vous aider à définir votre stratégie. Le soutien d'un bon collaborateur des ressources humaines est indispensable.

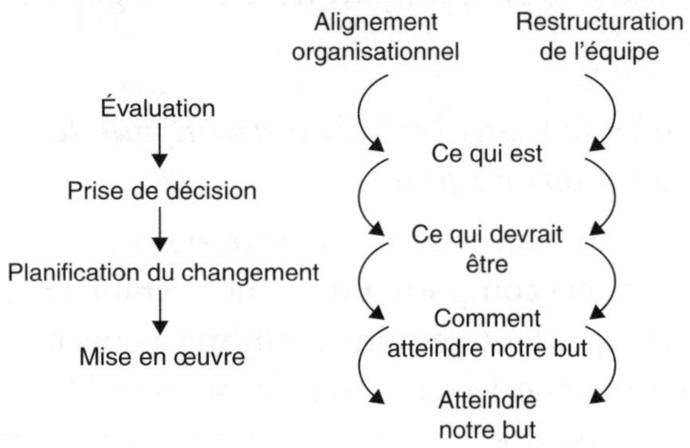

Figure 7.1 Synchroniser l'alignement de l'architecture et la restructuration de l'équipe

Supposons que vous évitiez ces pièges – que faire maintenant pour constituer votre équipe ? Commencez par évaluer rigoureusement les gens dont vous avez hérité, puis préparez-vous à faire évoluer l'équipe vers la forme souhaitée. En parallèle, œuvrez à l'alignement du groupe avec votre orientation stratégique et vos victoires précoces prioritaires, et mettez en place les processus de gestion des performances et de prise de décision dont vous avez besoin pour diriger efficacement.

Évaluer l'équipe existante

Parmi les collaborateurs dont vous hériterez, il y en aura sous doute d'excellents (acteurs de série A), de passables (acteurs de série B) et de franchement insuffisants (acteurs de série C). Vous hériterez aussi d'un groupe, avec sa dynamique interne, ses jeux de pouvoir et d'influence, dont certains membres ont peut-être même espéré un temps obtenir votre poste. Pendant vos trente ou soixante premiers jours (selon l'assortiment STARS qui sera le vôtre), il va vous falloir découvrir qui est qui, quel rôle joue chaque individu et comment le groupe a fonctionné par le passé.

Définissez vos critères d'évaluation

Lorsque vous ferez la connaissance des membres de votre équipe et que vous étudierez leurs résultats et leurs évaluations, vous commencerez fatalement à vous faire une opinion d'eux. Ne luttez pas contre ces premières impressions, mais veillez à prendre du recul et livrez-vous à une évaluation plus rigoureuse.

En tout premier lieu, vous devez être conscient des critères que vous utiliserez implicitement ou explicitement pour évaluer vos subordonnés directs. Nous vous en proposons six :

- La compétence : la personne dispose-t-elle des compétences techniques et de l'expérience pour accomplir efficacement son travail ?
- La capacité de jugement : la personne fait-elle preuve d'une bonne capacité de jugement, en particulier lorsqu'elle est soumise à une pression importante ou lorsqu'elle doit consentir des sacrifices pour le bien général ?
- L'énergie : ce membre de l'équipe fait-il son travail avec une énergie positive ? Est-il surmené ? Démotivé ?
- La focalisation : la personne est-elle capable de se fixer des priorités et de s'y tenir ou est-elle plutôt encline à se disperser ?
- Les relations : la personne s'entend-elle avec les autres membres de l'équipe et soutient-elle le processus de décision collectif ou est-il difficile de travailler avec elle ?
- La confiance : pouvez-vous faire confiance à cette personne pour respecter sa parole et tenir ses engagements ?

Afin d'obtenir une vision d'ensemble de votre mode d'évaluation, remplissez le tableau 7.1. Répartissez 100 points entre les six critères en fonction de l'importance relative que vous leur accordez lorsque vous évaluez vos subordonnés directs. Notez ces chiffres, dont le total doit être égal à 100, dans la colonne du milieu. Puis choisissez un de ces critères comme point de référence, c'est-à-dire que si un collaborateur n'atteint pas un certain niveau ici, les autres domaines sont sans importance. Marquez votre critère de référence par une étoile dans la colonne de droite.

Tableau 7.1 Vos critères d'évaluation

Critère	*Poids relatif (100 points à répartir entre les six critères)*	*Critère de référence (à signaler par un astérisque)*
Compétence		
Capacité de jugement		
Énergie		
Focalisation		
Relations		
Confiance		

À présent, prenez du recul. Cette analyse vous donne-t-elle une vision exacte des valeurs que vous utilisez pour jauger vos équipiers ? Si oui, votre démarche est-elle suffisamment exhaustive pour vous donner une image pertinente de votre équipe ? Il est raisonnable de consacrer un peu de temps à réfléchir aux critères que vous utiliserez. Ainsi, vous serez mieux préparé à effectuer une évaluation rigoureuse et systématique.

Interrogez-vous sur vos convictions

Votre grille d'évaluation reflétera vraisemblablement vos convictions quant à ce que vous pensez pouvoir changer chez les personnes qui travaillent avec vous. Si, par exemple, le poids relatif des relations est faible par rapport à celui de la capacité de jugement, cela peut signifier que vous considérez avoir davantage de prise sur les relations au sein de l'équipe que sur la capacité de jugement de ses membres. De la même manière, vous avez peut-être choisi – comme beaucoup de leaders – la confiance comme critère de référence, parce que vous estimez que vous devez pouvoir faire confiance à ceux qui travaillent avec vous et parce que vous pensez que c'est un trait de caractère que l'on ne peut changer. Vos convictions sont peut-être justes, mais il est essentiel que vous soyez conscient qu'il s'agit de postulats.

Prenez en compte les compétences fonctionnelles

Si vous dirigez une équipe dont les membres possèdent différentes compétences fonctionnelles – marketing, finance, opérations, R&D, par exemple –, vous aurez besoin de vous familiariser avec leurs compétences dans leurs domaines respectifs. C'est une tâche souvent harassante, surtout si vous occupez des fonctions de management général pour la première fois. Si vous avez été promu au sein de votre entreprise, essayez de solliciter dans chaque fonction l'opinion de personnes que vous respectez et qui connaissent les membres de votre équipe. (Sur la transition vers la direction d'entreprise et ses difficultés, voir Michael Watkins, « How Managers Become Leaders », *Harvard Business Review*, juin 2012.)

Si vous venez d'être promu à votre premier poste de dirigeant d'entreprise, envisagez de créer votre propre grille d'évaluation des titulaires de fonctions comme le marketing, les ventes, la finance et les opérations. Une bonne grille comportera des indicateurs de performances clés spécifiques à chaque fonction, ce que ces indicateurs devraient montrer ou non, des questions essentielles à poser et des signaux d'alarme. Pour concevoir chaque grille, interrogez des leaders expérimentés sur ce qu'ils attendent des fonctions en question.

Prenez en compte le degré de travail d'équipe

Les pondérations appliquées dans l'évaluation devraient être variables selon le travail effectué par vos subordonnés directs. Imaginons, par exemple, que vous preniez un poste de vice-président chargé des ventes et que vous gériez un groupe éclaté de managers régionaux. En quoi vos critères d'évaluation de ce groupe seraient-ils différents de ceux que vous utiliseriez si l'on vous avait confié la direction d'un projet de développement d'un nouveau produit ?

Ces postes diffèrent radicalement quant au degré d'autonomie de vos subordonnés directs. Si ces derniers agissent de façon relativement indépendante, leur capacité à travailler ensemble aura bien moins d'importance que si vous managez un groupe de développement de produits, interdépendant. Dans ce genre de situation, il peut être parfaitement acceptable d'avoir une série d'individus à hautes performances plutôt qu'une véritable équipe.

Tenez compte de l'assortiment STARS

Les critères que vous utiliserez pourront également varier selon votre portefeuille STARS – l'assortiment de situations de start-up, de redressement, de croissance accélérée, de redéfinition ou de pérennisation dont vous avez hérité. Dans une situation de pérennisation, par exemple, vous aurez du temps pour développer un ou deux membres à haut potentiel de votre équipe. Il peut être acceptable qu'ils ne soient pas très bons pour le moment, si vous pensez pouvoir les porter au meilleur niveau[1]. Dans un redressement, en revanche, vous

---

1. Pour une présentation des types d'acteurs, voir Thomas J. DeLong et Vineeta Vijayaraghavan, « Let's Hear It For B Players », *Harvard Business Review*, n° 137, juin 2003, pp. 96-102.

avez besoin de personnes capables de fonctionner tout de suite comme des acteurs de série A.

Vous devriez aussi évaluer les gens en fonction de leurs capacités et de leur expérience STARS, ainsi que de leur adaptation à la situation concrète. Supposons, par exemple, que vous preniez la direction d'une entreprise autrefois très prospère, dont la situation s'est dégradée et qui n'a jamais été relancée avec succès. On a fait appel à vous pour la redresser. Il se peut que vous héritiez de gens qui seraient excellents dans des situations de pérennisation ou de redéfinition, mais qui ne sont pas le genre d'animateurs dont vous avez besoin pour un redressement.

Tenez compte du caractère critique des postes

Enfin, l'évaluation de vos équipiers devrait dépendre du niveau de criticité de leur poste. En procédant aux évaluations, gardez à l'esprit qu'elles portent aussi sur les postes, et pas seulement sur les titulaires[2]. Prenez un peu de temps afin de mesurer à quel point les postes occupés par vos subordonnés directs et indirects sont importants pour votre succès. Si cela peut vous aider, dressez une liste des postes et appréciez la criticité de chacun d'eux sur une échelle de 1 à 10. Puis ne perdez pas de vue ces appréciations lorsque vous évaluerez les gens dont vous avez hérité.

C'est important, car il faut beaucoup d'énergie pour modifier votre équipe. Une place peut éventuellement être occupée par un acteur de série B si elle n'est pas haut placée sur votre échelle de criticité, mais pas s'il s'agit d'un poste clé.

2. Mark A. Huselid, Richard W. Beatty et Brian E. Becker, « "A Players" or "A Positions"? The Strategic Logic of Workforce Management », *Harvard Business Review*, n° 154, décembre 2005, pp. 110-117.

Évaluez vos subordonnés

Quand vous commencez à évaluer les membres de votre équipe avec les critères et appréciations de poste que vous avez mis au point, la première chose à faire est de déterminer si certains de vos subordonnés directs ne satisfont pas à votre critère de référence. Lorsque le cas se présente, prévoyez de les remplacer. Ensuite, évaluez les forces et les faiblesses des membres de votre équipe, en fonction de la valeur relative que vous accordez à chaque critère. Qui est à la hauteur et qui ne l'est pas ?

Rencontrez le plus rapidement possible chaque membre de votre équipe en tête-à-tête. Selon votre style, ces premières rencontres pourront prendre la forme de discussions informelles, de revues en bonne et due forme, ou d'un mélange des deux, mais votre propre préparation et votre démarche doivent être les mêmes.

1. Préparez chaque réunion

Prenez connaissance du dossier de votre collaborateur : parcours professionnel, résultats et autres évaluations. Familiarisez-vous avec les compétences techniques ou professionnelles de chaque membre de votre équipe pour pouvoir évaluer son rôle au sein du groupe.

2. Établissez un guide d'entretien

Posez aux gens les mêmes questions et regardez en quoi leurs réponses varient. Voici quelques exemples de questions :

- Quelles sont les forces et les faiblesses de notre stratégie actuelle ?
- Quels sont les principaux défis et opportunités auxquels nous sommes confrontés à court terme ? À moyen terme ?
- Quelles ressources pourrions-nous exploiter plus efficacement ?
- Comment pourrions-nous améliorer la façon dont les membres de l'équipe travaillent ensemble ?
- Si vous étiez à ma place, quelles seraient vos priorités ?

3. Soyez à l'affût d'indices verbaux et non verbaux

Soyez attentif au choix des mots, aux attitudes et aux points sensibles de votre interlocuteur.

- Qu'est-ce que cette personne ne dit pas ? Vous donne-t-elle spontanément des informations ou devez-vous les lui arracher ? Assume-t-elle la responsabilité d'éventuels problèmes dans son domaine ? Présente-t-elle des excuses ? Dénonce-t-elle discrètement les autres ?
- Les expressions du visage et le langage corporel de votre interlocuteur sont-ils cohérents avec son discours ?
- Quels sujets provoquent une réaction émotionnelle forte ? Ces points sensibles sont autant d'indices sur ce qui motive la personne et sur les types de changements qui la dynamiseraient.
- En dehors de ces rencontres en tête-à-tête, soyez attentif aux rapports des membres de l'équipe les uns avec les autres. Les relations semblent-elles cordiales et productives ? Tendues et compétitives ? Distantes ou critiques ?

Testez leur capacité de jugement

Veillez à évaluer les capacités de jugement et pas seulement les compétences techniques ou l'intelligence brute. Certains individus très brillants ont de piètres capacités de jugement, et inversement. Il est essentiel que vous définissiez précisément la combinaison intelligence-jugement que doivent posséder les membres clés de votre équipe.

Une façon d'évaluer la capacité de jugement d'un individu est de travailler avec lui pendant une période relativement longue et d'observer s'il est capable, 1° de faire des prévisions pertinentes, 2° de développer de bonnes stratégies pour éviter les problèmes. Ces deux capacités reposent sur ses schémas mentaux, c'est-à-dire la façon dont il identifie les caractéristiques et les dynamiques essentielles d'une situation en vue de traduire ses réflexions en action. C'est très exactement ce en quoi consiste un jugement éclairé. Le problème, toutefois, est que le temps vous est compté, alors que ce type d'observation se forme généralement sur le long terme. Fort heureusement, il est possible d'accélérer le processus.

Une façon de procéder consiste à tester la sûreté de jugement d'un individu dans un domaine où ses prédictions pourront être rapidement validées ou invalidées. Essayez donc la méthode suivante : demandez à votre subordonné de vous parler d'un sujet qui l'intéresse tout particulièrement en dehors de son travail. Politique, gastronomie, football, peu importe. Mettez-le sur la sellette : « Quel candidat va réaliser la meilleure prestation lors du prochain débat télévisé ? » ; « Quel est le secret du soufflé au fromage ? » ; « Quelle équipe va remporter le match de ce soir ? » Insistez pour qu'il prenne position – s'il refuse, ce n'est pas bon signe. Amenez-le à argumenter. Son raisonnement se tient-il ? Lorsque cela est possible, vérifiez ce qui se passe ensuite.

Ce que vous testez, c'est la capacité d'un individu à exercer un jugement éclairé dans un domaine donné. Si votre interlocuteur a su devenir un fin connaisseur de la gastronomie japonaise ou de la pêche à la mouche, il serait étonnant qu'il ne démontre pas les mêmes qualités de jugement dans son travail – sous réserve que le sujet l'intéresse suffisamment ! Ne vous contentez donc pas d'attendre de voir comment se comporte votre subordonné : débusquez son expertise.

Évaluez l'équipe globalement

Comment votre groupe fonctionne-t-il ? Utilisez les techniques suivantes pour repérer d'éventuels problèmes dans la dynamique d'ensemble de l'équipe :

- Étudiez les données. Lisez les rapports et les comptes rendus des réunions de l'équipe. Si votre organisation conduit des sondages sur le climat de travail ou la satisfaction des collaborateurs, prenez-en également connaissance.

- Posez systématiquement des questions. Analysez les réponses individuelles aux questions que vous avez posées aux membres de l'équipe lorsque vous les avez rencontrés en tête-à-tête. Leurs réponses sont-elles globalement cohérentes ? Si oui, cela peut être révélateur d'un « politiquement correct », mais cela peut aussi signifier que tout le monde envisage réellement les choses de la même manière. Ce sera à vous de faire la part des choses. À l'inverse, si les réponses sont très disparates, l'équipe n'est sans doute pas assez soudée.
- Sondez la dynamique du groupe. Lors de vos premières réunions, observez comment l'équipe interagit. Détectez-vous des alliances ? Des attitudes particulières ? Des leaders ? Qui s'en remet à qui sur tel ou tel sujet ? Lorsqu'une personne prend la parole, est-ce que certains lèvent les yeux au ciel ou expriment quelque autre forme de désaccord ou de frustration ? Soyez attentif à ces signes pour tester vos premières impressions et détecter les coalitions et les conflits.

Faire évoluer votre équipe

Une fois que vous avez évalué les capacités individuelles de vos équipiers, en tenant compte de leurs compétences fonctionnelles, des exigences du collectif, du portefeuille STARS et de la criticité des postes, vient le moment de déterminer quelle conduite adopter avec chacun d'eux. Au bout de vos premiers trente jours environ, vous devriez être capable de classer les gens provisoirement dans l'une des catégories suivantes :

- Ne rien changer. La personne donne de bons résultats dans son poste actuel.
- Conserver et développer. La personne a besoin de formation, et vous avez le temps et l'énergie pour y pourvoir.
- Muter à un autre poste. La personne est très compétente, mais son poste ne lui permet pas de donner le meilleur d'elle-même ou de tirer le meilleur parti de ses compétences.

- Remplacer (priorité faible). La personne doit être remplacée, mais la situation n'est pas urgente.
- Remplacer (priorité haute). La personne doit être remplacée le plus rapidement possible.
- Observer pendant quelque temps. La personne reste une énigme et vous devez en savoir plus avant de pouvoir la juger définitivement.

Envisagez d'autres possibilités

Vous serez peut-être tenté de réaliser au plus vite les remplacements prioritaires que vous aurez décidés. Mais prenez tout de même le temps d'envisager d'abord d'autres possibilités. Se séparer d'un collaborateur est parfois difficile et chronophage. Même si ses mauvais résultats sont patents et solidement étayés, le processus peut prendre des mois, voire davantage. Et si votre décision n'est soutenue par rien de tangible, réunir les « preuves » nécessaires exigera du temps.

De plus, la possibilité même de remplacer quelqu'un peut être conditionnée par différents facteurs : protections légales, normes culturelles, alliances politiques... Il arrive que ce soit tout bonnement impossible, si médiocre l'intéressé fût-il. Auquel cas, vous devez trouver comment utiliser au mieux les cartes que vous avez reçues.

Par chance, il existe d'autres possibilités. Dans bien des cas, il suffira d'un message sans ambiguïté de votre part pour qu'un collaborateur aux résultats médiocres décide de lui-même de s'en aller. Vous avez également la possibilité de travailler avec les ressources humaines pour lui proposer un poste plus adapté :

- Changez-le de poste. Affectez-le à un poste au sein de l'équipe qui sera plus adapté à ses compétences. Ce ne sera sans doute qu'une solution temporaire pour un collaborateur à problème, mais cela vous permettra de continuer à faire fonctionner l'équipe pendant que vous lui cherchez un remplaçant.

- Mettez-le à l'écart. S'il est simplement incapable d'apporter une contribution productive ou s'il exerce une influence perturbatrice ou démoralisante, il vaut mieux qu'il ne fasse rien. Envisagez de réduire nettement ses responsabilités. Ce qui présente aussi l'avantage de lui faire clairement savoir ce que vous pensez de son travail et peut l'aider à comprendre qu'il aurait intérêt à évoluer.
- Mutez-le ailleurs dans l'entreprise. Aidez-le à trouver un poste qui lui conviendra ailleurs dans l'organisation. Dans certains cas, si elle est bien gérée, cette option sera positive pour tout le monde : vous, le collaborateur et l'organisation au sens large. Mais ne vous engagez dans cette voie que si vous êtes réellement convaincu qu'il peut donner des résultats satisfaisants dans le nouveau poste. Se défausser d'un collaborateur médiocre sur un collègue n'améliorera pas votre réputation.

Trouvez des candidats

Afin de permettre à votre équipe de continuer à fonctionner pendant que vous élaborez la meilleure configuration possible à long terme, vous devrez peut-être conserver un collaborateur dont vous n'êtes pas satisfait, le temps de lui trouver un remplaçant. Dès que vous êtes à peu près certain que telle personne va devoir quitter l'équipe, commencez à lui chercher discrètement un successeur. Évaluez d'autres collaborateurs de votre équipe et d'autres services. Utilisez les réunions de collaborateurs et les sessions régulières de *reporting* pour repérer les talents potentiels. Demandez au service des ressources humaines de lancer un recrutement.

Traitez les individus avec respect

Durant chaque phase du processus de restructuration de votre équipe, veillez à traiter tout le monde avec respect. Même si certains membres de votre équipe estiment eux aussi que telle personne doit être remplacée, votre réputation sera mise à mal s'ils perçoivent vos actions comme injustes. Montrez à tous que vous ne conduisez pas l'évaluation des membres de votre équipe à la légère et que vous recherchez l'adéquation optimale entre les postes et les individus. La façon dont vous gérerez cette dimension de votre travail aura une profonde incidence sur l'opinion que vos subordonnés directs se feront de vous.

Aligner votre équipe

Disposer des bonnes personnes dans votre équipe est indispensable, mais pas suffisant. Pour atteindre les objectifs prioritaires convenus et remporter des victoires rapides, il vous faudra également définir la contribution optimale de chaque membre de l'équipe à ces objectifs. Ce processus exige que vous décomposiez les objectifs en éléments et que vous travailliez avec votre équipe pour assigner la responsabilité de chacun de ces éléments. Il s'agira ensuite de rendre chaque individu responsable de la gestion de ses objectifs. Comment favorise-t-on la responsabilisation ?

Comme le montre la figure 7.2, l'idéal pour coordonner et motiver une équipe est d'associer outils d'incitation et outils d'attraction. Les outils d'incitation (*push*), tels que les objectifs, les systèmes de mesure des résultats, les budgets annuels, etc., motivent les individus en jouant sur l'autorité, la loyauté, la peur et l'attente de récompenses pour un travail productif. Les outils d'attraction (*pull*), tels qu'une vision mobilisatrice, inspirent les individus en construisant une image positive et excitante de l'avenir.

Le panachage que vous réaliserez dépendra de ce que vous avez découvert des préférences des membres de votre équipe en la matière. Vos jeunes loups répondront sans doute avec enthousiasme aux outils de motivation *pull*, alors qu'avec vos collaborateurs plus méthodiques et moins amateurs de risque, les outils *push* donneront de meilleurs résultats.

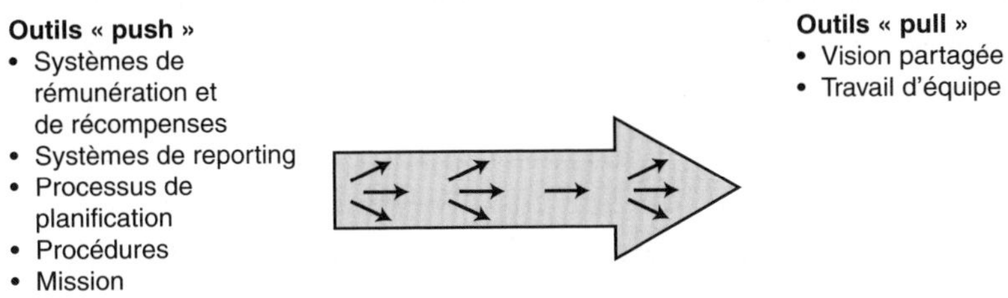

Figure 7.2 Panachez les outils *push* et les outils *pull* pour motiver votre équipe

La bonne répartition dépendra aussi des situations STARS que vous rencontrerez. Les redressements contiennent en général beaucoup de *push* : les problèmes montrent aux individus qu'il faut faire quelque chose. Dans les contextes de redéfinition, en revanche, il peut être difficile de provoquer un sentiment d'urgente nécessité. Intéressez-vous alors davantage au côté *pull* de l'équation, en élaborant, par exemple, une vision enthousiasmante de ce que l'organisation pourrait devenir.

Définissez des objectifs et des indicateurs de performances

Côté incitation (*push*), fixer – et respecter – des indicateurs précis et explicites de performances est le meilleur moyen de favoriser la responsabilisation individuelle. Vous devez donc sélectionner des indicateurs qui vous permettront de savoir sans ambiguïté si un membre de l'équipe a atteint ou non ses objectifs.

Évitez les objectifs trop généraux, du type « Améliorer le chiffre d'affaires » ou « Réduire le temps de développement des produits ». Définissez des objectifs en termes quantifiables. Par exemple : « Augmenter les ventes du produit X de 15 à 30 % au cours du quatrième trimestre de l'année » ou « Réduire le temps de développement sur la ligne de produit Y de 12 à 6 mois au cours des deux prochaines années ».

Alignez les incitations

Une question élémentaire est de savoir comment vous récompenserez les membres de votre équipe lorsqu'ils atteindront leurs objectifs. Quel panachage de récompenses monétaires et non monétaires utiliserez-vous ?

Un autre point extrêmement important est de décider si vous fonderez les récompenses sur les résultats individuels ou sur les résultats collectifs. Cette décision procède de votre opinion sur la nécessité de réaliser un vrai travail d'équipe. Si tel est le cas, insistez sur les récompenses collectives. S'il suffit que votre groupe obtienne des résultats élevés, privilégiez plutôt la performance individuelle.

Il est important de trouver le bon équilibre. Si vos subordonnés directs travaillent seuls pour l'essentiel, et que la réussite du groupe dépend principalement de réalisations individuelles, vous n'avez pas besoin de promouvoir le travail d'équipe et vous devriez envisager un système de primes individuelles. En revanche, si la réussite repose sur la coopération de vos subordonnés directs et l'intégration de leurs expertises, un véritable travail d'équipe est essentiel et vous aurez tout intérêt à utiliser des objectifs et des primes collectifs si vous voulez que votre équipe avance du même pas.

Dans la plupart des cas, vous souhaiterez récompenser et l'excellence individuelle et l'excellence collective. Le panachage des deux types de récompenses dépendra de l'importance relative des activités individuelles et des activités collectives pour le succès global de votre unité (voir l'encadré « L'équation de la motivation »).

L'équation de la motivation

L'équation de la motivation définit le panachage des systèmes de rémunération et de récompenses que vous utiliserez pour favoriser l'obtention des résultats souhaités. En voici les formules de base :

Récompense totale = récompense non monétaire + récompense monétaire

La part respective des récompenses monétaires et non monétaires dépend, 1° de la disponibilité des récompenses non monétaires, telles que la promotion et la reconnaissance, 2° de la perception de leur importance pour les collaborateurs concernés.

Récompense monétaire = rémunération fixe + rémunération basée sur les résultats

La part respective de la rémunération fixe et de la rémunération variable dépend, 1° du degré d'observabilité des contributions des collaborateurs et de la possibilité de les mesurer, 2° du temps entre la prestation et les résultats. Moins les contributions sont facilement observables et mesurables, plus le temps est long entre la prestation et les résultats, et plus la part de la rémunération fixe devra être élevée.

Rémunération basée sur les résultats = rémunération basée sur les performances individuelles + rémunération basée sur les performances collectives

La part respective des rémunérations basées sur les performances individuelles et sur les performances collectives dépend du degré d'interdépendance des contributions. Si l'excellence découle d'une somme d'efforts indépendants, c'est la performance individuelle qui devra être récompensée (comme dans une équipe de vente, par exemple). Si la coopération et l'intégration du groupe sont essentielles, alors les récompenses basées sur les résultats collectifs devront peser davantage (comme dans une équipe de développement de produits, par exemple). Notez qu'il peut y avoir plusieurs niveaux de motivation collective : équipe, unité et organisation dans son ensemble.

Concevoir des systèmes de motivation est un véritable défi ; un défi que tout manager doit cependant relever s'il veut que son équipe travaille d'un même mouvement à atteindre les objectifs qui ont été définis. Vos subordonnés directs doivent agir comme des agents de votre « cause », qu'ils se consacrent à leurs responsabilités collectives ou à leurs responsabilités individuelles. Vous ne sauriez donc leur offrir des primes pour atteindre des objectifs individuels lorsqu'un véritable travail d'équipe est nécessaire – et vice versa.

Définissez votre vision

Tout en alignant votre équipe, n'oubliez pas la vision de l'organisation. Après tout, c'est l'une des raisons majeures qui vous font venir au travail chaque jour, vous et votre équipe.

Une vision motivante répond aux caractéristiques suivantes :

- Elle est alimentée par des sources d'inspiration. Elle repose sur une base de facteurs motivants intrinsèques, comme le travail d'équipe et l'utilité pour la société. Une entreprise d'appareils orthopédiques médicaux, par exemple, exprimait sa vision par la formule « Rendre la joie du mouvement » et l'accompagnait d'anecdotes dans lesquelles des athlètes blessés revenaient à la compétition et des grands-parents parvenaient à tenir leurs petits-enfants dans les bras.
- Elle intègre les gens dans sa « légende ». Les visions les mieux exprimées relient les individus à un récit plus vaste porteur de sens – par exemple, une quête visant à rendre à l'organisation sa gloire d'antan.
- Elle utilise un langage évocateur. La vision doit évoquer en termes visuels ce que l'organisation veut réaliser et ce que les gens ressentiront pour l'avoir réalisé. Lancer douze fusées en dix ans est un objectif ; envoyer un homme sur la Lune et le faire revenir indemne sur Terre avant la fin d'une décennie, comme l'avait soutenu le président John F. Kennedy, est une vision.

À l'aide des catégories du tableau 7.2, ciselez votre vision commune. Demandez-vous sans cesse : pourquoi les gens auraient-ils envie d'en faire plus pour atteindre les but de l'organisation tels que nous les avons définis ?

Tableau 7.2 Éléments d'une vision inspirée

Éprouver un sentiment de devoir ? • Attachement à un idéal • Faire un sacrifice pour atteindre l'idéal	Obtenir des résultats excellents ? • Recherche d'excellence, de qualité et d'amélioration continue • Fournir des occasions stimulantes
Être utile ? • Apporter un service aux clients et aux fournisseurs • Créer une société et un monde meilleurs	Faire partie d'une équipe ? • Travail en commun et souci constant du bien de l'équipe • Un climat dans lequel travailler en groupe est personnellement épanouissant
Favoriser le développement individuel ? • Respect de la personne, matérialisé par l'élimination des méthodes abusives ou condescendantes • Apporter aux gens un moyen d'exprimer tout leur potentiel	Prendre en main son destin ? • Recherche de la domination et du pouvoir • Récompenses, notoriété et statut – pour soi-même et pour l'organisation
Incarner la confiance et l'intégrité ? • Comportement éthique et honnête • Équité	

Quand vous travaillez à définir et communiquer une vision partagée, gardez en tête les principes suivants :

- Utilisez la consultation pour créer un sentiment d'engagement. Dites clairement quels éléments de votre vision ne sont pas négociables, mais en dehors de ceux-ci, montrez-vous assez souple pour considérer les idées des autres et leur permettre d'avoir une place et une influence dans la vision partagée. Ils s'en sentiront ainsi collectivement propriétaires. Les séminaires hors site sont souvent un puissant moyen de susciter et d'engendrer un sentiment d'engagement envers une vision partagée, dans la mesure où vous veillez à leur bonne organisation (voir l'encadré « Checklist pour l'organisation de séminaires hors site »).
- Communiquez la vision à l'aide d'anecdotes et de métaphores. Histoires et métaphores sont des moyens puissants pour exprimer l'essence d'une vision. Une parabole peut se révéler étonnamment forte. Les meilleures anecdotes

cristallisent des leçons capitales et montrent quel genre de comportements vous voulez encourager.

- Renforcez la vision. Les études sur la persuasion soulignent la puissance de la répétition. Votre vision a plus de chance de s'enraciner dans l'esprit des individus si elle consiste en quelques thèmes centraux qui s'incrustent à force de répétition. Ne vous arrêtez pas, même quand le message commence à être compris. Efforcez-vous sans cesse d'approfondir l'attachement des gens à votre vision.
- Mettez en place des canaux pour communiquer la vision. N'espérez pas communiquer votre vision directement à chacun de vos collaborateurs. Vous devez non seulement travailler avec de petits groupes, tels qu'une équipe dirigeante, mais aussi persuader à distance efficacement, et donc créer des canaux de communication qui vous serviront à diffuser plus largement votre vision.

Enfin, et par-dessus tout, veillez à incarner la vision que vous exposez. Une vision démentie par le comportement des dirigeants – vous-même ou des membres de votre équipe – est pire que pas de vision du tout. Assurez-vous que vous êtes prêt à montrer l'exemple.

Checklist pour l'organisation de séminaires hors site

Avant de programmer un séminaire hors site pour votre nouvelle équipe, vous devez en clarifier les raisons. Qu'essayez-vous d'accomplir grâce à cette initiative ? Une telle réunion peut avoir au moins six raisons importantes :

- Vous faire une seule et même idée de l'entreprise (priorité au diagnostic).
- Définir la vision et établir une stratégie (priorité à la stratégie).
- Modifier la manière dont l'équipe travaille ensemble (priorité au processus d'équipe).
- Instaurer ou modifier des relations dans le groupe (priorité aux relations).
- Résoudre des conflits et négocier des accords (priorité à la résolution de conflit).

Descendre au niveau des détails

Si vous considérez qu'un séminaire hors site serait utile pour le groupe, commencez à réfléchir à sa logistique en fonction de vos réponses aux questions suivantes :

- Quand et où la réunion devrait-elle se tenir ?
- Quelles questions traiter, et dans quel ordre ?
- Qui devrait faire office d'animateur ?

Ne négligez pas cette dernière question. Si vous êtes un bon animateur et si l'équipe vous respecte – et si elle n'est pas enfermée dans un conflit –, il peut être bon que vous soyez à la fois leader et animateur. Sinon, vous auriez intérêt à faire intervenir une personnalité extérieure qualifiée qui pourrait être soit un expert des sujets traités, soit un orchestrateur maîtrisant le fonctionnement des équipes.

Éviter les pièges

N'essayez pas d'en faire trop au cours d'un unique séminaire. Il ne serait pas réaliste de chercher à atteindre en un ou deux jours plus de deux des objectifs évoqués précédemment. Ciblez les réalisations et tenez-vous-en à ce programme.

Ne mettez pas la charrue avant les bœufs. Vous ne pouvez tenter de définir la vision et créer une stratégie sans avoir d'abord jeté de bonnes bases : une analyse partagée du contexte de l'entreprise (priorité au diagnostic) et des relations de travail (priorité aux relations).

Diriger votre équipe

Tout en progressant dans l'évaluation, la transformation et l'alignement de votre équipe, demandez-vous aussi comment vous voulez travailler avec elle jour après jour, semaine après semaine. Quels processus allez-vous utiliser pour moduler sa manière d'accomplir son travail collectif ? Chaque équipe a sa façon à elle d'envisager les réunions, de prendre des décisions, de résoudre les conflits et de répartir les tâches et les responsabilités. Il est probable que vous souhaiterez mettre en place de nouveaux processus au sein de votre groupe. Mais attention à ne pas vous atteler trop vite à cette tâche. Commencez par vous familiariser avec les méthodes de travail qui prévalaient avant votre arrivée et par évaluer les processus. Ainsi, vous pourrez conserver ce qui mérite de l'être et changer le reste.

Évaluez les processus actuels de l'équipe

Comment acquérir rapidement une bonne connaissance des processus de votre équipe ? Discutez avec les membres de l'équipe, vos pairs et votre patron. Prenez connaissance des comptes rendus de réunion et des rapports d'équipe. Insistez pour obtenir des réponses aux questions suivantes :

- Le rôle des participants : qui avait le plus d'influence sur les sujets clés ? Quelqu'un jouait-il le rôle de l'avocat du diable ? Y avait-il un innovateur ? Quelqu'un évitait-il l'incertitude ? Qui était écouté par tout le monde avec le plus d'attention ? Qui était le pacificateur ? L'agitateur ?
- Les réunions de l'équipe : à quelle fréquence votre équipe se réunissait-elle ? Qui participait ? Qui définissait l'ordre du jour ?
- La prise de décision : qui prenait quel type de décision ? Qui était consulté ? Qui était informé des décisions une fois qu'elles avaient été prises ?
- Le style de leadership : quel était le style de leadership de votre prédécesseur ? C'est-à-dire comment préférait-il apprendre, communiquer, motiver et aborder les décisions ? En quoi votre style est-il différent du sien ? Si ces différences sont très marquées, comment allez-vous gérer leur impact probable sur votre équipe ?

Déterminez quels processus modifier

Une fois que vous avez compris comment votre équipe fonctionnait par le passé – et ce qui fonctionnait bien ou pas –, utilisez ce savoir pour mettre en place les nouveaux processus que vous jugez nécessaires. Il est fréquent, par exemple, que les nouveaux managers considèrent que les processus de réunion et de prise de décision de leur équipe peuvent être améliorés. Si c'est votre cas, expliquez précisément à votre équipe les changements envisagés. À quelle fréquence se réunira l'équipe ? Qui participera à ces réunions ? Comment les ordres du jour seront-ils dorénavant définis et diffusés ? Définir des processus précis et efficaces aidera votre équipe à avancer du même pas et à remporter collectivement des victoires rapides.

Modifiez la liste des participants

L'un des dysfonctionnements les plus courants des équipes – et une formidable occasion d'envoyer un message de changement – concerne le choix des participants aux réunions de son noyau dur. Dans certaines organisations, les réunions clés ne sont pas suffisamment sélectives : trop de personnes participent aux discussions et à la prise de décision. Si tel est le cas, prenez rapidement les dispositions nécessaires pour réduire la taille du noyau dur et optimiser les réunions – envoyant du même coup un message de renouveau et d'efficacité à tous. Dans d'autres entreprises, les réunions clés pèchent par l'excès inverse : des collaborateurs dont le point de vue serait précieux et qui détiennent des informations importantes en sont systématiquement exclus. Si c'est le cas, faites rapidement ce qu'il faut pour élargir la participation ; vous ferez ainsi comprendre à chacun que le favoritisme n'est pas à l'ordre du jour et que vous valorisez l'écoute et le dialogue.

Dirigez la prise de décision

La prise de décision est un autre gisement de progrès potentiels. Rares sont les leaders d'équipe qui gèrent correctement le processus de prise de décision. La plupart d'entre eux, en effet, s'en tiennent à une approche unique, alors que des types de transition différents appellent des processus de prise de décision variés. Outre qu'ils privilégient le style dont ils sont le plus familier, nombre de managers pensent que leurs subordonnés directs seraient déstabilisés par une approche plus diversifiée.

Des études tendent à infirmer cette opinion[3]. Ce qui importe, c'est de disposer d'une grille d'analyse pour comprendre et expliquer pourquoi différents types de décision donneront lieu à des approches distinctes.

Réfléchissez aux différents modes de décision qui s'offrent à une équipe. Les approches peuvent être disposées dans un continuum allant de la prise de décision unilatérale à l'unanimité. Dans le mode unilatéral, le manager prend la décision seul ou en s'appuyant sur un nombre d'avis limité. Les dangers de cette approche sont évidents : vous risquez de vous priver d'informations et de points de vue importants et n'obtenir qu'un soutien mitigé pour la mise en œuvre.

À l'autre extrémité, les processus qui requièrent l'adhésion unanime de plusieurs personnes pâtissent généralement d'un effet de dilution. Ils ne s'achèvent jamais. Ou, lorsqu'une décision finit par être prise, il s'agit souvent d'un compromis, autour du plus petit dénominateur commun. Dans un cas comme dans l'autre, les contextes d'urgence – opportunités ou menaces – ne sont pas gérés efficacement.

Entre ces deux extrêmes, on trouve les processus de prise de décision qu'utilisent la plupart des managers : « consulter et décider » et « construire le consensus ». Lorsqu'un manager sollicite informations et points de vue de ses subordonnés directs – individuellement ou en tant que groupe –, mais se

---

3. Voir par exemple, Amy C. Edmondson, Michael A. Roberto et Michael D. Watkins, « A Dynamic Model of Top Management Team Effectiveness: Managing Unstructured Task Streams », *Leadership Quarterly*, vol. 14, n° 3, printemps 2003, pp. 297-325.

réserve le droit de prendre la décision finale, il utilise l'approche « consulter et décider ». Il sépare en fait le processus de collecte et d'analyse des informations, du processus d'évaluation et de décision finale, faisant appel au groupe pour l'un, mais pas pour l'autre.

Dans l'approche consensuelle, le manager recherche à la fois informations et analyses, et adhésion du groupe pour toute décision. L'objectif n'est pas un consensus total, mais un consensus suffisant. Cela signifie qu'une part prépondérante du groupe considère que la décision est bonne et, tout aussi important, que les autres membres l'acceptent et sont prêts à soutenir sa mise en œuvre.

Quand privilégier tel ou tel processus ? La réponse n'est certainement pas : « Dans l'urgence, j'utiliserai l'approche "consulter et décider". » Pourquoi ? Parce que, s'il est vrai que cette voie vous permet d'aboutir plus rapidement à une décision, vous n'êtes pas assuré d'atteindre pour autant plus vite le résultat souhaité. Vous risquez, en effet, de passer beaucoup de temps à « vendre » la décision après qu'elle aura été prise, ou de découvrir que sa mise en œuvre laisse à désirer – ce qui vous obligera à revenir à la charge auprès de l'équipe. Les managers sujets à l'impératif de l'action sont naturellement les plus enclins à cette dérive. Ils tranchent dans l'espoir d'aboutir, mais risquent ce faisant de compromettre leurs objectifs finaux.

Les règles suivantes vous aideront à choisir le processus de décision le plus adapté :

- Si la décision est très sensible – il y aura des gagnants et des perdants –, vous aurez en général intérêt à recourir au mode « consulter et décider », et à trancher. L'approche consensuelle risque, en effet, non seulement de ne pas déboucher sur une bonne décision, mais en plus de créer des tensions. En d'autres termes, il est préférable que les décisions portant sur un partage de pertes ou de douleurs au sein d'un groupe soient prises par le manager.

- Si la décision requiert pour sa mise en œuvre un soutien actif de la part de collaborateurs dont vous ne pouvez suffisamment observer et contrôler les performances, vous obtiendrez de meilleurs résultats en utilisant l'approche consensuelle. Une fois de plus, le mode « consulter et décider » vous permettrait peut-être de parvenir plus vite à une décision, mais pas nécessairement au résultat souhaité.
- Si les membres de votre équipe manquent d'expérience, vous aurez d'ordinaire intérêt à privilégier l'approche « consulter et décider », jusqu'à ce que vous ayez pris leur mesure et développé leurs capacités. Si vous essayez d'adopter le mode consensuel avec une équipe inexpérimentée, le processus risque de s'enliser, ce qui vous obligera à imposer une décision, fragilisant du même coup le travail d'équipe.
- Si vous prenez la responsabilité d'un groupe de personnes sur lequel vous avez besoin d'établir votre autorité (par exemple, vous supervisez d'anciens collègues), il est préférable de recourir à l'approche « consulter et décider » pour prendre des décisions rapides et stratégiques. Par la suite, lorsque chacun aura vu que vous disposez de l'assurance et des connaissances nécessaires pour prendre des décisions difficiles, vous pourrez recourir davantage à l'approche consensuelle.

Le choix du mode de prise de décision variera également en fonction de la situation STARS que vous rencontrerez. Dans les start-up et les redressements, l'approche « consulter et décider » donne souvent de bons résultats. Les problèmes sont souvent plus techniques (marchés, produits, technologies) que culturels ou politiques. En outre, les collaborateurs attendent peut-être un leadership « fort », qui est généralement associé au style « consulter et décider ». Pour être efficaces dans les contextes de redéfinition et de pérennisation, les managers doivent, en revanche, composer avec des équipes fortes et gérer des enjeux culturels et politiques. Dans ces cas-là, l'approche consensuelle se révèle en général plus efficace.

Pour moduler votre approche en fonction de la nature de la décision à prendre, vous devrez parfois faire taire vos préférences. Sans doute avez-vous une préférence pour l'un ou l'autre mode : « consulter et décider », « construire le consensus ». Quand la situation s'y prête, envisagez donc d'expérimenter le style qui vous convient le moins.

Pour éviter de créer de la confusion, efforcez-vous d'expliquer à vos subordonnés quel processus vous allez utiliser et pourquoi. Surtout, veillez à ce que le processus soit toujours équitable[4]. Même si les gens ne sont pas d'accord avec la décision finale, ils la soutiendront souvent s'ils ont le sentiment que leur point de vue et leurs intérêts ont été écoutés et pris au sérieux, et que vous leur avez expliqué votre décision de manière solide et convaincante. Par conséquent, ne vous engagez pas dans une parodie de recherche du consensus, en essayant par exemple d'obtenir l'adhésion de votre équipe pour une décision déjà prise. Cela ne trompe généralement personne, alimente le cynisme et menace la mise en œuvre.

Enfin, vous pourrez généralement passer d'un mode à l'autre lorsque vous serez plus familier des intérêts et des positions des membres de votre équipe. Il est par exemple pertinent de débuter en mode « construire le consensus », mais de vous réserver le droit de passer au mode « consulter et décider » si le processus devient trop sensible ou crée trop de dissensions. À l'inverse, il pourra être cohérent de débuter en mode « consulter et décider », puis de passer à l'autre s'il

---

4. Sur l'importance de la justice perçue dans un processus de groupe, voir W. Chan Kim et Renée A. Mauborgne, « Fair Process: Managing in the Knowledge Economy », *Harvard Business Review*, juillet-août 1997, pp. 127–136.

apparaît qu'une mise en œuvre conquérante est essentielle et le consensus possible.

Adaptez-vous aux équipes virtuelles

En quoi devrez-vous modifier votre démarche de construction d'équipe si tout ou partie de ses membres travaillent à distance ? Susciter et maintenir la cohésion dans des équipes virtuelles est un défi de taille. Il est également plus difficile d'évaluer les membres de l'équipe, surtout si la situation exclut les réunions en face-à-face. Bien que la plupart des principes du travail d'équipe efficace s'appliquent aussi aux équipes virtuelles, quelques spécificités sont à considérer.

- Réunissez l'équipe dès le début si cela est possible. Les technologies permettant des contacts virtuels progressent. Mais si un vrai travail d'équipe est nécessaire, rien ne remplace encore le fait de rassembler des personnes pour établir des bases communes concernant leurs connaissances, leurs relations, leur alignement et leur engagement mutuel.
- Établissez des règles claires relatives aux communications. Cela inclut les canaux de communication à utiliser et la manière de les employer. Cela signifie aussi établir des accords explicites concernant la réactivité – obligeant par exemple à répondre aux messages urgents dans un certain délai. En outre, il est souvent essentiel de fixer des normes claires sur les échanges entre personnes au cours des réunions virtuelles – par exemple, ne pas autant couper la parole que dans des réunions en face-à-face, mais aussi exprimer son point de vue de façon plus efficace.
- Définissez clairement les rôles d'assistance. Les équipes virtuelles ont besoin d'être plus disciplinées dans la récupération et le partage des informations, ainsi que dans la concrétisation des engagements. Il est souvent bon d'attri-

buer aux gens des rôles précis d'assistance à l'équipe (éventuellement à tour de rôle), comme la prise de notes et la tenue du calendrier.

- Instaurez un rythme de contacts. Les équipes qui travaillent au même endroit développent des habitudes et des routines dans leurs relations ; ce pourra être le simple fait d'arriver à peu près à la même heure ou de bavarder en prenant un café. Les équipes virtuelles, en particulier si elles sont réparties sur plusieurs fuseaux horaires, n'ont pas d'occasion naturelle de créer ces routines rassurantes. Il est donc essentiel de structurer fortement les contacts en leur sein – par exemple, en établissant des horaires de réunion et en suivant un ordre du jour fixé.
- N'oubliez pas de célébrer les réussites. Les membres d'une équipe virtuelle risquent de se sentir isolés, notamment si quelques-uns travaillent au loin alors que la plus grande partie est installée en un même lieu. S'il est toujours important de s'arrêter parfois pour distinguer et célébrer les réussites, cela devient essentiel dans les équipes virtuelles.

Relancer l'équipe

Ces décisions relatives à l'équipe dont vous avez hérité seront probablement les plus importantes que vous prendrez. Bien effectué, le travail destiné à évaluer, modifier, aligner et diriger cette équipe vous procurera des dividendes, tels que la concentration et l'énergie apportées par ses membres pour atteindre des objectifs et remporter des victoires rapides. Vous saurez que vous aurez triomphé du défi du *team-building* quand vous atteindrez le seuil de rentabilité – lorsque l'énergie que crée l'équipe est supérieure à l'énergie que vous lui insufflez. Cela exigera un peu de temps, et c'est normal ; il faut charger la batterie avant de pouvoir démarrer le moteur.

Constituez votre équipe – Checklist

1. Quels sont vos critères pour évaluer les membres de votre équipe ? Comment les pondérations relatives sont-elles affectées par les fonctions, le degré de collectivité du travail, le portefeuille STARS et la criticité des postes ?
2. Comment allez-vous évaluer votre équipe ?
3. Comment devez-vous faire évoluer la composition de votre équipe ? Quels changements de collaborateurs sont urgents et quels sont ceux qui peuvent attendre ? Comment enrichirez-vous le réservoir de collaborateurs potentiels ?
4. Comment allez-vous effectuer les changements les plus prioritaires ? Que pouvez-vous faire pour préserver la dignité des personnes concernées ? De quelles aides aurez-vous besoin pour l'équipe au cours du processus de restructuration et où les trouverez-vous ?
5. Comment allez-vous aligner l'équipe ? Quel cocktail d'incitation *push* (objectifs, stimulants) et d'attraction *pull* (vision partagée) allez-vous utiliser ?
6. Comment voulez-vous que fonctionne votre nouvelle unité ? Quel rôle voulez-vous que chacun joue ? Avez-vous besoin de réduire le noyau dur ou de le renforcer ? Comment envisagez-vous de gérer la prise de décision ?

Chapitre 8

Constituez des alliances

Quatre mois après sa prise de fonction chez MedDev, Alexia Belenko se sentait déjà profondément irritée par les intrigues bureaucratiques au siège du groupe. « Qui se préoccupe de soutenir les changements nécessaires ? » se demandait-elle.

Professionnelle accomplie de la vente et du marketing, Alexia avait gravi un à un les échelon au sein d'une filiale étrangère de MedDev, un groupe mondial d'appareils médicaux, jusqu'à devenir directrice générale (ou, selon l'expression officieuse, « manager pays ») dans sa Russie natale.

Conscients de son potentiel, les hauts dirigeants avaient pensé qu'Alexia devait acquérir une expérience régionale plus large. Ils l'avaient donc nommée directrice régionale du marketing pour la région Europe, Moyen-Orient et Afrique (EMEA). À ce nouveau poste, Alexia était responsable de la stratégie de marketing des implantations nationales de MedDev dans la région. Elle était rattachée directement à Marjorie Aaron, directrice groupe du marketing, basée au siège américain de MedDev, et en pointillé à son ancien patron, Harald Jaeger, directeur international des établissements de l'EMEA et, à ce titre, patron de tous les directeurs généraux de la région.

Alexia s'était lancée avec son enthousiasme habituel. Elle avait effectué une revue de détail des affaires courantes, grâce notamment à des entretiens individuels avec les directeurs généraux de toute la région EMEA et avec son ancien patron. Elle s'était aussi rendue aux États-Unis pour rencontrer Marjorie et deux ou trois de ses collaborateurs directs.

De ces discussions et de sa propre expérience de terrain, Alexia avait conclu que les problèmes les plus pressants – et les opportunités les plus immédiates – résidaient dans la gestion de la tension entre centralisation et décentralisation des décisions de marketing pour les lancements de nouveaux produits. Elle avait préparé un argumentaire pour étayer son analyse et ses recommandations, qui visaient à accroître la standardisation dans certains domaines (par exemple, pour les décisions concernant l'identité et le positionnement de marque au niveau global) et à élargir les marges de manœuvre des directeurs généraux dans d'autres (en apportant des ajustements importants aux plans de promotion publicitaire, notamment).

Marjorie et Harald voyaient bien l'intérêt de la proposition d'Alexia, mais ni l'un ni l'autre n'était prêt à s'engager. Ils l'incitèrent à en parler aux principaux intéressés : les dirigeants du marketing groupe aux États-Unis et les managers pays de l'EMEA.

Six semaines et bien des réunions déconcertantes plus tard, Alexia avait l'impression d'être prise dans des sables mouvants. Elle avait organisé une réunion avec des membres importants de l'équipe marketing du siège, dont David Wallace, responsable de l'image mondiale, qui était sous les ordres de Marjorie Aaron. Elle se rendit donc aux États-Unis pour présenter ses vues à un groupe de plus de trente personnes. La quasi-totalité des participants firent des suggestions qui toutes auraient conduit à renforcer la centralisation au lieu de la réduire.

Elle fut étonnée de constater le même type de réaction lors d'une téléconférence avec les managers pays de l'EMEA – ses anciens collègues, rattachés à Harald Jaeger. Ils acceptaient très volontiers toute idée d'Alexia leur conférant plus de souplesse. Mais à la moindre évocation d'une réduction de leur autonomie, ils s'empressaient de faire front. Un directeur général respecté, Rolf Eiklid, s'inquiéta de ce que la souplesse qu'on leur offrait ne suffirait pas à compenser ce à quoi ils renonceraient, surtout si le siège n'appliquait pas vraiment les accords. « On nous a promis davantage de souplesse par le passé, et il ne s'est rien produit », assura-t-il.

Sûre d'elle habituellement, Alexia se sentait désarçonnée par la tournure des événements. Elle se demandait si elle avait assez de patience et de finesse pour participer aux jeux de pouvoir dans son nouveau rôle régional.

Pour réussir dans vos nouvelles fonctions, vous aurez besoin du soutien de gens sur qui vous n'avez pas d'autorité directe. Votre capital relationnel de départ sera faible ou nul, surtout si vous arrivez d'une autre entreprise. Vous devrez donc consacrer de l'énergie à la construction de nouveaux réseaux. Commencez sans tarder. Imposez-vous d'investir dans des « comptes en banque relationnels » auprès de personnes avec qui vous devriez avoir besoin de travailler plus tard. Demandez-vous si vous n'avez pas omis de rencontrer des gens qui tiendront probablement une place essentielle dans votre succès.

Soyez-en conscient, il se pourrait aussi que vos nouvelles fonctions soulèvent des problèmes d'influence très différents de ceux auxquels vous avez été confronté par le passé. Alexia était habituée à disposer d'une autorité importante, liée à son poste, et d'une équipe directement placée sous ses ordres. Elle ne s'est pas aperçue suffisamment tôt qu'elle allait devoir exercer son influence par des moyens très différents – par la persuasion et les alliances.

Même si votre poste vous confère une forte autorité dans votre nouveau rôle, vous devez chercher à obtenir des soutiens pour vos victoires rapides. Pour y parvenir, il vous faut déterminer qui influencer, en repérant qui soutiendra probablement (et qui condamnera probablement) vos initiatives clés, et convaincre les indécis. Cela devrait faire partie intégrante de votre plan global à 90 jours.

Définir vos objectifs d'influence

La première étape consiste à bien savoir pourquoi vous avez besoin du soutien d'autrui. Commencez par réfléchir aux alliances qu'il vous faudra bâtir pour remporter des succès précoces. Pour chacune d'eux, aurez-vous besoin du soutien de personnes sur qui vous n'avez pas (ou pas assez) d'autorité ? Une fois que vous comprenez mieux ce que vous essayez d'accomplir, vous pouvez avancer et déterminer quels sont les appuis essentiels et comment les obtenir. Envisagez d'établir un plan de création d'alliances pour chacun de vos projets destinés à remporter des victoires rapides.

Alexia avait pour objectif principal de négocier un nouvel accord (une « grande négociation ») entre son nouveau patron, l'ancien et leurs services respectifs, sur la manière dont les décisions de marketing importantes seraient prises dans la région EMEA. Pour l'heure, elles obéissaient à un compromis trouvé autrefois entre les deux camps. L'équilibre était inconfortable, mais plus ou moins stable. Et à première vue, tout changement ferait des gagnants et des perdants . Les services de marketing du siège penchaient naturellement pour plus de centralisation et de standardisation. Les directeurs généraux de la région EMEA voulaient plus d'adaptation locale. Par conséquent, s'il était possible de trouver un accord, il s'agirait d'un ensemble de donnant-donnant que les deux camps pourraient approuver.

Pour y parvenir, Alexia devait construire des alliances de soutien avec les deux camps. Elle aurait eu peu de chances d'obtenir une complète unanimité, car certaines personnes avaient trop investi dans le *statu quo*. Elle aurait donc mieux fait de chercher à atteindre, au siège et dans la région, une masse critique de soutiens en vue d'un accord.

Si Alexia l'avait compris dès le départ, elle aurait pu diriger différemment ses premiers efforts – non seulement vers le diagnostic des problèmes et la conception de solutions rationnelles, mais aussi vers la compréhension de la manière dont son projet s'insérait dans le paysage politique d'ensemble de part et d'autre de l'Atlantique. Elle n'aurait pas présumé que son solide argumentaire suffît à emporter l'affaire et elle ne se serait pas sentie obligée de convaincre chacune des parties prenantes individuellement.

Elle aurait plutôt dû repérer les alliances spécifiques qu'il lui aurait fallu bâtir, puis rechercher comment exercer l'influence nécessaire dans l'organisation. Ce processus de cartographie des influences aurait pu l'aider aussi à détecter des blocages potentiels : quels étaient les faits ou les personnes qui auraient pu l'empêcher de trouver des soutiens ? Comment aurait-elle pu amener les opposants, finalement, à dire « oui » ?

Comprendre le paysage des influences

Une fois que vous avez bien compris pourquoi il vous faut influencer certaines personnes, il convient d'identifier celles qui seront les plus importantes pour votre réussite. Qui sont les décideurs clés ? Qu'avez-vous besoin qu'ils fassent, et quand ? Le tableau 8.1 vous fournit un outil simple pour obtenir ces informations. Envisagez de créer une liste pour chacune des initiatives que vous poursuivez en vue de succès rapides.

Tableau 8.1 Identifier les acteurs influents

Commencez à cartographier le paysage de vos influences en repérant les acteurs clés, ce que vous désirez qu'ils fassent et quand vous avez besoin qu'ils le fassent.

Qui	Quoi	Quand

Des alliances pour vaincre et faire obstruction

Ensuite, pour chacune de vos initiatives en vue de victoires rapides, demandez-vous quels décideurs sont essentiels pour faire avancer les choses. Ensemble, ces personnes constituent vos *alliances victorieuses* – le groupe de personnes qui ont collectivement le pouvoir de soutenir ce que vous faites[1]. Alexia, par exemple, avait besoin de faire approuver ses propositions par Marjorie côté siège, et par Harald côté EMEA. Ensemble, ils formaient l'alliance victorieuse qu'Alexia aurait dû bâtir.

Il est utile aussi de bien réfléchir aux éventuelles *alliances de blocage* – celles qui, collectivement, ont le pouvoir de vous faire échouer. Qui pourrait s'allier pour essayer de bloquer vos plans et pourquoi ? Comment ces gens pourraient-ils chercher à empêcher le processus ? Si vous voyez d'où l'opposition peut venir, vous pouvez travailler à la neutraliser.

Cartographier les réseaux d'influence

Les dirigeants sont d'ordinaire largement influencés par l'opinion d'autres personnes dont ils sollicitent les avis et conseils. L'étape suivante consiste donc à cartographier les *réseaux d'influence* – qui influence qui sur les sujets qui vous concernent ? Ces réseaux peuvent jouer un rôle énorme en déterminant si des changements interviendront bel et bien. L'autorité officielle n'est nullement la seule source de pouvoir dans les organisations ; les gens tendent à se ranger aux opinions d'autrui sur les questions et décisions importantes. Marjorie, par exemple, pourrait adopter l'opinion de David sur les conséquences d'un élargissement des adaptations locales pour l'identité de marque. De même, Harald pourrait se ranger à l'avis de Rolf parce qu'il est respecté par ses pairs et les représente.

---

1. L'expression est de David Lax et Jim Sebenius, « Thinking Coalitionally », *in* H. Peyton Young (éd.), *Negotiation Analysis* (Ann Arbor, University of Michigan Press, 1991).

Les réseaux d'influence sont des canaux de communication et de persuasion qui fonctionnent à côté de la structure officielle – une sorte d'organisation parallèle[2]. Ces canaux informels soutiennent parfois ce que l'organisation formelle tente de faire ; d'autres fois, ils agissent en sens contraire. Pour atteindre son objectif, Alexia aurait dû cartographier les réseaux d'influence au sein de la direction centrale du marketing, ainsi que parmi ses anciens collègues de l'organisation régionale EMEA.

Comment cartographier les réseaux d'influence ? Jusqu'à un certain point, ils deviendront évidents quand vous connaîtrez l'organisation – en travaillant avec vos pairs, par exemple. Mais vous pouvez accélérer le processus. Un bon moyen consiste à commencer par détecter les points de contact essentiels entre votre organisation et les autres. Clients et fournisseurs, dans l'entreprise et à l'extérieur, sont les cibles naturelles de la constitution des alliances.

Une autre stratégie est d'obtenir que votre supérieur vous mette en relation avec les acteurs clés. Demandez-lui une liste des principaux interlocuteurs, que vous devriez absolument connaître en dehors de votre service. Puis organisez sans tarder des réunions avec eux. (Dans l'esprit de la règle d'or des transitions, envisagez d'en faire autant, de votre propre initiative, lorsque de nouveaux collaborateurs vous sont affectés : dressez pour eux des listes de relations prioritaires et aidez-les à prendre contact.)

Veillez aussi à observer soigneusement, lors des réunions et autres contacts, qui se range à l'opinion de qui sur les questions cruciales. Notez auprès de qui les gens sollicitent des avis et des idées, et qui fait circuler quels informations et renseignements. Qui se cale sur qui lorsque certains sujets sont débattus ? Quand un problème est soulevé, vers qui se tourne-t-on ?

---

2. Voir David Krackhardt et Jeffrey R. Hanson, « Informal Networks: The Company Behind the Chart », *Harvard Business Review*, juillet-août 1993.

Quand vous en savez plus, essayez d'identifier les sources de pouvoir qui confèrent à certains individus une influence au sein de l'organisation. En voici quelques exemples :

- Compétences
- Maîtrise des informations
- Relations avec d'autres
- Accès à des moyens comme les budgets et les récompenses
- Loyauté personnelle

Progressivement, les constantes des influences s'éclaireront et vous serez à même de repérer les leaders d'opinion, ces personnages cruciaux qui exercent une influence disproportionnée sur autrui en raison de leur autorité officieuse, de leurs compétences ou de leur simple force de caractère. Si vous parvenez à les convaincre, il est probable que vos idées seront largement entendues.

Vous finirez aussi par reconnaître les coalitions de pouvoir : des groupes de personnes qui coopèrent explicitement ou implicitement, dans la durée, en vue d'atteindre des objectifs donnés ou de protéger des privilèges particuliers. Découvrir leurs intérêts et les relier aux vôtres peut être un puissant moyen d'obtenir leur soutien, dans la mesure où vous n'en rabattez pas sur vos intentions ou ne vous laissez pas entraîner dans des intrigues susceptibles de vous affaiblir.

Dressez des diagrammes d'influence

Il peut être instructif de synthétiser ce que vous venez d'apprendre sous la forme d'une carte d'influence comme celle de la figure 8.1, qui représente la situation d'Alexia.

Au centre du cercle se trouvent les décideurs essentiels – Marjorie au marketing central et Harald à la direction régionale EMEA. Alexia avait besoin que tous deux approuvent les modifications qu'elle proposait, de sorte qu'ils constituent ensemble l'alliance victorieuse. Mais, comme le sens des flèches l'indique, ces deux dirigeants sont influencés par d'autres au sein de leur propre organisation. (Les flèches en gras dénotent un plus grand degré d'influence.) Marjorie est fortement influencée par David, son collaborateur chargé de l'image de marque globale, et par Tim Marshall, vice-président du service stratégie groupe. Harald est influencé par l'opinion collective des managers pays qui lui sont rattachés. Mais Rolf, qui dirige depuis longtemps les filiales des pays nordiques, contribue puissamment à former l'opinion de Harald et à orienter celle des autres directeurs généraux. Le diagramme montre aussi qu'Alexia elle-même a beaucoup d'influence sur Harald et un peu sur Marjorie.

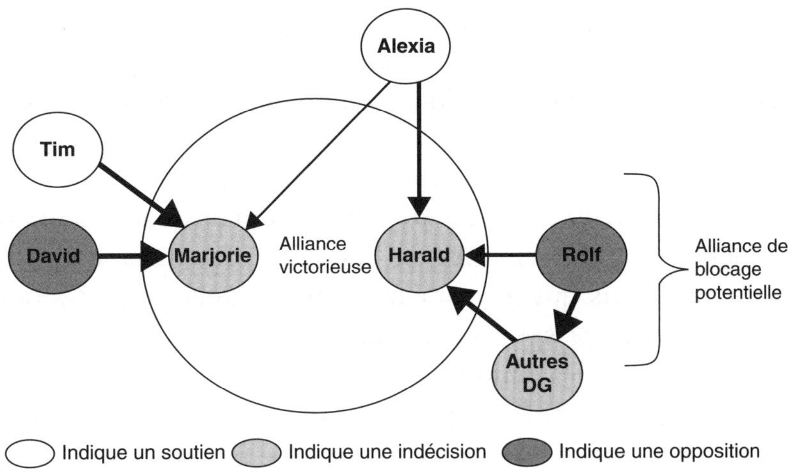

Figure 8.1 Le diagramme d'influence d'Alexia

Identifiez les alliés, les opposants et les indécis

Le travail accompli pour cartographier les réseaux d'influence de votre organisation peut aussi vous aider à détecter les alliés éventuels, les opposants et les indécis (ou « persuadables » – les personnes qui pourraient devenir vos alliés). Pour identifier vos alliés potentiels, mettez-vous en quête des profils suivants :

- Des personnes qui partagent votre vision de l'avenir. Si vous considérez que l'organisation a besoin d'un changement en profondeur, mettez-vous en quête de collaborateurs qui ont défendu des changements similaires.

- Des personnes qui ont œuvré sans bruit pour le changement à une échelle modeste, comme un ingénieur d'usine qui a trouvé une façon innovante de réduire sensiblement les déchets sur son site.
- Des collaborateurs ayant récemment rejoint l'entreprise et qui n'ont pas encore été acculturés à son mode de fonctionnement.

Quelles que soient les raisons pour lesquelles ces personnes vous appuient, ne considérez jamais leur soutien comme acquis. Il n'est jamais suffisant de savoir où trouver du soutien, il faut l'affermir et l'entretenir. N'oubliez donc pas de prêcher les convertis. Veillez aussi à leur demander d'exercer un effet multiplicateur, en vous aidant à influencer autrui, et à leur fournir les arguments nécessaires.

Quand vous cherchez des soutiens, repérez les gens avec qui vous pourriez bâtir des alliances de circonstance, des personnes avec qui vous êtes en désaccord dans beaucoup de domaines, mais qui sont sur la même longueur d'ondes que vous sur un sujet spécifique. Réfléchissez alors sérieusement à la manière de les éduquer et de les rallier.

Viennent ensuite les opposants. Les vrais opposants se dresseront contre vous quoi que vous fassiez. Ils considèrent peut-être que vous évaluez mal la situation. À moins qu'ils n'aient d'autres raisons de ne pas adhérer à votre projet :

- Préférence pour le *statu quo* : ils s'opposent à des changements qui pourraient ébranler leur position ou altérer des relations établies.
- Peur de paraître incompétent : ils craignent de paraître ou de se sentir incompétents s'ils ont du mal à s'adapter aux changements que vous proposez et si leurs résultats deviennent insuffisants.
- Mise en danger des valeurs centrales : ils estiment que vous prônez une culture qui ne respecte pas la définition des valeurs traditionnelles de l'organisation ou qui récompense des comportements déplacés.

- Mise en danger de leur pouvoir : ils craignent que les changements que vous proposez (donner plus de latitude aux responsables de terrain, par exemple) ne les privent de leur pouvoir.
- Conséquences négatives pour leurs alliés : ils redoutent que votre projet ait des conséquences négatives pour d'autres collaborateurs dont ils se soucient ou dont ils se sentent responsables.

Attention, toutefois, à ne pas considérer ces personnes comme des adversaires. Si elles s'opposent à vous, efforcez-vous de comprendre leurs raisons avant de les étiqueter comme résolument hostiles. Vous pourriez ainsi être mieux à même de contrer leurs arguments. Par exemple, s'ils craignent de paraître incompétents, vous pourriez les aider à acquérir de nouvelles compétences.

N'oubliez pas non plus que réussir à retourner des adversaires peut exercer un puissant effet symbolique. « L'ennemi devenu un allié » est une anecdote marquante qui fera du bruit dans l'entreprise. (Tout comme le récit de la rédemption : par exemple, aider une personne marginalisée ou jugée incompétente à faire ses preuves.)

Il y aura aussi des gens avec qui vous êtes en bonnes relations et d'accord sur de nombreux sujets, mais qui ne seront pas en phase avec vos projets. Ils forment une catégorie particulière d'opposants, l'essentiel ici étant de préserver ces relations tout en faisant avancer les choses dans la direction voulue. Voyez si vous pouvez y parvenir en expliquant ce que vous avez besoin de faire et pourquoi, en vous engageant dans la recherche d'une solution constructive, et peut-être en trouvant des moyens de compenser ce qu'ils perdraient par une aide sur d'autres points ou une contrepartie ultérieure.

Enfin, n'oubliez pas les « persuadables », ces personnes que vos projets laissent indifférentes ou perplexes, mais que vous pourriez convaincre de vous soutenir si vous trouviez comment les influencer. Une fois que vous les avez repérées, cherchez à savoir pourquoi elles ne s'engagent pas. Elles comptent notamment :

- Des indifférents. Il peut y avoir de nombreux moyens de les amener à soutenir vos projets en contrepartie de votre soutien aux leurs.
- Des indécis. Trouvez les raisons qui les font hésiter, et tâchez de les éduquer et les persuader.
- Des intrigants qui attendent de voir de quel côté le vent va tourner. Vous devez les convaincre que les choses avanceront dans votre sens, afin qu'ils prennent le train en marche.

Vous pouvez dresser un bilan des soutiens et des oppositions à l'aide de votre carte d'influence, comme on l'a vu précédemment avec la figure 8.1. Les cercles les plus foncés désignent les opposants, les cercles blancs représentent les soutiens et les gris clairs les indécis. (Vous pouvez aussi utiliser un code rouge, vert et jaune.) Dans le cas d'Alexia, côté siège, Tim était favorable et David indécis ; côté EMEA, Rolf était plutôt opposé aux changements proposés. Notez que, là encore, Alexia aurait dû réunir une masse critique de soutiens des deux côtés pour parvenir à ses fins.

Comprendre les acteurs pivots

Maintenant que vous avez analysé les réseaux d'influence de votre organisation, identifié acteurs et alliances et cartographié partisans et adversaires, il convient de vous concentrer sur les personnes les plus importantes que vous devez influencer. Pour Alexia, il s'agissait de David et de Rolf.

Commencez par apprécier leurs motivations intrinsèques. Les gens sont motivés par différents facteurs : désir de reconnaissance, de contrôle, de pouvoir, d'affiliation (au moyen de relations avec des collègues), de développement personnel[3]... La pondération de ces motivations peut varier grandement. Prenez le temps de déterminer ce qui emporte l'adhésion des acteurs cardinaux. S'il est possible de dialoguer directement avec eux, interrogez-les et pratiquez une écoute active. Cherchez en particulier à savoir à quoi s'opposent des adversaires potentiels, comme Rolf, et pourquoi. Compte tenu de ce qui les motive, essaient-ils d'échapper à une perte spécifique ? Y a-t-il quelque chose que vous puissiez leur proposer – un donnant-donnant intéressant – qui ferait office de compensation ?

Comprendre les motivations des gens n'est pas tout. Vous devez aussi évaluer les pressions contextuelles : les forces qui les poussent et qui les retiennent, compte tenu de la situation dans laquelle ils se trouvent. Les forces motrices entraînent les gens dans la direction que vous voulez qu'ils prennent, les forces restrictives sont des raisons contextuelles qui les incitent à dire « non ». De nombreuses et intéressantes études de psychologie sociale montrent que, lorsque nous réfléchissons aux raisons qui orientent les actes des gens, nous surestimons l'effet de la personnalité et sous-estimons celui des pressions contextuelles[4]. L'opposition de Rolf pourrait résulter d'une rigidité intrinsèque et du besoin de préserver son pouvoir et son statut, mais elle pourrait aussi répondre à des pressions contextuelles comme son intéressement et ses objectifs opérationnels. Prenez donc le temps de réfléchir aux forces qui s'exercent sur les gens que vous désirez influencer. Puis trouver des moyens d'accroître ce qui les pousse et d'éliminer une partie de ce qui les retient.

---

3. Voir le travail fondateur sur la motivation humaine de David McClelland, *Human Motivation* (Cambridge, Cambridge University Press, 1988).
4. Voir Lee Ross et Richard E. Nisbett, *The Person and the Situation: Perspectives of Social Psychology* (2e éd., Londres, Pinter & Martin, 2011).

Enfin, réfléchissez à la manière dont ces personnes clés perçoivent leurs choix ou leurs alternatives. Quelles sont les options parmi lesquelles elles pensent pouvoir choisir ? Il est essentiel ici de se demander si des adversaires comme Rolf croient que leur opposition – ouverte ou non – peut réussir à préserver le *statu quo*. Si tel est le cas, il pourrait être important de les convaincre que le *statu quo* n'est plus une option viable. Quand les gens s'aperçoivent qu'un changement est inéluctable, le jeu bascule souvent de l'opposition ouverte à une compétition visant à influencer le genre de changement qui vient. Alexia aurait-elle pu convaincre les décideurs clés que la situation du moment n'était plus acceptable, qu'un changement devait se produire ?

Les soucis relatifs à l'application des accords relèvent aussi de cette catégorie. Les gens peuvent croire que les concessions accordées par autrui ne se concrétiseront pas vraiment et qu'un tiens vaut mieux que deux tu l'auras. Il semblerait que ce fût l'une des inquiétudes exprimées par Rolf quand il se demandait si le siège honorerait ses engagements d'accorder plus de flexibilité aux directeurs généraux. Si des doutes à propos du manque de sûreté des contrats tendent à bloquer les progrès, voyez si vous avez des moyens pour accroître le degré de confiance. Vous pourriez, par exemple, proposer d'échelonner les changements, chaque étape étant commandée par la réussite des précédentes.

Tableau 8.2 Analyser les motivations, les forces positives et contraires, et les alternatives

Utilisez ce tableau pour évaluer ce qui motive les acteurs pivots, les forces qui les poussent et qui les retiennent, et leur avis sur les autres solutions (les choix qu'ils croient avoir).

Acteurs pivots	Motivations	Forces motrices et freins	Autres solutions

Le tableau 8.2 est un outil simple pour collecter des informations sur les motivations, les moteurs, les freins et les autres solutions perçues par les personnes pivots.

Créer des stratégies d'influence

Armé d'une meilleure connaissance des gens que vous devez influencer, vous pouvez vous demander comment appliquer les techniques d'influence classiques, comme la consultation, le cadrage, la modulation des choix, l'influence sociale, le gradualisme, le séquençage et les événements obligeant à l'action.

La consultation favorise l'acceptation, et de bonnes consultations signifient s'engager dans une écoute active : vous posez des questions et vous incitez les gens à exprimer leurs vraies préoccupations, puis vous résumez et vous restituez ce que vous avez entendu. Cette approche signale que vous êtes attentif et prenez la conversation au sérieux. On sous-estime largement le pouvoir de l'écoute active en tant que technique de persuasion. Elle peut non seulement favoriser l'acceptation de décisions difficiles, mais aussi orienter les réflexions et les choix des personnes. Tout comme les questions posées par les leaders, et la manière dont ils résument les réactions, exercent un puissant effet sur les perceptions des gens, l'écoute active et le cadrage sont des techniques de persuasion efficaces.

Cadrer vos arguments signifie les travailler avec soin, en fonction de chaque interlocuteur. Le temps consacré à parfaire votre cadrage est bien employé. De fait, si Alexia ne parvient pas à établir et communiquer un argumentaire très convaincant pour justifier les changements qu'elle propose, rien de ce qu'elle entreprend par ailleurs n'aura beaucoup d'effet. Vos messages doivent avoir une tonalité appropriée, entrer en résonance avec les motivations des acteurs influents et les forces s'exerçant sur eux, et, surtout, moduler la façon dont les acteurs clés perçoivent les choix qui s'offrent à eux.

Alexia, par exemple, aurait dû se demander comment faire passer Rolf de l'opposition à la neutralité, au moins, et si possible au soutien. Avait-il des inquiétudes spécifiques qu'elle aurait pu dissiper ? Existait-il une possibilité de donnant-donnant qu'il aurait trouvée intéressante si sa mise en œuvre pouvait être garantie ? Ou des moyens de l'aider à faire progresser d'autres projets qui lui tenaient à cœur en échange de son soutien ?

Tout en travaillant vos arguments, gardez à l'esprit les catégories rhétoriques d'Aristote : *logos*, *ethos* et *pathos*[5]. Le *logos* consiste à présenter des argumentaires logiques, assis sur des données, des faits et des raisonnements rationnels, afin d'expliquer pourquoi vous préconisez le changement. L'*ethos* consiste à mettre en valeur les principes qui devraient être appliqués (comme la justice) et les valeurs qui doivent être préservées (comme la culture du travail d'équipe) dans les décisions. Le *pathos* porte sur la création de liens émotionnels puissants avec votre public – par exemple, en mettant en avant une vision stimulante des possibilités de la coopération.

Un cadrage efficace se concentre sur un petit nombre de thèmes centraux, répétés jusqu'à ce qu'ils soient bien installés. Vous verrez à coup sûr que vous avez réussi quand les gens commenceront à reprendre vos thèmes sans s'en rendre compte. La focalisation et la répétition sont efficaces : c'est ainsi que nous apprenons. La troisième ou quatrième fois que nous entendons une chanson, nous ne pouvons plus la chasser de notre esprit. Il peut arriver, cependant, que nous l'entendions tant et tant qu'elle finisse par nous lasser. De façon similaire, utiliser exactement les mêmes mots jusqu'à plus soif révèle clairement votre tentative de persuasion, ce qui peut provoquer un effet contraire. L'art de la communication efficace consiste à répéter et développer des thèmes centraux sans avoir l'air d'un perroquet.

---

5. Aristote, *The Art of Rhetoric*, trad. H. Lawson-Tancred (New York, Penguin Classics, 1992) ; *Rhétorique* (Paris, Le Livre de poche, 1991).

Quand vous établissez vos arguments, réfléchissez à la manière d'immuniser les gens contre les objections prévisibles de vos adversaires. Présenter et réfuter avec assurance des formes faibles de ces objections vaccine le public contre ces mêmes arguments présentés sous une forme plus puissante.

Le tableau 8.3 représente une checklist simple pour cadrer vos types d'argumentaire.

Tableau 8.3 Cadrer vos arguments

Utilisez les catégories et les questions suivantes pour identifier les types d'argumentaires que vous devez présenter pour convaincre les gens.

Logos – données et argumentaires raisonnés	• Quelles données ou analyses pourraient-ils trouver convaincantes ? • Quelle(s) logique(s) pourraient les séduire ? • Y a-t-il des biais dont ils soient victimes, et dans ce cas, comment en faire la démonstration ?
Ethos – principes, politiques et autres « règles »	• Existe-t-il des principes ou règles dont ils puissent être convaincus qu'ils devraient fonctionner ici ? • Si vous leur demandez d'agir à l'encontre d'un de leurs principes ou règles, pouvez-vous les aider à justifier cette exception ?
Pathos – émotions et significations	• Y a-t-il des « déclencheurs » émotionnels auxquels vous pourriez faire appel, comme la fidélité ou la contribution au bien commun ? • Pouvez-vous les aider à acquérir le sentiment que le soutien ou l'opposition à une cause revêt un sens profond ? • S'ils réagissent avec trop d'émotion, pouvez-vous les aider à prendre du recul et à mettre la situation en perspective ?

Orienter les choix consiste à influencer la manière dont les gens perçoivent les possibilités qui s'offrent à eux. Comment rendre difficile de dire « non » ? Réfléchissez-y bien. Quelquefois, il vaut mieux présenter les choix de manière large, d'autres fois de manière plus étroite. Si vous demandez à quelqu'un d'adopter une position qui pourrait être perçue comme un fâcheux précédent, il vaut sans doute mieux lui expliquer que la situation est bien circonscrite, isolée et indépendante de toute autre décision. Certains choix pourraient, par ailleurs, être mieux présentés à l'intérieur d'un ensemble de thèmes plus global.

Il est particulièrement difficile de vendre un choix considéré comme gagnant-perdant. Élargir l'éventail des thèmes ou options envisagés peut faciliter des concessions mutuellement bénéfiques qui « agrandissent le gâteau ». De même, le progrès peut être bloqué par la présence de sujets empoisonnés. Il est parfois possible de les neutraliser en les réservant explicitement pour plus tard ou en prenant immédiatement des engagements qui pallient les inquiétudes.

L'*influence sociale* est l'effet des opinions d'autrui et des règles de la société où les gens vivent. Savoir qu'une personne très respectée soutient déjà une initiative rend celle-ci autrement attrayante. C'est pourquoi on peut obtenir un effet démultiplicateur puissant en convainquant des leaders d'opinion d'exprimer leur soutien et de mobiliser leurs propres réseaux. De même, des études donnent à penser que les gens préfèrent fonctionner comme suit :

- Rester cohérents avec des valeurs et croyances fortes. Ces valeurs tendent à être partagées au sein de groupes de référence importants. Les gens à qui l'on demande d'adopter des comportements en conflit avec leurs valeurs ou leurs croyances éprouvent une dissonance psychologique interne.
- Rester cohérents avec leurs engagements et décisions précédents. Ne pas parvenir à respecter ses engagements tend à appeler des sanctions sociales, et l'incohérence est un signal de mauvaise fiabilité. Les gens préfèrent ne pas faire de choix qui les obligent à se dédire ou qui brident leurs choix futurs en créant des précédents indésirables.
- Satisfaire à leurs obligations. La réciprocité est une norme sociale puissante, et les gens ont du mal à refuser les appels à soutien invoquant des faveurs dont ils ont bénéficié.

- Préserver leur réputation. On considère favorablement les choix qui préservent ou renforcent sa réputation, et négativement ceux qui pourraient la mettre en danger.

Il en découle qu'il vous faut éviter, dans la mesure du possible, de demander à vos interlocuteurs de faire des choix qui ne sont pas cohérents avec leurs valeurs et leurs engagements précédents, qui affaiblissent leur statut, qui menacent leur réputation ou qui risquent d'être réprouvés par des gens qu'ils respectent. Si quelqu'un qu'il vous faut influencer a déjà pris un engagement dans un autre sens, vous devriez chercher des moyens de l'aider à s'en libérer élégamment.

Selon l'idée du *gradualisme*, on accepte d'avancer petit pas par petit pas dans une direction où l'on refuserait d'aller d'un seul bond. Cartographier un chemin du point A au point B est très efficace, car chaque petit pas en avant détermine un nouveau point de référence psychologique à partir duquel les gens décident ou non d'accomplir le suivant. Alexia, par exemple, aurait pu commencer par rencontrer des gens juste pour explorer le dilemme centralisation contre flexibilité. Au fil du temps, le groupe aurait pu analyser les différents problèmes en cause, et, après avoir exploré toutes leurs préoccupations majeures, les participants auraient pu débattre des principes de base d'une bonne solution.

Amener les gens à s'impliquer dans un diagnostic partagé des problèmes d'une organisation est une forme de gradualisme : une fois impliqués dans le diagnostic, il leur est difficile de nier qu'il faut prendre des décisions ardues. Une fois qu'on est d'accord sur le problème, on peut passer à la définition d'options, puis de critères d'évaluation de celles-ci.

À la fin d'un tel processus, les participants sont souvent disposés à accepter des résultats qu'ils n'auraient jamais admis au début. Le gradualisme peut exercer un puissant effet ; il est donc essentiel d'influencer la décision avant qu'un courant ne se forme dans la mauvaise direction. Les processus décisionnels sont comme des fleuves : les grandes décisions découlent de processus affluents qui définissent le problème, identifient différentes options possibles et établissent des critères d'évaluation de leurs coûts et de leurs bénéfices. Une fois le problème et les options déterminés, le choix réel est bien souvent acquis. Rappelez-vous donc que réussir à profiler le processus dès ses débuts peut avoir une grande influence sur son résultat final.

Le *séquençage* consiste à choisir de manière stratégique l'ordre dans lequel vous cherchez à influencer les gens pour impulser un élan dans les directions souhaitées[6]. Si vous commencez par aborder les bonnes personnes, vous pouvez enclencher un cercle vertueux d'alliances. Réussir à convaincre un allié respecté facilite le recrutement des autres – et votre masse de ressources s'accroît. Avec un soutien plus large, la probabilité de réussite de vos succès augmente : il n'en est que plus facile d'attirer davantage de partisans. Compte tenu de ce qu'elle savait des jeux d'influence chez MedDev, par exemple, Alexia aurait certainement mieux fait de rencontrer d'abord le vice-président de la stratégie, Tim Marshall, afin de s'assurer de son soutien et lui apporter des informations supplémentaires pour persuader Marjorie.

Plus généralement, le séquençage d'Alexia serait composé d'une série de réunions individuelles ou en groupe, bien préparées, pour lancer un mouvement en faveur du changement. Le point capital, ici, est de choisir le bon assortiment. Les rencontres individuelles sont efficaces pour comprendre l'état du terrain – par exemple, pour entendre l'avis des gens, orienter leurs opinions en leur fournissant des informations nou-

---

6. Voir James Sebenius, « Sequencing to Build Coalitions: With Whom Should I Talk First? », *in* Richard J. Zeckhauser, Ralph L. Keeney et James K. Sebenius (dir.), *Wise Choices: Decisions, Games, and Negotiations* (Boston, Harvard Business School Press, 1996).

velles ou supplémentaires, ou peut-être en négociant des accords connexes. Mais les participants à une négociation sérieuse ne sont souvent pas disposés à convenir de concessions et d'engagements fermes avant d'avoir personnellement rencontré les autres interlocuteurs, et c'est là que les réunions en groupe sont particulièrement efficaces.

Les *événements qui obligent à l'action* forcent les gens à cesser de remettre les décisions à demain, de louvoyer ou d'éviter d'engager des ressources trop peu abondantes. Lorsque votre réussite exige l'action coordonnée d'un grand nombre de personnes, l'atermoiement d'une seule peut provoquer une réaction en chaîne, fournissant aux autres l'excuse qu'ils attendaient pour ne rien faire. Vous devez donc faire en sorte que l'inaction ne soit pas une option.

Vous pouvez y parvenir en organisant des événements qui obligent à l'action – des événements qui conduisent les gens à s'engager ou agir. Réunions, revues de progrès, téléconférences et dates limites sont autant d'outils qui maintiennent le groupe en mouvement : organiser des réunions régulières pour faire le point sur l'avancement des projets et demander des comptes aux collaborateurs qui ne respectent pas leurs engagements crée une forme de pression psychologique qui oblige chacun à continuer à avancer.

Orchestrer l'ensemble

Bâtir des alliances exige de déterminer quels appuis il vous faut, de cartographier les jeux d'influence et de repérer soutiens et opposants potentiels. Si vous y parvenez, vous serez mieux à même d'identifier les individus pivots, de comprendre leurs motivations, les contraintes que leur impose la situation, leur perception des solutions possibles, et d'élaborer les bonnes stratégies pour forger des alliances gagnantes.

Constituez des alliances – Checklist

1. Quelles sont les alliances critiques qu'il vous faut bâtir – à la fois au sein de votre organisation et à l'extérieur – pour faire avancer vos projets ?
2. Quels projets les autres acteurs clés poursuivent-ils ? À quel niveau peuvent-ils correspondre aux vôtres et à quel niveau risquent-ils d'entrer en conflit avec eux ?
3. Existe-t-il des opportunités de bâtir des alliances larges, durables, avec d'autres ? Comment devriez-vous exploiter des accords à court terme pour poursuivre des objectifs spécifiques ?
4. Comment l'influence fonctionne-t-elle dans l'organisation ? Qui se range à l'opinion de qui sur les sujets de préoccupation essentiels ?
5. Qui devrait soutenir vos intentions ? Qui risque de s'y opposer ? Qui est persuadable ?
6. Quelles sont les motivations des individus pivots, les contraintes que leur impose la situation et leur perception des choix possibles ?
7. Quels sont les éléments d'une stratégie d'influence efficace ? Comment devez-vous choisir vos arguments ? Pourriez-vous utiliser des outils d'influence comme le gradualisme, le séquençage et les événements obligeant à l'action ?

Chapitre 9

Gérez-vous vous-même

Après avoir passé six années excellentes dans le bureau new-yorkais d'une grande entreprise de presse, Stephen Erikson fut promu à un poste de dirigeant dans la filiale canadienne du groupe. Passer de New York à Toronto lui semblait être un jeu d'enfant. Ne dit-on pas des Canadiens et des Américains qu'ils se ressemblent beaucoup ? Et puis, la ville était sûre et réputée pour ses bons restaurants et ses manifestations culturelles.

Stephen fit ses bagages sur-le-champ, loua un meublé dans le centre de Toronto et s'investit dans son nouveau poste avec son énergie coutumière. Son épouse, Irene, talentueuse décoratrice d'intérieur, mit leur appartement de New York en vente et commença à préparer leurs deux filles, Katherine, douze ans, et Elizabeth, neuf ans, à changer d'école en cours d'année. Stephen et Irene avaient dans un premier temps envisagé de repousser l'installation de la famille au Canada à la fin de l'année scolaire, quatre mois plus tard, pour finalement renoncer à cette option, jugeant la séparation trop longue.

Les premiers signes annonciateurs de difficultés furent presque anodins. Chaque fois qu'il essayait d'obtenir quelque chose de son équipe, Stephen avait l'impression de se débattre dans un océan de mélasse. New-Yorkais habitué à dire les choses sans détours, il fut bientôt exaspéré par la politesse et la « gentillesse » de ses nouveaux collègues. Ceux-ci, disait-il à Irene, éludaient les discussions carrées sur les questions difficiles. Et il ne retrouvait pas les personnes du genre bulldozer sur qui il avait pu s'appuyer pour faire avancer les choses à New York.

Un mois après sa prise de fonction, Irene le rejoignit à Toronto pour chercher une nouvelle maison et une école pour les enfants, et prendre le pouls du marché local de la décoration d'intérieur. Mécontent de son travail, Stephen était irritable. Le moral d'Irene ne tarda pas à prendre le même chemin, car elle ne trouvait pas d'école à son goût. À New York, Elizabeth et Katherine étaient inscrites dans une excellente école privée où elles étaient très heureuses. Elles n'avaient aucune envie de déménager et, depuis quelques semaines, menaient la vie dure à leur mère. Celle-ci les avait calmées en leur faisant miroiter l'aventure que représentait un déménagement dans un nouveau pays et en leur promettant qu'elle leur trouverait une nouvelle école formidable. Démoralisée, elle dit à Stephen qu'elle pensait qu'ils feraient mieux de laisser les filles terminer leur année scolaire à New York, ce qu'il accepta.

Entre les allers-retours de Stephen entre Toronto et New York, et l'obligation pour Irene de s'occuper seule des enfants tout en travaillant, leur situation ne tarda pas à se dégrader. Irene vint passer quelques week-ends à Toronto et continua à chercher une école pour les filles, mais il devint de plus en plus évident qu'elle n'avait aucune envie de s'installer au Canada. Les week-ends étaient souvent stressants, les filles étaient à la fois heureuses de retrouver leur père et malheureuses à l'idée de déménager. Stephen arrivait fatigué au bureau le lundi matin, incapable de se concentrer, ce qui aggrava encore ses difficultés relationnelles avec ses collègues et son équipe. Il savait que ses résultats professionnels en pâtissaient, ce qui ne faisait qu'accroître son stress.

Il finit par décider de prendre les choses en main. Par l'intermédiaire de collègues, il trouva une bonne école pour ses filles et plusieurs pistes intéressantes pour des maisons. Mais lorsqu'il pria Irene d'accélérer la vente de leur appartement, il provoqua la dispute la plus grave que le couple ait jamais connue. Lorsqu'il devint évident que leur mariage était en danger, Stephen fit savoir à son entreprise que s'il n'était pas rappelé à New York, il démissionnerait.

La vie du manager s'apparente toujours plus ou moins à un exercice d'équilibriste, mais jamais autant que lors d'une transition. Les mains liées par l'incertitude et l'ambiguïté, dépourvu de tout réseau de soutien, vous ne savez même pas ce que vous ne savez pas. Et si, comme Stephen, vous avez déménagé, votre vie personnelle est, elle aussi, en pleine transition. Or, au milieu de tout ce chaos, vous êtes censé vous acclimater rapidement et commencer à apporter un changement positif à votre nouvelle organisation. La gestion de vous-même constitue dès lors un défi clé de la transition.

Concentrez-vous vos efforts là où il le faut ? Entretenez-vous votre énergie et gardez-vous du recul ? Votre famille et vous-même recevez-vous le soutien dont vous avez besoin ? Ne partez pas tout seul à l'aventure.

Faire le point

Pour commencer, il est bon de faire le point sur vos sentiments à propos du déroulement actuel de votre transition. Prenez quelques minutes pour consulter le « cadre d'analyse » suivant (voir l'encadré) afin d'évaluer votre situation personnelle.

Introspection : un cadre d'analyse

Quels sont vos sentiments à ce stade ?

Sur une échelle allant de « beaucoup » à « peu », vous sentez-vous :

- Stimulé ? Si non, pourquoi ? Que pouvez-vous y faire ?
- Confiant ? Si non, pourquoi ? Que pouvez-vous y faire ?
- Maître de votre réussite ? Si non, pourquoi ? Que pouvez-vous y faire ?

Qu'est-ce qui vous a gêné jusqu'ici ?

- Avec qui n'avez-vous pas pu nouer la relation que vous vouliez ? Pourquoi ?
- De toutes les réunions auxquelles vous avez participé, laquelle vous a le plus inquiété ? Pourquoi ?
- De tout ce que vous avez vu et entendu, qu'est-ce qui vous a le plus dérangé ? Pourquoi ?

Qu'est-ce qui s'est bien ou mal passé ?

- Quelles interactions auriez-vous gérées différemment si vous aviez pu ? Lesquelles ont dépassé vos attentes ? Pourquoi ?
- Quelles décisions se sont révélées particulièrement productives ? Discutables ? Pourquoi ?
- Quelles opportunités manquées regrettez-vous le plus ? Si vous n'avez pu obtenir un meilleur résultat, est-ce à cause de vous ou à cause d'éléments échappant à votre contrôle ?

À présent, concentrez-vous sur les difficultés ou les défis les plus importants que vous rencontrez. Soyez honnête avec vous-même. Vos difficultés tiennent-elles à la situation ou en êtes-vous responsable ? Même des managers talentueux et expérimentés ne font pas toujours la part des choses et accusent la situation d'être source de tous leurs maux – perdant ainsi en proactivité.

Prenez un peu de recul. Si tout ne se passe pas comme vous le voudriez, quelle en est la raison ? Réside-t-elle uniquement dans les hauts et les bas psychologiques que vous éprouverez nécessairement en arrivant dans un nouveau poste ? Il est inévitable que votre enthousiasme initial s'émousse à mesure que le nouveau défi à relever devient moins stimulant et que la réalité s'impose. Il est courant que les managers éprouvent un passage à vide trois à six mois après leur arrivée dans de nouvelles fonctions. Heureusement, vous êtes à peu près sûr de prendre le dessus, pour autant que vous appliquiez votre plan à 90 jours, bien sûr.

Mais il est possible aussi que les difficultés que vous rencontrez résultent de faiblesses personnelles plus profondes, susceptibles de vous déstabiliser. En effet, les transitions tendent à amplifier vos faiblesses. Soyez donc à l'affût des comportements potentiellement perturbateurs répertoriés ci-dessous, et demandez-vous (si vous vous sentez en confiance, vous pouvez aussi interroger des gens qui vous connaissent bien et vous donneront un avis honnête) si vous ne souffririez pas de l'un de ces symptômes.

Des frontières non défendues

Si vous n'établissez pas de frontières solides définissant ce que vous êtes disposé à faire et ce que vous ne voulez pas faire, les personnes qui vous entourent (supérieurs, collègues et subordonnés directs) prendront tout ce que vous avez à donner. Plus vous donnerez, moins elles vous respecteront et plus elles vous en demanderont – encore un cercle vicieux. Plein de colère et d'amertume, vous aurez le sentiment d'être pressé comme un citron et pourtant, vous serez seul responsable de ce qui vous arrive. Si vous n'êtes pas capable de vous fixer des limites, vous ne pouvez pas demander aux autres de le faire à votre place.

Enfermement

L'incertitude inhérente aux transitions peut exacerber l'inflexibilité et la méfiance, en particulier chez les nouveaux managers ayant un fort besoin de contrôle. Souvent, ces derniers s'accrochent alors de toutes leurs forces à des lignes d'action vouées à l'échec. Vous prenez une décision de manière prématurée et, lorsque vous constatez votre erreur, vous vous dites qu'il n'est plus possible de revenir en arrière parce que cela vous ferait perdre toute crédibilité. Plus vous temporisez, plus il devient difficile de reconnaître que vous avez eu tort et plus les conséquences sont désastreuses. Ou vous vous persuadez qu'il n'y a qu'une façon d'atteindre tel ou tel objectif, la vôtre, privant du même coup ceux qui ont d'autres idées aussi valables de toute possibilité d'action.

Isolement

Pour être efficace, vous devez être connecté aux personnes qui ont les moyens de faire bouger les choses et aux flux d'information souterrains. L'isolement est un processus sournois et pernicieux qui guette tout nouveau manager. Il s'installe lorsque vous négligez de nouer les bons contacts, en vous reposant, par exemple, de manière excessive sur quelques personnes ou sur des informations officielles. Il s'abattra également sur vous si vous découragez involontairement des personnes de partager avec vous des informations critiques – par crainte de votre réaction à de mauvaises nouvelles ou parce qu'elles pensent que vous n'êtes pas dans leur camp, par exemple. Dans tous les cas, l'isolement fait le lit d'une prise de décision défaillante, qui entame votre crédibilité et renforce encore votre isolement.

La « dérobade »

Dès le début, vous devrez prendre des décisions difficiles : choisir une stratégie pour l'organisation alors que vous disposez d'informations parcellaires, ou faire des choix concernant les effectifs, qui auront un impact profond sur la vie des gens. Il peut arriver que vous repoussiez, consciemment ou inconsciemment, ce type de décision, en vous plongeant dans d'autres tâches ou en vous persuadant que le moment n'est pas encore venu. Il en résulte ce que la littérature sur le leadership appelle « dérobade » : une tendance à éviter de prendre le taureau par les cornes, qui n'aboutit qu'à aggraver des problèmes déjà difficiles[1].

Tous ces syndromes peuvent générer des niveaux dangereux de stress. Tout stress, cependant, n'est pas mauvais. Le lien entre stress et résultats a été largement étudié ; il est représenté par la courbe dite de Yerkes-Dodson (voir la figure 9.1[2]).

---

1. Voir Ronald Heifetz, *Leadership Without Easy Answers* (Cambridge, MA, Belknap Press, 1994), p. 251.
2. Cette courbe a été créée initialement comme modèle de l'anxiété. Voir Robert M. Yerkes et John D. Dodson, « The Relation of Strength of Stimulus to Rapidity of Habit Formation », *Journal of Comparative Neurology and Psychology*, vol. 18, 1908, pp. 459–482. Naturellement, ce modèle a ses limites et il est utile surtout en tant que métaphore. À propos de ces limites, voir « How Useful Is the Human Function Curve? » www.trance.dircon.co.uk/curve.html.

Que vous le génériez vous-même ou que ce soit l'environnement qui vous l'impose, vous avez besoin d'une certaine dose de stress (sous forme de motivations positives ou de conséquences de l'inaction, notamment) pour être productif. Sans cette tension, il ne se passe pas grand-chose – vous restez allongé sur votre lit à grignoter du chocolat.

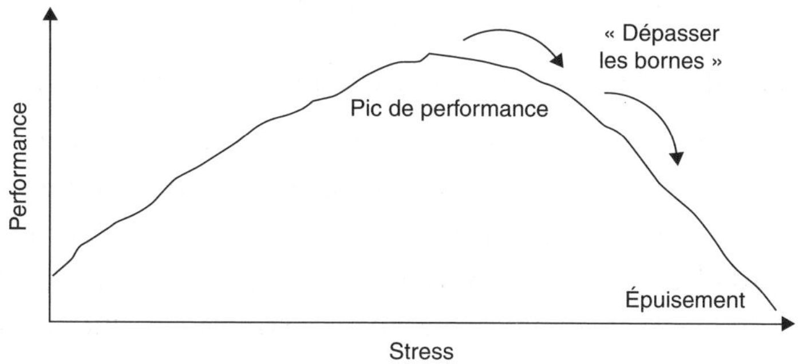

Figure 9.1 La courbe de la performance humaine de Yerkes-Dodson

Lorsque vous commencez à être soumis à une pression, vos performances augmentent, au moins au début. Vous finissez par atteindre un point (qui varie selon les individus) au-delà duquel des exigences supplémentaires – trop de choses à gérer en même temps ou une charge émotionnelle trop importante, par exemple – diminuent vos performances. Une fois dépassées les bornes de votre niveau optimal de stress, cette dynamique crée à son tour du stress, diminuant encore vos performances et créant un cercle vicieux. Dans certains cas rares le surmenage s'installe et vous sombrez dans l'épuisement. Mais bien plus communément s'installe une sous-performance chronique : vous travaillez davantage et vous accomplissez moins. C'est ce qui est arrivé à Stephen.

Comprendre les trois piliers de l'auto-efficacité

Si vous éprouvez ce genre de faiblesses, que pouvez-vous y faire ? Vous devez vigoureusement rechercher l'« auto-efficacité » : une pratique personnelle qui repose sur trois piliers.

Le premier est l'adoption des stratégies gagnantes présentées dans les huit chapitres précédents. Le deuxième est l'instauration et le respect de certaines disciplines personnelles. Le troisième réside dans la formation de systèmes de soutien, au sein de l'entreprise et de la sphère familiale, qui vous aident à conserver votre équilibre.

Premier pilier : adoptez des stratégies à 90 jours

Les stratégies exposées tout au long de ce livre composent un modèle dont l'objectif est de vous aider à gérer les défis clés de la transition : apprendre, définir des priorités, développer des plans d'actions et impulser une dynamique à l'organisation. Lorsque vous constaterez que ces stratégies fonctionnent et que vous aurez quelques victoires précoces à votre actif, vous vous sentirez plus confiant et plus motivé par ce que vous êtes en train d'accomplir. À mesure que vous avancerez dans votre transition, envisagez les **situations** que vous devez affronter à la lumière des défis clés résumés dans le tableau 9.1, et reportez-vous aux chapitres correspondants.

Tableau 9.1 Évaluation des défis clés

Défi	*Questions de diagnostic*
Vous préparer	Adoptez-vous le bon état d'esprit pour aborder votre nouveau poste et vous détachez-vous du passé ?
Accélérer votre apprentissage	Distinguez-vous ce que vous avez besoin d'apprendre, auprès de qui, et comment accélérer le processus d'apprentissage ?
Adapter la stratégie à la situation	Diagnostiquez-vous le type de transition auquel vous êtes confronté et ses implications quant à ce qu'il faut et ne faut pas faire ?
Négocier la réussite	Construisez-vous votre relation avec votre nouveau supérieur, tout en gérant les attentes et en rassemblant les ressources dont vous avez besoin ?
Remporter des victoires précoces	Vous consacrez-vous aux priorités vitales qui font progresser vos objectifs à long terme et créent une dynamique à court terme ?

Aligner	Identifiez-vous et prenez-vous les mesures nécessaires pour pallier les défauts d'alignement de la stratégie, de la structure, des systèmes et des compétences ?
Bâtir votre équipe	Êtes-vous en train de conduire l'évaluation, la restructuration et l'alignement de votre équipe pour vous donner les moyens d'atteindre vos objectifs ?
Constituer des alliances	Êtes-vous en train de construire une base de soutien interne et externe pour vos initiatives ?

Deuxième pilier : développez des disciplines personnelles

Savoir ce que l'on devrait faire est une chose, le faire en est une autre. En dernière instance, la réussite ou l'échec découle de l'accumulation de choix quotidiens qui vous propulsent dans la bonne direction ou vous font basculer dans le précipice. C'est là le territoire du deuxième pilier de l'auto-efficacité : la discipline personnelle.

Nous désignons par là des routines que vous vous imposez sans relâche. Quelles disciplines devez-vous développer en priorité ? Cela dépend de vos forces et de vos faiblesses. Vous portez peut-être un regard très clairvoyant sur vous-même, mais ne vous privez pas pour autant du point de vue de personnes qui vous connaissent bien et en qui vous avez confiance. (Une évaluation 360 degrés pourra être utile.) Selon elles, quels sont vos points forts et, plus important encore, vos points faibles potentiels ?

Utilisez la liste de règles de vie suivante pour nourrir vos réflexions sur les routines qu'il vous faut développer.

Prévoyez de planifier

Faites-vous régulièrement le point sur vos objectifs, les actions engagées, les actions à conduire ? Si ce n'est pas encore dans vos habitudes, il va vous falloir vous plier à une discipline de planification rigoureuse. À la fin de chaque journée, consacrez dix minutes à faire le point sur les objectifs que vous vous étiez fixés la veille et à planifier pour le lendemain. Procédez de la même manière à la fin de chaque semaine. Prenez l'habitude de ce petit exercice. Même si vous n'êtes pas parfaitement à jour, vous contrôlerez mieux les choses.

Concentrez-vous sur ce qui est important

Consacrez-vous chaque jour du temps à ce qui compte réellement ? Dans le flux des tâches quotidiennes – coups de téléphone, e-mails, réunions... –, il est facile de négliger le moyen terme – sans parler du long terme. Si vous avez du mal à avancer sur les projets importants, ménagez-vous une plage de réflexion quotidienne. Pendant ne serait-ce qu'une demi-heure, fermez votre porte, ne répondez pas au téléphone, ne consultez pas vos e-mails et réfléchissez, réfléchissez, réfléchissez !

Retardez judicieusement le moment de vous engager

Vous arrive-t-il de prendre des engagements dans la chaleur de l'instant et de le regretter ensuite ? Acceptez-vous à la légère de faire des choses dans un avenir apparemment lointain pour mieux vous le reprocher lorsque le moment de s'exécuter arrive et que votre programme est surchargé ? Si oui, vous devez apprendre à attendre avant de dire « oui ». Chaque fois que quelqu'un vous demande de faire quelque chose, répondez-lui : « Cela a l'air intéressant. Je vais y réfléchir et je te rappelle. » Ne dites jamais « oui » sur-le-champ. Si la personne se montre très pressante, dites-lui : « Écoute, s'il te faut une réponse tout de suite, c'est non. Mais si tu peux attendre, je vais y réfléchir. » Commencez par refuser : vous pourrez toujours accepter plus tard. Alors que l'inverse est beaucoup plus difficile (et préjudiciable à votre réputation). S'ils savent que votre calendrier paraît ouvert, les gens vous demanderont de vous engager longtemps à l'avance.

Prenez du recul

Avez-vous du mal à ne pas céder à l'escalade émotionnelle des situations difficiles ? Si oui, obligez-vous à dédramatiser, à prendre du recul avant de rejoindre la mêlée. Vos interventions n'en seront que plus productives. Les vertus de ce « petit tour dans le jardin » sont reconnues de longue date par les spécialistes de la négociation et du leadership[3]. Ce ne sera pas toujours facile, surtout si les enjeux sont importants et que vous êtes émotionnellement impliqué. Mais avec de la discipline et de l'entraînement, c'est une compétence qui peut être cultivée.

Regardez en vous

Êtes-vous aussi conscient que vous le devriez de vos réactions aux événements durant votre transition ? Si tel n'est pas le cas, obligez-vous à réfléchir régulièrement à votre situation. Pour certains nouveaux managers, une introspection structurée prendra la forme de quelques pensées, impressions et interrogations jetées sur une feuille de papier à la fin de la journée. D'autres préfèreront se réserver du temps une fois par semaine pour faire le point. Trouvez une approche qui vous convienne et obligez-vous à la pratiquer régulièrement. Puis, faites ce qu'il faut pour traduire vos réflexions en actions.

Levez le pied à bon escient

Les transitions sont des marathons, pas des sprints. Si vous vous rendez compte que vous « dépassez les bornes » de votre courbe de stress un peu trop souvent, il va falloir que vous vous obligiez à lever le pied de temps en temps. Plus facile à dire qu'à faire, naturellement, surtout lorsqu'une échéance

---

3. On trouvera une présentation de cette pratique dans un contexte de négociation dans le chapitre 1 de William Ury, *Getting Past No: Negotiating Your Way from Confrontation to Cooperation* (New York, Bantam Doubleday, 1993).

approche et qu'une petite heure de travail en plus peut faire toute la différence. À court terme sans doute, mais le coût à long terme risque d'être élevé, très élevé. Apprenez donc à être à l'écoute de vous-même pour repérer les moments où vous êtes sur le point de franchir la ligne rouge... et pour faire cette pause indispensable qui vous permettra de recharger vos batteries.

Troisième pilier : bâtir vos systèmes de soutien

Le troisième pilier de l'auto-efficacité est la consolidation de vos systèmes de soutien personnels. Il va falloir affirmer votre contrôle sur votre nouvel environnement, stabiliser le front familial et bâtir un solide réseau de soutien.

Affirmez votre contrôle sur votre nouvel environnement

Ne négligez pas l'intendance ! Vous vous concentrerez mieux sur votre mission si les bonnes conditions de travail sont réunies. Même si vous avez des soucis plus pressants, faites ce qu'il faut pour que votre nouveau bureau soit rapidement installé, développez des routines, mettez les choses au point avec votre assistante, et ainsi de suite. Si nécessaire, réunissez un ensemble de ressources temporaires – fichiers, références, technologies de l'information et personnel – pour vous dépanner en attendant que les systèmes définitifs soient opérationnels.

Stabilisez le front familial

C'est une règle fondamentale de l'art de la guerre que d'éviter de livrer bataille sur trop de fronts simultanément. À l'heure où vous prenez de nouvelles fonctions, il est donc particulièrement important de veiller à « stabiliser le front familial » pour pouvoir consacrer toute votre attention à votre mission. Si votre vie personnelle est sens dessus dessous ou si vous ne réglez pas les difficultés en suspens, votre travail en sera directement affecté. Stephen l'a compris trop tard.

Si votre nouveau poste exige que vous déménagiez, votre famille vit également une transition : peut-être votre conjoint devra-t-il, comme Irene, subir aussi une transition professionnelle et vos enfants changer d'école et quitter leurs amis. En d'autres termes, il y a de fortes chances pour que le tissu familial soit perturbé au moment même où vous avez le plus besoin de soutien et de stabilité. Les pressions de votre transition professionnelle ne seront pas non plus sans incidence, alourdissant la charge émotionnelle qui pèse sur vos épaules. Moins efficace, vous mettrez plus de temps à atteindre le seuil de rentabilité.

Attelez-vous donc à accélérer également la transition familiale. Pour commencer, il est fondamental que vous acceptiez l'idée que votre famille est peut-être malheureuse, voire en colère, à cause de ce changement. Le dialogue et l'écoute vous aideront, vous et votre entourage, à surmonter ensemble ce douloureux bouleversement.

Au-delà, voici quelques conseils qui vous serviront à rendre plus douce la transition de votre famille :

Analysez le système de soutien existant de votre famille

En déménageant, vous rompez tout un réseau de relations et de prestataires de services essentiels : médecins, avocats, dentistes, baby-sitters, tuteurs, coachs, et bien d'autres. Dressez-en la liste et trouvez-leur rapidement des remplaçants.

Remettez votre conjoint sur les rails

Votre conjoint va peut-être quitter son emploi avec l'intention d'en trouver un autre là où vous vous installez. Si cette recherche ne se concrétise pas rapidement, son moral en souffrira. Pour accélérer le processus, négociez dès le début avec votre entreprise une aide à la recherche d'emploi pour votre conjoint ou trouvez l'accompagnement nécessaire le plus vite possible après votre installation. Dans tous les cas, ne laissez pas votre conjoint baisser les bras.

Planifiez avec soin le déménagement de votre famille

Pour les enfants, il est généralement plus difficile de déménager en cours d'année. Si cela est possible, attendez donc la fin de l'année scolaire pour faire venir votre famille. Cela implique de vivre séparé de ceux que vous aimez pendant quelque temps et de supporter le stress des allers-retours. Si vous choisissiez cette option, veillez également à ce que votre conjoint dispose de tout le soutien nécessaire. Assumer seul une famille, même pendant un laps de temps réduit, n'est pas une tâche facile.

Préservez le cadre familial

Rétablissez le plus rapidement possible les rituels familiaux et préservez-les tout au long de la transition. N'oubliez pas que l'aide de ces alliés de choix que sont les grands-parents sera souvent irremplaçable.

Investissez dans l'immersion culturelle

Si vous vous installez à l'étranger, attachez-vous les services d'un professionnel pour vous aider à gérer les aspects culturels de la transition. Le risque d'isolement est bien plus élevé pour votre famille s'il existe des barrières linguistiques et culturelles.

Le cas échéant, utilisez le plus vite possible le service d'aide à la réinstallation de votre entreprise

Dans la plupart des cas, ce type de service se limite à la recherche d'un nouveau logement, l'aide au déménagement et la recherche d'écoles, mais cela vous fera gagner un temps précieux.

Un déménagement sera toujours douloureux, mais vous pouvez faire beaucoup pour l'adoucir et accélérer la transition de chacun.

Bâtissez votre réseau de conseillers

Aucun manager, aussi capable et énergique soit-il, ne peut tout faire tout seul. Vous avez besoin d'un réseau de conseillers de confiance au sein de l'entreprise et à l'extérieur de celle-ci, avec qui vous pourrez discuter librement de ce que vous êtes en train de vivre. Votre réseau est une ressource indispensable qui vous protégera de l'isolement et vous aidera à garder du recul. Un bon réseau se compose d'au moins trois types de prestataires de conseils : les conseillers techniques, les interprètes culturels et les conseillers politiques (voir le tableau 9.2).

Tableau 9.2 Typologie de vos conseillers

Type	*Rôle*	*Apports*
Conseillers techniques	Fournir des analyses pointues des marchés, des technologies et de la stratégie	Suggèrent des applications pour de nouvelles technologies. Recommandent des stratégies pour pénétrer de nouveaux marchés. Fournissent des informations opportunes et actualisées.
Interprètes culturels	Vous aider à comprendre la nouvelle culture et (si tel est votre objectif) à vous y adapter.	Vous éclairent sur les normes culturelles, les modèles mentaux et les hypothèses sous-jacentes. Vous aident à apprendre à parler le langage de la nouvelle organisation.
Conseillers politiques	Vous aider à comprendre et gérer les relations politiques au sein de votre nouvelle organisation.	Vous aident à mettre en œuvre les recommandations de vos conseillers techniques. Vous servent de caisse de résonance lorsque vous envisagez différentes options pour mettre en œuvre votre projet. Vous stimulent par leurs questions.

Vous devez également définir avec soin le panachage de conseillers extérieurs et de conseillers internes que vous souhaitez obtenir. Ceux de l'intérieur connaissent l'organisation, sa culture et ses jeux de pouvoir. Recherchez des personnes qui possèdent d'importants réseaux de relations et à qui vous savez pouvoir faire confiance pour vous aider à comprendre les nouvelles règles du jeu.

Ressource inestimable, les conseillers internes ont aussi leurs limites. Ils ne peuvent, par exemple, vous donner une vision dépassionnée ou désintéressée des choses. Dès lors, vous devez adjoindre à votre réseau interne un réseau externe composé de conseillers extérieurs qui vous aideront à relever les défis et à assumer les décisions auxquels vous êtes confronté. Recherchez en particulier chez eux la capacité d'écoute, une bonne connaissance du fonctionnement des organisations et la loyauté à vos intérêts.

Utilisez le tableau 9.3 pour évaluer votre réseau de conseillers relativement à leurs domaines d'intervention – technique, culturel, politique – et à leur appartenance ou non à l'organisation.

Tableau 9.3 Évaluation de votre réseau de conseillers

	Conseillers techniques	Interprètes culturels	Conseillers politiques
Conseillers internes			
Conseillers extérieurs			

À présent, prenez du recul. Votre réseau existant vous apportera-t-il le soutien dont vous avez besoin dans votre nouvelle situation ? Ne partez surtout pas du principe que ceux qui vous ont aidé hier pourront continuer à le faire aujourd'hui. Vous allez être confronté à des problèmes différents et vos anciens conseillers ne seront pas nécessairement à même d'y répondre. Lorsque vous accédez à des responsabilités plus élevées, par exemple, le besoin de bons conseils politiques croît d'ordinaire considérablement.

Sachez également anticiper et regardez loin devant. Parce que développer un réseau performant exige du temps, il n'est pas trop tôt pour réfléchir au type de réseau dont vous aurez besoin dans votre *prochain* poste. En quoi vos besoins de conseils changeront-ils ?

Un réseau efficace est un réseau qui vous apporte l'aide dont vous avez besoin, quand vous en avez besoin. Votre réseau de soutien possède-t-il les qualités suivantes :

- Le bon dosage de conseillers techniques, interprètes culturels et conseillers politiques.
- Le bon dosage de conseillers internes et de conseillers extérieurs. De l'interne, vous attendez un feed-back honnête, et des observateurs extérieurs un point de vue dépassionné.
- Des soutiens extérieurs qui vous sont loyaux, à vous personnellement et non à votre nouvelle organisation ou à votre nouvelle unité. Il s'agira le plus souvent de collègues et d'amis de longue date.
- Des conseillers internes dignes de confiance, dont les intérêts personnels ne sont pas en conflit avec les vôtres et qui vous apportent des conseils honnêtes et éclairés.
- Des représentants des acteurs clés de l'organisation, qui vous aideront à comprendre leur façon de voir les choses.

Garder le cap

Vous devrez lutter pied à pied, chaque jour, pour vous gérer vous-même. En dernière analyse, votre réussite ou votre échec découlera de tous ces petits choix que vous aurez faits, jour après l'autre. Ils peuvent enclencher une dynamique positive – pour l'organisation comme pour vous – ou vous enfermer dans des cercles vicieux qui nuiront à votre efficacité. Vos actions quotidiennes durant votre transition donnent ainsi le *la* de tout ce qui suivra pour l'organisation, mais aussi pour vous, votre efficacité et, au-delà, votre bien-être.

Gérez-vous vous-même – Checklist

1. Quelles sont vos plus grandes vulnérabilités par rapport à votre nouveau poste ? Comment envisagez-vous d'y remédier ?
2. Quelles disciplines personnelles avez-vous le plus besoin de développer ou de renforcer ? Comment allez-vous y parvenir ? Comment mesurerez-vous vos progrès ?
3. Que pouvez-vous faire pour mieux maîtriser votre nouvel environnement ?
4. Que pouvez-vous faire pour faciliter la transition de votre famille ? Quelles relations de soutien devrez-vous construire ? Quelles sont vos priorités les plus élevées ?
5. Quelles sont vos priorités pour consolider votre réseau de conseillers ? Quelle importance convient-il d'accorder à votre réseau interne ? À votre réseau externe ? Dans quels domaines avez-vous le plus besoin d'un soutien supplémentaire : technique, culturel, politique ou personnel ?

Chapitre 10

Tous ensemble, plus vite

90 jours pour réussir sa prise de poste est destiné aux managers en transition. Ce livre a été écrit pour les aider à établir un diagnostic de leur situation, à définir leurs problèmes essentiels et à concevoir des plans pour donner une impulsion. Des centaines de milliers de dirigeants ont bénéficié de cette approche qui, des études indépendantes l'ont montré, peut faire atteindre le seuil de rentabilité jusqu'à 40 % plus vite[1].

Si un nouveau manager ne parvient pas à prendre son envol, c'est pour lui un coup sévère qui peut même ruiner sa carrière. Mais quel en est l'effet sur les entreprises ? Toute transition ratée – franche sortie de route ou sous-performance moins spectaculaire – coûte cher à l'organisation aussi. Le niveau de ces coûts est tel qu'un système d'accélération des transitions perfectionné peut réduire le risque pour l'entreprise, apporter un avantage concurrentiel et hâter la mise en œuvre du changement.

---

1. Étude indépendante d'une multinationale de la santé, membre du palmarès Fortune 100, consacrée à 125 participants du coaching ou des programmes de transition de Genesis Advisers. Les participants au programme ont fait état en moyenne d'une amélioration de 38 % de leurs résultats, les dirigeants bénéficiant d'un accompagnement d'une amélioration de 40 %.

Songez d'abord aux risques des transitions de cadres dirigeants, aussi bien par promotion interne que par recrutement externe. Un seul échec à leur niveau peut se chiffrer en centaines de milliers de dollars de coûts directs, sans parler des occasions perdues ni des dommages pour l'entreprise. L'étude indépendante du programme Genesis Advisers et les processus d'accompagnement mentionnés précédemment ont apporté un retour sur investissement de 1 400 %, d'après des estimations prudentes. Mais au-delà, les citations ci-dessous, tirées de l'étude, soulignent l'étendue et l'ampleur des effets potentiels d'un échec total ou relatif[2].

- « Du temps d'un nouveau dirigeant en difficulté, une entreprise a vu sa croissance diminuer de moitié dans une région. Cela représente une perte de 7 à 8 milliards de dollars après impôt. »
- « Aucune initiative n'était prise et les résultats n'étaient pas à la hauteur. Le lancement d'un nouveau produit a été retardé. En cas de problèmes dans le développement de nouveaux produits, les conséquences d'une mauvaise transition peuvent coûter 100 millions de dollars. »
- « Un coût essentiel est la perte de talents. C'est un coût énorme qui ne se mesure pas seulement en dollars. Les hauts potentiels sont une ressource rare et nous sommes durs avec eux. En cas d'échec, vous en avez perdu un. »

Les entreprises disposent en général de systèmes pour évaluer et gérer d'autres risques d'ampleur comparable, et elles devraient gérer le risque de transition des dirigeants avec une égale rigueur. Un système d'accélération est donc un élément de la gestion globale du risque dans l'entreprise.

Considérons à présent l'effet cumulé sur les performances des nombreuses transitions en cours à tous niveaux. Rappelez-

2. Citations directement issues de l'étude précédente sur les programmes et processus de coaching de Genesis Advisers.

vous que chaque année un quart des managers d'une entreprise représentative du palmarès Fortune 500 changent de poste. Le taux de transition annuel est encore plus élevé pour les cadres dirigeants : 35 % aux trois échelons supérieurs de la direction, selon une étude, dont 22 % mutés en interne et 13 % débauchés par des entreprises extérieures. Or chaque transition a des effets sensibles sur les performances d'environ une douzaine de personnes dans leur entourage – pairs, subordonnés directs et supérieurs.

Imaginez la valeur que représenterait une accélération de toutes ces transitions, ne serait-ce que de 10 %, sans parler de 40 %. Réussir à accélérer tout le monde contribue directement à l'amélioration des résultats de l'entreprise. C'est même une source potentielle d'avantage concurrentiel ; si vous pouvez aider tout un groupe à monter en cadence plus vite, l'entreprise sera plus agile et plus réactive. Un système d'accélération est donc un élément clé d'une organisation à hautes performances.

Enfin, songez à ce qui se passe quand votre entreprise connaît un épisode de changement important – une restructuration, une phase de croissance rapide ou l'intégration d'une acquisition. Tout changement majeur provoque des transitions individuelles en cascade dans toute l'organisation. L'important travail « concret » qui consiste à mettre en place la structure et les systèmes voulus et à pourvoir les postes clés n'est que la première phase de la mise en œuvre du changement. Pour parvenir à des objectifs planifiés, comme des acquisitions sources de synergies, les orientations stratégiques doivent être diffusées jusqu'aux échelons inférieurs de l'entreprise ; les rôles, responsabilités et pouvoirs de décision doivent être clairement spécifiés, et l'instauration de relations doit être accélérée.

Le cadre des 90 jours décrit dans ce livre a servi très efficacement à accélérer la seconde phase du changement organisationnel dans les mises en œuvre de Rapid Rewire. En général, celles-ci visent l'accélération des équipes et partent de la direction avant de se répandre dans toute l'organisation. À tous les niveaux, les équipes utilisent la même méthodologie, le même vocabulaire et les mêmes outils pour créer des plans à 90 jours et renforcer les relations et le travail d'équipe. Réussir dans l'application de cette approche peut faire la différence entre atteindre ses objectifs et échouer lamentablement. En effet, comme de nombreuses entreprises l'ont appris à leurs dépens, ce qu'il y a de plus difficile dans le changement est son côté psychologique. Un système d'accélération est donc un élément essentiel de la boîte à outils du changement organisationnel.

Qu'elles s'intéressent à la gestion du risque, à l'amélioration des performances, à la mise en œuvre du changement ou aux trois, les entreprises ont tout intérêt à accélérer les transitions à tous les niveaux – en interne et en externe, pour l'individu comme pour l'organisation. Cela signifie qu'elles devraient gérer l'accélération des transitions managériales comme elles le feraient pour tout processus opérationnel critique – en mettant en place le cadre, les outils et les systèmes voulus pour que tout le monde aille plus vite.

Cela dit, comment les entreprises devraient-elles envisager l'élaboration de systèmes d'accélération ? Les dix principes suivants vous serviront à bâtir la bonne solution pour votre organisation.

Identifiez les transitions critiques

Le point de départ est de connaître le nombre de transitions qui interviennent dans votre organisation et de s'attacher d'abord à accélérer les plus importantes. Il est étonnant de voir que de nombreuses entreprises sont incapables de répondre à des questions élémentaires sur le nombre de personnes embauchées, promues ou mutées, latéralement ou d'une unité à l'autre. Si l'on ne dispose pas de données correctes sur la fréquence des transitions – et particulièrement si l'on ne sait pas quand celles-ci se produisent –, il est difficile de concevoir des systèmes d'accélération.

Il vous faut comprendre la fréquence des transitions pour déterminer les coûts et les avantages des soutiens que vous leur apporterez à différents niveaux et pour allouer les ressources de manière efficiente. Supposons, par exemple, que vous prévoyiez une fréquence de mouvements relativement élevée (supérieure à 30 %) au niveau des managers de terrain, en raison peut-être d'une croissance rapide de l'entreprise. Il serait bon de retenir, à titre de règle empirique, que les leaders de ce niveau devraient participer à des ateliers sur la transition (présentiels ou virtuels) dans les soixante premiers jours suivant leur prise de fonction (en plus des ressources de lancement qu'ils recevront immédiatement, comme on le dira plus loin). Ces ateliers fonctionnent souvent mieux s'ils comptent entre quinze et vingt participants. Ces informations peuvent vous servir à prévoir où et quand un soutien transitionnel sera proposé.

Outre leur fréquence, il est bon de savoir comment les transitions se partagent entre recrutements extérieurs, mutations entre unités, promotions et mutations latérales. Cela vous permet d'apporter un soutien spécifique. En effet, comme on va le voir, celui-ci doit être quelque peu adapté selon le type de transition vécu par les leaders.

Vous devez ensuite vous concentrer sur les transitions critiques. Quelles sont les transitions les plus importantes en cours dans votre entreprise ? Supposez que cette dernière soit un petit laboratoire pharmaceutique en forte croissance. Elle vient d'obtenir l'autorisation de lancer un nouveau médicament prometteur ; vous embauchez une nouvelle force de vente et vous devez monter en puissance plus vite qu'un concurrent. Réussir à intégrer de nouveaux vendeurs pourrait faire la différence entre un triomphe et un résultat modeste. Vous devez donc centrer vos efforts initiaux sur l'aide à tous ces vendeurs pour qu'ils montent en rythme le plus vite possible, et sur l'aide à la direction des ventes dans son ensemble pour qu'elle prenne corps. Utilisez la « Fiche de température des transitions » de la figure 10.1 pour résumer quelles transitions vous paraissent les plus critiques dans votre organisation.

		Intensité de la transition			
Unité d'organisation	**Principaux changements**	**Intégration**	**Promotion**	**Mutations géographiques**	**Mutations latérales**
Unité A	Croissance rapide	Haute	Basse	Haute	Moyenne
Unité B	Redressement	Moyenne	Basse	Basse	Haute
Unité C	Acquisition	Aucune	Basse	Moyenne	Haute

Figure 10.1 Fiche de température des transitions

Repérez les dynamiques d'échec

Comme on l'a dit dans l'introduction, il existe des pièges courants dans lesquels tombent les nouveaux leaders. Par exemple, ils resteront enfermés dans leur zone de confort ou essaieront d'en faire trop, trop vite. Cela peut être largement évité par la mise en œuvre de systèmes d'accélération fondés sur les principes présentés dans ce livre.

Mais la conception de ces systèmes doit aussi tenir compte des erreurs systématiques commises par des organisations lors de la nomination de leaders à de nouvelles fonctions[3]. Les personnes interrogées lors de l'étude Genesis/HBR/IMD ont signalé des moyens classiques par lesquels les entreprises préparent l'échec de leurs leaders. Les raisons de ces errements ou de ces sous-performances évitables sont résumées dans le tableau 10.1.

3. On trouvera une excellente présentation de la dynamique des échecs assurés dans Jean-François Manzoni et Jean-Louis Barsoux, *The Set-Up-To-Fail Syndrome: Overcoming the Undertow of Expectations* (Boston, Harvard Business Press, 2007).

Tableau 10.1 Pourquoi les transitions échouent

<table>
<tr><td colspan="2">Raisons applicables à toutes les transitions
• Clarification insuffisante des attentes et des missions. Les leaders ne reçoivent pas assez d'informations, ou des informations contradictoires, sur ce qu'ils doivent faire pour réussir.
• Absence de prise en compte de la situation STARS lors de l'embauche et de la promotion. Lors de la sélection des leaders, on ne se demande pas suffisamment s'ils sont les mieux à même de relever les défis de la situation – par exemple, une personne très efficace dans les redressements sera placée dans une situation de pérennisation ou de redéfinition.
• Bond trop important réclamé aux leaders. Ces derniers sont placés à de nouveaux postes comportant un risque de transition très élevé, ils ont trop à faire et échouent.
• Culture de leadership darwinienne. Le soutien transitionnel apporté aux leaders est insuffisant, peut-être parce que la culture renforce à tort une pratique du type « ça passe ou ça casse » dans le développement des dirigeants.</td></tr>
<tr><td>Raisons spécifiques aux promotions
• Les gens sont promus uniquement parce qu'ils sont bons dans leur poste actuel. Les leaders ne sont pas assez évalués d'après leur aptitude à être efficace à des niveaux plus élevés.
• La formation est dispensée trop tard ou pas du tout. Les leaders ne reçoivent pas de formation (ou des mois plus tard) aux compétences dont ils ont besoin pour être efficaces et perdent ainsi l'occasion de bâtir leur crédibilité au cours de leur transition.
• Les leaders sont obligés de tenir leur ancien poste en même temps que le nouveau. La société gère mal ses successions, de sorte que les cadres nouvellement promus doivent consacrer de l'énergie à leurs anciennes fonctions pendant la période la plus critique dans leur nouveau poste.</td><td>Raisons spécifiques aux intégrations (concernent aussi les mutations entre unités)
• La compatibilité culturelle n'est pas prise en compte lors des recrutements. On embauche les leaders parce qu'ils ont certaines capacités, qu'ils cadrent ou pas avec la culture de l'entreprise.
• Aucune aide à l'adaptation culturelle n'est fournie. Les leaders nouvellement embauchés sont censés découvrir la culture eux-mêmes et commencent par commettre des erreurs évitables.
• Aucune aide à la détection et à la prise de contact avec les principales parties prenantes n'est fournie. Les leaders nouvellement embauchés sont censés découvrir eux-mêmes qui influencera leur réussite et ne prennent pas les bons contacts suffisamment tôt.</td></tr>
</table>

Il ne sert pas à grand-chose de mettre en place des systèmes d'accélération si votre entreprise prépare ainsi l'échec de ses leaders. Par conséquent, votre travail général d'intégration d'un tel système devra peut-être comprendre un volet consacré au changement culturel. Supposons que votre entreprise apprécie mal l'ampleur des sauts culturels demandés aux leaders. Il vous faudra alors peut-être réclamer qu'il soit systématiquement procédé à l'évaluation du risque de transition présenté dans l'introduction. De même, si la clarté des explications sur les attentes pose souvent problème, on peut y remédier par une utilisation disciplinée des cinq conversations évoquées au chapitre 4.

Diagnostiquez les soutiens transitionnels existants

Les entreprises disposent souvent d'un *patchwork* de systèmes existants pour soutenir les transitions. Il se peut qu'une unité gère bien les promotions dans le petit encadrement, tandis qu'une autre dispose de systèmes efficaces pour accueillir des dirigeants recrutés à l'extérieur et qu'une troisième accompagne remarquablement les mutations internationales. Or les avantages de l'existence d'un système d'accélération valable pour toute l'entreprise et reposant sur un cadre commun sont tels que cette mosaïque de systèmes existants doit en général être largement modifiée, voire remplacée.

Avant de concevoir un système d'accélération pour toute l'entreprise, vous devez commencer par effectuer une évaluation complète des systèmes existants, mais aussi repérer les domaines dans lesquels aucun soutien n'est fourni. Suivez à cet effet les principes suivants :

- Constatez et évaluez l'état des cadres et outils de soutien à l'accélération existant dans votre entreprise. Quelles approches a-t-on utilisé, et pourquoi ? Jusqu'à quel point représentent-ils les bonnes pratiques ?
- Examinez les approches (programmes d'accompagnement, ateliers virtuels, documents d'autoguidage) actuellement utilisées par votre organisation pour apporter un soutien transitionnel à tous les niveaux du pipeline de leadership. Évaluez les coûts et bénéfices correspondants.
- Évaluez la cohérence d'ensemble de l'approche adoptée par votre organisation pour soutenir les différents types de transition – intégration, promotion, mutations latérales et internationales. Existe-t-il un modèle de base commun pour l'accélération de toutes les transitions ?
- Identifiez les principales parties prenantes (supérieurs, pairs, subordonnés directs, généralistes des RH, collabora-

teurs de la formation et du développement) qui pourraient apporter un soutien transitionnel.

- Demandez-vous à quel point les systèmes d'information des RH de votre entreprise (sites web, par exemple) soutiennent directement les transitions et fournissent des données sur la nature et le moment de celles-ci, vous permettant ainsi d'apporter un soutien en juste-à-temps.

Adoptez un modèle de base commun

Étant donné la fréquence avec laquelle les gens changent de poste et l'impact de chaque transition sur les collaborateurs, il est raisonnable que tout le monde – supérieurs, subordonnés directs et pairs – se réfère au même modèle d'aides aux transitions.

Un système d'accélération repose sur un cadre, un vocabulaire et une boîte à outils unifiés, communs à toute l'entreprise, pour parler des transitions et les préparer. Si votre entreprise ne devait faire qu'une seule chose pour bâtir un tel système, ce serait celle-là. Imaginez que, chaque fois qu'un leader est en transition, il puisse s'entretenir avec ses supérieurs, ses pairs et ses subordonnés directs des éléments suivants :

- Le portefeuille STARS des problèmes dont il a hérité – un assortiment comprenant start-ups, redressements, croissances accélérées, redéfinitions ou pérennisations –, et les défis et opportunités associés.
- Son apprentissage technique, culturel et politique, et les éléments clés de son plan d'apprentissage.
- L'avancement de la démarche des « cinq conversations » – situation, attentes, style, ressources et progrès – avec son supérieur et ses subordonnés directs.
- Ses priorités et plans acceptés quant aux victoires précoces qu'il va s'assurer.
- Les alliances qu'il doit bâtir.

Un modèle de base commun rend les discussions remarquablement plus productives. Et, plus important peut-être, des débats et des conversations ont lieu qui ne se seraient pas produits autrement. Les individus se sentent aussi plus libres de s'exprimer, partagent plus facilement des confidences et des informations, et font preuve de davantage de tolérance vis-à-vis des difficultés que les autres rencontrent dans leur transition. Un soutien systématique de ce genre aide l'organisation à dépasser le « ça passe ou ça casse ».

Apporter un soutien juste à temps

Les transitions connaissent une série de phases prévisibles. Les nouveaux leaders commencent leur transition par un travail de diagnostic intensif. Lorsqu'ils découvrent et comprennent plus clairement la situation, ils passent à la définition d'une orientation stratégique (mission, buts, stratégie et vision) pour leur organisation. Une fois que l'orientation voulue devient plus claire, ils sont mieux à même de prendre des décisions à propos des questions d'organisation essentielles – structure, processus, personnel et équipe. En même temps, ils peuvent détecter des opportunités pour s'assurer des victoires précoces et mettre en branle le processus du changement.

Le type de soutien dont les nouveaux leaders ont besoin évolue donc de manière prévisible à mesure que la transition se déroule. Au début, un soutien destiné à accélérer l'apprentissage – technique, culture et relationnel – est essentiel. Une fois le leader informé, le soutien devrait s'attacher à l'aider à définir une orientation stratégique, à jeter les bases de la réussite, à s'assurer des victoires précoces, etc.

Il est essentiel que le soutien transitionnel soit proposé aux leaders sous forme d'ensembles qu'ils puissent assimiler. Une fois qu'ils ont pris leurs nouvelles fonctions, ils se trouvent vite immergés dans un flot d'événements et ne peuvent consacrer que très peu de temps à l'apprentissage, à la réflexion et à la planification. Si le soutien ne leur est pas apporté juste à temps, il est probable qu'ils ne l'utiliseront pas.

De façon corollaire, il convient d'exploiter au maximum le délai qui sépare la sélection de la prise de fonction. Une transition commence dès le recrutement ou la sélection, et non quand le nouveau leader entre officiellement en responsabilité. Au cours de cette période précieuse, le leader peut commencer à découvrir son organisation et à préparer ses premiers jours dans le poste.

Les systèmes d'accélération devraient donc être conçus de manière à aider les nouveaux leaders à tirer le plus grand bénéfice possible de tout le temps dont ils disposent avant leur entrée en fonction. Il faut les y aider en leur fournissant des documents et outils essentiels qui leur serviront à planifier leurs premières activités de diagnostic et à prendre contact avec les principales parties prenantes dès que possible. Pour les cadres dirigeants, il peut être utile que des coachs de transition effectuent un diagnostic préalable, y compris par des entretiens avec les principales parties prenantes, et en tirent une évaluation pratique qui servira de base aux premières discussions.

Utilisez des processus structurés

L'accélération de la transition recèle un paradoxe : les leaders en transition se sentent souvent trop occupés pour apprendre et planifier leur transition. Bien qu'ils sachent qu'ils devraient utiliser les ressources disponibles et consacrer du temps à la planification, les sollicitations urgentes de leurs nouvelles fonctions passent souvent avant ce travail important.

Il est bon d'utiliser le temps qui précède la prise de fonction et de fournir un soutien juste à temps, mais les processus de transition doivent aussi contenir des événements qui obligent à agir, tels que les réunions d'accompagnement (ou coaching) prévues à chaque phase du processus ou une succession de réunions de cohorte programmées qui obligent les leaders à sortir de la mêlée pour réfléchir et créer ou affiner leur plan à 90 jours.

Il en découle que le soutien transitionnel ne devrait pas être conçu comme un processus au fil de l'eau, dont le leader fixerait le rythme. Il vaut mieux prévoir une série d'événements spécialisés – réunions avec un coach ou sessions de cohorte – à des phases critiques. Après avoir entrepris un diagnostic de la situation avant sa prise de fonction et aidé le leader à pratiquer une auto-évaluation, par exemple, le coach et son client sont bien placés pour tenir une réunion de lancement très productive grâce à laquelle le processus prendra d'emblée sa pleine vitesse.

Quand un accompagnement de transition est fourni, il est essentiel que le nouveau leader et le coach se rencontrent au plus vite dans un esprit de concentration et d'engagement. L'une des raisons pour lesquelles il est bon que les coachs pratiquent un diagnostic intensif avant la prise de fonction est qu'ils disposent ainsi d'une ressource précieuse – la connaissance de la situation – dont ils peuvent faire bénéficier le nouveau leader. Leur avis, fourni dans les premières phases critiques de la transition, peut aider à solidifier la relation entre coach et client.

Adaptez le soutien au type de transition

Le cadre et la boîte à outils des 90 jours sont applicables aux situations de transition de tout type. Mais l'importance des différentes activités – attacher plus ou moins d'attention à l'apprentissage de la culture, par exemple – varie sensiblement selon les types de transition vécue par les leaders. C'est pourquoi il est souvent utile de déterminer quels sont les types de transition les plus importants que l'entreprise doit soutenir, et de développer des ressources complémentaires, spécifiques et ciblées, pour les faciliter.

En particulier, il y a souvent de bonnes raisons de fournir aux nouveaux leaders des moyens supplémentaires pour faire face à deux types courants de transition :

- Promotion. Comme on l'a vu au chapitre 1, une série de problèmes prévisibles attend les leaders promus. Les compétences requises pour réussir à leur nouvel échelon sont parfois très différentes de celles qui ont fait leur succès au niveau précédent. Il se peut aussi qu'on leur demande de jouer des rôles différents, d'afficher des comportements différents et de traiter leurs subordonnés directs de manières différentes. C'est pourquoi il convient de leur proposer des ensembles de moyens spécialisés pour les aider à comprendre à quoi ressemble le succès, à s'auto-évaluer et à établir un plan de développement personnel.
- Intégration. De même, les leaders qui arrivent dans une nouvelle organisation ou sont mutés entre deux unités aux sous-cultures distinctes sont confrontés à des problèmes majeurs : aligner les attentes, s'adapter à une nouvelle culture et nouer le bon type de relations. Des ressources spécifiques et accessibles qui les aideront à comprendre comment faire avancer les choses, un soutien dans la détection des principales parties prenantes et dans la prise de contact avec elles peuvent contribuer à réduire les sorties de piste et à atteindre plus vite de hautes performances.

Adaptez le soutien transitionnel au niveau du leader

Si l'argent n'était pas un problème, tout leader en transition aurait droit à un soutien intensif et hautement personnalisé. Dans un monde idéal, tout nouveau leader serait flanqué d'un coach de transition qui entreprendrait un diagnostic indépendant dont il lui ferait part avant sa prise de fonction. Le coach aiderait le leader à effectuer une auto-évaluation et à identifier les principaux facteurs de risque de sa transition. Il contribuerait aussi à soutenir la préparation des diagnostics et la fixation des objectifs, à évaluer et aligner l'équipe, à collecter les retours d'information sur le comportement du leader, et, bien sûr, il serait à la disposition de ce dernier pour discuter de questions précises.

Les cadres dirigeants ont un tel impact sur l'entreprise qu'il est souvent sage de leur assurer un accompagnement de transition. (En ce cas, ne perdez pas de vue que ce type de coaching est très différent de l'accompagnement de développement. Voir l'encadré « Coaching de transition et coaching de développement ».) Mais en général, il ne serait pas raisonnable économiquement d'en faire autant pour les leaders de moindre niveau. La solution est triple. Premièrement, identifiez des moyens différents pour soutenir leur transition (par exemple, en organisant des réunions de cohorte ou en fournissant des moyens d'auto-guidage). Deuxièmement, évaluez les coûts et les bénéfices respectifs du soutien. Troisièmement, adaptez son ampleur et la manière de le dispenser en fonction des éléments clés du pipeline du leadership dans l'entreprise, afin d'optimiser le retour sur investissement.

Coaching de transition et coaching de développement

L'accompagnement de transition est très différent de l'accompagnement de développement. Les coachs de transition doivent absolument posséder un sens aigu de l'entreprise, sans lequel ils ne pourraient obtenir la confiance des leaders en transition. De plus, une vaste connaissance de l'organisation et de sa culture est une condition *sine qua non* de leur efficacité. C'est pourquoi il peut être dangereux pour les leaders nouvellement embauchés de faire intervenir leur propre coach, qui n'aura peut-être ni l'expérience des transitions, ni la connaissance de la culture et du système relationnel dans lequel le leader arrive.

Tableau 10.2 Accompagnement de transition et accompagnement de développement

Accompagnement de transition	***Accompagnement de développement***
Le coach aide le leader à : • évaluer la situation de l'entreprise et à s'évaluer lui-même dans ses nouvelles fonctions • établir une stratégie pour créer un élan • établir une stratégie pour se gérer lui-même • établir un plan d'action Grâce à son sens aigu de l'entreprise, le coach apporte le juste cocktail de conseils et de guidage comportemental	Le coach aide le leader à : • évaluer les compétences et comportements existants • détecter les insuffisances de compétences et les comportements néfastes • corriger ces problèmes et se doter des compétences essentielles

Clarifiez les rôles et alignez les incitations

Le soutien transitionnel est un sport d'équipe. Pour tout nouveau leader, classiquement, de nombreuses personnes sont susceptibles d'avoir un effet sur le succès de la transition. Parmi les acteurs clés peuvent figurer les supérieurs, les pairs, les subordonnés directs, les généralistes des RH, les coachs et les mentors. Même s'il se peut qu'une seule personne soit investie de la responsabilité du soutien transitionnel – en général un coach ou un généraliste des RH –, il est important de réfléchir aux soutiens que d'autres pourraient apporter et à la manière de les encourager.

Un supérieur, par exemple, a évidemment intérêt à ce que le nouveau leader monte rapidement en puissance, mais il risque aussi d'être confronté à d'autres demandes pressantes. Il convient de bien réfléchir aux directives et outils à fournir aux supérieurs ou aux autres acteurs clés pour qu'ils puissent aider leurs nouveaux collaborateurs directs de manière très précise et productive. De même, les généralistes des RH peuvent apporter un soutien précieux aux leaders recrutés à l'extérieur en les aidant à s'orienter dans une nouvelle culture. Mais une fois encore, les uns comme les autres doivent savoir quoi faire et être incités à le faire.

Faites le lien avec les autres systèmes de gestion des talents

Les systèmes d'accélération fonctionnent au mieux quand ils sont reliés aux systèmes de recrutement et de développement des cadres de l'entreprise. Cette exigence paraît aller de soi, puisque les meilleurs systèmes d'intégration des nouveaux ne peuvent réparer les torts des mauvais recrutements. Si l'entreprise embauche des gens incompatibles avec sa culture, il n'y aura pas grand-chose à faire pour réduire le risque d'échec lors de l'intégration.

Il est donc étonnant que de nombreuses entreprises négligent tant l'articulation entre le recrutement et l'intégration. Souvent, les collaborateurs de ces deux fonctions sont rattachés à des parties différentes de l'organisation et sont dirigés par des gens dont les buts, indicateurs de succès et intéressements sont différents, si ce n'est divergents. La première étape indispensable consiste à les réunir sous un même chapeau organisationnel et à aligner leurs objectifs et leurs incitations.

En outre, l'entreprise devrait songer au risque de transition dès le stade du recrutement. Cela signifie, comme l'illustre la figure 10.2, tenir compte de la tolérance au risque de transition dans le processus de recherche. Souvent, les entreprises cherchent à recruter le « meilleur athlète » : elles recrutent des gens parce qu'ils possèdent l'ensemble des qualités requises, mais elles ne se soucient pas assez de leur compatibilité. C'est très bien de prendre un risque important en faisant venir quelqu'un issu d'une culture très différente, à condition d'avoir réfléchi à l'arbitrage entre capacités individuelles et compatibilité culturelle, et pour autant que le risque de transition soit explicitement évalué au cours du recrutement. Évidemment, cela oblige l'entreprise à bien comprendre sa propre culture et les raisons pour lesquelles les gens pourraient avoir du mal à l'assimiler. Cette analyse peut être affinée, comme l'illustre la figure suivante, par les retours d'information des succès et des échecs au cours de l'intégration.

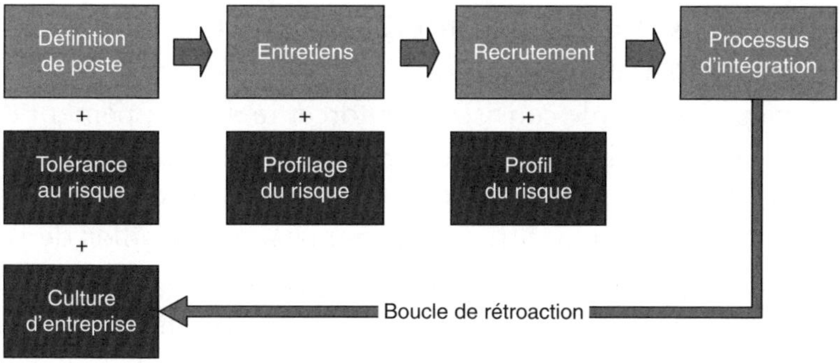

Figure 10.2 Relier le recrutement et l'intégration

Il est bon aussi d'injecter des informations sur les risques potentiels depuis le recrutement jusqu'au processus d'intégration. Un recrutement s'appuie généralement sur de multiples formes d'évaluation, y compris à l'aide d'instruments psychométriques et d'entretiens approfondis. Les instruments peuvent fournir aux coachs de transition et aux facilitateurs d'ateliers des informations précieuses sur les styles des leaders et les difficultés d'adaptation culturelle qu'ils pourraient rencontrer. De même, les entretiens peuvent apporter d'abondantes informations sur les risques de transition probables, pour autant qu'on ait explicitement demandé aux personnes qui les mènent d'établir des évaluations et un profil du risque de transition des nouvelles recrues.

Vient ensuite la relation entre les systèmes de développement des leaders et les systèmes d'accélération des transitions. Les premiers préparent les cadres à monter d'un cran, les seconds devraient les aider à faire le saut. Bien que cette description semble les séparer, ce sont en réalité des occasions de raccorder développement et accélération.

Il est possible, par exemple, d'introduire une familiarisation au modèle de base de l'accélération de transition dans des programmes de développement. Cela aide les leaders à adopter un état d'esprit de transition et à réfléchir à la manière d'entrer dans leurs nouvelles fonctions le jour venu. Cela crée aussi un socle précieux sur lequel construire pendant la transition, étant donné les exigences auxquelles les nouveaux leaders sont généralement soumis.

Un autre exemple consiste à renforcer le développement du leadership grâce à une évaluation de l'expérience des leaders dans différents types de transition à l'aide du modèle STARS. Ce modèle fournit une base pour suivre la progression des leaders à haut potentiel à travers une série de postes qui construisent leur capacité à gérer un vaste éventail de situations opérationnelles. Il détecte aussi d'éventuelles failles dans le développement – par exemple, le fait qu'un leader ait surtout dirigé des redressements et doive être orienté vers des expériences qui lui feront connaître des situations plus diversifiées.

Considérez votre propre carrière. Accordez-vous quelques minutes pour remplir la grille de développement suivante (tableau 10.3), qui permet de retracer l'évolution professionnelle d'un individu.

Tableau 10.3 La grille de développement

Les lignes indiquent les fonctions dans lesquelles vous avez travaillé et les colonnes les types de situation que vous avez rencontrés. Mentionnées toutes les positions de management que vous avez occupées, ainsi que tous les grands projets ou missions spéciales sur lesquels vous avez travaillé. Par exemple, si vous avez obtenu votre premier poste de manager dans le domaine du marketing dans une organisation (ou une unité) confrontée à un redressement, inscrivez un 1 entouré d'un cercle (votre premier poste de manager) dans la case correspondante. Si vous avez ensuite travaillé à une fonction commerciale dans une nouvelle unité (ou sur un nouveau projet ou un nouveau produit) – situation de start-up –, inscrivez un 2 entouré d'un cercle dans la case correspondante. Si vous faisiez au même moment partie d'un groupe de réflexion travaillant sur les aspects opérationnels de la start-up, inscrivez un 2 dans un triangle (qui désigne une mission ou un projet) dans la case correspondante. Enregistrez ainsi tous vos postes de manager, puis reliez les points pour mettre en lumière votre parcours professionnel. Certaines colonnes ou certaines lignes sont-elles vides ? Quelles en sont les implications quant à votre capacité à occuper des fonctions de dirigeant ? Vos éventuelles lacunes ?

	Start-up	*Redressement*	*Croissance accélérée*	*Redéfinition*	*Pérennisation*
Marketing					
Ventes					
Finance					
Ressources humaines					
Opérations					
R&D					
Gestion de l'information					
Autres					

Orchestrez l'ensemble

Étant donné la fréquence des transitions dans les organisations, et leur impact substantiel, il est raisonnable de s'interroger sur les coûts et les avantages de la conception et du déploiement de systèmes d'accélération couvrant toute une entreprise. Les meilleurs systèmes sont construits autour d'un cadre et d'une boîte à outils d'accélération des transitions, apportent un soutien au bon moment, sont adaptés dans une certaine mesure aux types de transition et sont déployés de manière efficace dans toute l'organisation. Ils tiennent compte aussi du contexte organisationnel en alignant et motivant les principales parties prenantes et en s'articulant avec les systèmes de recrutement et de développement des cadres.

Tous ensemble, plus vite – Checklist

1. Quelles sont les transitions les plus importantes dans votre organisation, et quelle est leur fréquence ?
2. L'organisation est-elle capable de déterminer où et quand les transitions interviennent ?
3. Existe-t-il un cadre, un vocabulaire et une boîte à outils communs pour l'accélération des transitions ?
4. Les leaders reçoivent-ils le soutien dont ils ont besoin, quand ils en ont besoin, et tout au long de leurs transitions ? Que serait-il possible de faire pour leur fournir des ressources centrées sur les transitions par intégration et par promotion ?
5. Les systèmes de recrutement et d'accélération des transitions sont-ils correctement reliés dans l'entreprise ?
6. L'accélération des transitions devrait-elle faire partie du programme de développement des managers à haut potentiel de votre organisation ?
7. Comment le cadre des 90 jours pourrait-il être utilisé pour accélérer le changement dans l'organisation – par exemple, pour les restructurations ou les intégrations après acquisition ?

Index

E

F

G

H

I

S

T

V